教育オーディオロジー ハンドブック

聴覚障害のある子どもたちの 「きこえ」の補償と学習指導

監修・著　大沼　直紀
編著　　　立入　　哉
　　　　　中瀬　浩一

Educational Audiology

はじめに

　聾・難聴者との私のかかわりは、大学を卒業後すぐ聾学校の教師となったことがはじまりで、以来50年余が過ぎた。私のいくつかの仕事場の変遷と照らし合わせてみると、この半世紀の間に起きた我が国の聴覚障害をめぐる時代変化が列記できるようである。

【早期からの聴覚補償教育開始の時代】
　　1970年代：宮城聾学校に「乳幼児教室」を設置

【オーディオロジーの時代】
　　1980年代前半：アメリカ（ワシントン大学医学部附属中央聾研究所・CID）に留学、オーディオロジー（Audiology：聴覚障害補償学）を学ぶ

【教育オーディオロジーの時代】
　　1980年代・後半：国立特殊教育総合研究所・難聴研究室から全国の聴覚障害児教育機関に補聴器フィッティング・聴覚活用の実践を支援

【耳鼻科医療と聴覚障害教育の連携の時代】
　　1990年代・前半：昭和大学で子どもの補聴外来を担当

【手話の隆盛と人工内耳の普及が並行する時代】
　　1990年代・後半：筑波技術大学で青年期の聴覚補償と情報保障を実践

【聴覚補償から情報保障に向かう時代】
　　2000年代：筑波技術大学・学長として全国の大学に学ぶ聴覚障害学生支援の体制（PEPNet-Japan）を設立

【バリアフリー・コンフリクト対応の時代へ】
　　2010年代：東京大学・先端科学技術研究センターのバリアフリー分野からきこえのバリアフリーを啓発

　また、2004年には日本教育オーディオロジー研究会が設立された。そのホームページに「会長あいさつ」として筆者は次のことを記した。

　『音声ことばを必ずしも聞き取る必要のないほど情報保障環境に恵まれ、手話をコミュニケーション手段としている最近の多くの聾・難聴青年が、それでも補聴器を外さず

「音の世界」にも接しています。「音を感じる世界（補聴）と言葉を見る世界（手話）」の両方に自分をうまく適合させた新しいタイプの聾者・難聴者が生まれ育ってきていることが実感させられます。

　空気中に生まれた生物としてのヒトは、人や環境から発せられる音刺激に触れその恩恵に浴するように創られています。全ての子どもには、音を可能な限り受容する権利があることを忘れてはなりません。

　聴覚障害者とのコミュニケーションに関わる者は、補聴器を着け聴覚を活用する目的が、単に音声がよく聞き取れて話が通じるようになることだと狭く理解してしまうことがあります。人間にとっての聴覚の大事な意味には、たとえ保有する聴力が「音声（話し言葉）」の聞き分けには役立たなくとも、「音（環境音など）」が聞こえることにより生活の空間や感性が広がりを見せるという側面があります。

　21世紀の聴覚障害者の情報保障環境は、社会の変化と科学技術の進歩に合わせて着実な進展を見せています。補聴器と人工内耳も、人の一生の始まりから終わりまで、生涯の早くから遅くまで長期にわたって装用されるようになるでしょう。聴覚法、口話法、手話法など、どのような言語コミュニケーションの手段が選択されようとも、全ての聴覚障害児には何らかの音情報が保障されなければなりません。聴覚には人としての感性を支える本源的な意義があるということを、教育の場で、教育オーディオロジー研究を通して確認したいものです。』

　私を教育オーディオロジーの世界に誘ってくれたのは恩師・故今井秀雄先生（国立特殊教育総合研究所名誉所員）であった。今井先生の退任記念として上梓されたのが『聴覚学習』（1990、コレール社）である。グラハム・ベル聴覚障害者協会が刊行する The Volta Review の特集号（Vol.88, No.5,1986）を今井先生の弟子たちが訳した。原本のタイトルは "Auditory Training ではなく Auditory Learning を" である。この訳本を『聴覚学習』としたことが、聴能訓練から聴覚学習への契機となった。「教育オーディオロジー」の真髄に通ずるものである。

　2000年代に入ってからは、日本教育オーディオロジー研究会の事業が活発になるにつれ、日本聴覚医学会などの医療や聾・難聴児教育などの聴覚障害教育の領域でも「教育

オーディオロジー」とは何なのかが知られるようになり、その存在意義が認められるようになった。その意味でも教育オーディオロジーの名を冠した成書が必要となり、本著のタイトルを『教育オーディオロジーハンドブック』とした次第である。

　我が国で初めての「教育オーディオロジー」の教科書となる本書は、日本教育オーディオロジー研究会が毎年開催してきた上級講座の講師を務めた先生方に分担執筆をお願いした。いずれの執筆者も現場で先導的な活動をされ、自らを「教育オーディオロジスト」と名乗れる方々である。教育実践にもとづいた貴重な資料や知見を著わしていただいたので、聴覚障害児にかかわる教師、言語聴覚士、養育者などにとって有用なテキストとなるであろう。読者諸氏にも我が国の教育オーディオロジーを支えていただき、聴覚障害児の聴覚補償・情報保障がさらに進展することを願ってやまない。

2017年2月

監修・著　　大沼　直紀

目　次

はじめに

第Ⅰ章　総論

第1節　教育オーディオロジーの過去・現在・未来 ―― 10
1. 聴覚補償の可能性を求めた時代／10
2. オーディオロジーの黎明期／11
3. オーディオロジーの発展期／13
4. 日本における教育オーディオロジーの成立／14

第2節　日本における教育オーディオロジーの歴史 ―― 17
1. 1970年代まで／18
2. 1980年代／19
3. 1990年代／19
4. 2000年代／20
5. 2010年代／23

第3節　教育オーディオロジーをめぐる諸問題 ―― 24
1. 聴覚障害のきこえを知る／24
2. 聴覚補償・情報保障と合理的配慮／28
3. 聴覚障害者の教育機関／30
4. 重度の聴覚障害青年の聴覚活用／31
5. 人工内耳と聴覚障害教育／33
6. バリアフリー・コンフリクトの時代に／34

第4節　聴能の基礎 ―― 36
1. 聴能とは／36
2. 聴覚活用の基本／37
3. 分節的情報・超分節的情報と韻律情報／37
4. 聴能の評価・訓練プログラム／39
5. 聴覚活用の効果に影響する条件／41
6. 簡易なきこえのチェック方法「6音」テスト／43
7. コミュニケーションのスムーズさを評価する文追唱検査／44
8. テレ・コミュニケーション／45
9. 聴覚を活用した発音指導／47
10. ききやすい話し方／47

第5節　教育オーディオロジストの役割と実践 ―― 50
1. 子どもと保護者が初めて聾学校に相談に訪れるとき／50
2. 補聴器を初めて装用するための準備／51
3. 補聴器ガイダンス（初めての補聴器の装用）／51
4. 聴力測定／52
5. 補聴器の調整／53

6．病院との連携／54
　　7．人工内耳／54
　　8．補聴システム／55
　　9．毎日の補聴器・人工内耳のチェック／57
　　10．教室のきこえの環境評価／59
　　11．おわりに／60

第6節　聴覚の生理 ―――――――――――――― 64
　　聴覚の構造と機能／64

第7節　きこえにくい子どもの心理 ――――――― 68
　　1．言語発達の検査法と視点／68
　　2．語彙の発達／68
　　3．認知発達／69
　　4．メンタルヘルス／70
　　5．自尊感情／71
　　6．アイデンティティ／71
　　7．社会的相互作用／72

第Ⅱ章　聴能評価

第1節　乳幼児の純音聴力測定：
　　　　VRAによる気導・骨導聴力の把握 ――― 76
　　1．はじめに／76
　　2．クロスチェックの原則／76
　　3．VRAとCORの比較／77
　　4．インサートイヤホン／79
　　5．VRAの測定手順／81
　　6．骨導VRA／84

第2節　補聴器装用閾値測定 ―――――――――― 87
　　1．ファンクショナルゲイン／87
　　2．スピーチレベル／91

第3節　実耳測定 ――――――――――――――― 94
　　1．実耳測定とは何か／94
　　2．外耳道は音響共鳴管、外耳道共鳴（REUR）／94
　　3．実耳補聴器装用時特性・実耳補聴器挿入時利得／95
　　4．REIGの評価／96
　　5．軽度・中等度難聴への応用／97
　　6．乳幼児への応用、RECDの利用／97
　　7．おわりに／99

第4節　ことばのききとり評価（JANT、親族呼称、Matrix）― 100
　　1．子どものきこえ方"聴能"を知ること／100
　　2．ことばのききとり評価法の例／102

第5節　聴覚情報処理障害：Auditory Processing Disorder (APD) ——— 112
1．聴覚情報処理障害とは／112
2．評価方法／115
3．APDへの支援の在り方／117

第Ⅲ章　指導・支援

第1節　早期発見・早期教育 ——— 122
1．徳島県立徳島聴覚支援学校の早期教育のシステム化／122
2．1歳6か月児健康診査時の聴力スクリーニング／122
3．新生児聴覚スクリーニング／124
4．教育開始年齢と聴覚障害発見の契機の推移／126
5．医療機関による先天性難聴の遺伝子診断／126

第2節　幼児期の聴覚学習 ——— 125
1．聴覚活用の基盤づくりとかかわり／130
2．聴覚学習の取組／130
3．聴能評価と聴覚学習の関係／130
4．主体的で楽しい聴覚学習／131
5．きこえない立場を尊重した聴覚学習／132
6．聴覚学習（個別）の配慮とポイント／132
7．聴覚障害（個別）のすすめ方と実践例／132
8．まとめ／136

第3節　聴覚障害幼児の発達と指導 ——— 137
1．はじめに ―幼児期とはどんな時期か―／137
2．聾学校で見られる聴覚障害幼児の発達の姿と指導／137
3．聾学校の幼稚部で行われる活動について／139
4．保護者支援 ―基本的な考え方―／142

第4節　学童期の指導・支援 ——— 143
1．コミュニケーション指導 ―訂正方略の活用―／143
2．情報を得やすくする環境の調整／147
3．教科の特性に配慮した支援／147

第5節　音楽科の指導と聴覚活用 ——— 150
1．はじめに／150
2．聾学校小学部の子どもの実態／150
3．音楽科の授業をするにあたっての留意点／151
4．聴覚活用に配慮した授業の実際／152
5．おわりに／156

第6節　中学・高校生への指導（自立活動） ——— 158
1．自立活動とは／158
2．「自立活動の指導」と特設された「自立活動の時間の指導」／159
3．特設された「自立活動の時間の指導」について／159

4．今後の課題／163

第7節　高等教育機関での支援 ──── 164
　　1．高等教育機関における聴覚障害学生／164
　　2．聴覚障害学生の補聴相談・聴覚的支援／164
　　3．補聴システムの活用支援／168
　　4．障害学生支援担当職員が担うこと／169

第8節　聴覚活用と発音・発語学習 ──── 170
　　1．発音・発語学習における聴覚活用の意義／170
　　2．発音・発語学習における聴覚活用の留意点／170
　　3．学習活動の展開／171
　　4．韻律情報の活用／174
　　5．学級における発音の配慮／174
　　6．おわりに／174

第9節　聴覚活用と手話 ──── 175
　　1．聴覚活用と手話／175
　　2．手話と日本語の二言語教育と聴覚活用／175
　　3．育てる言語と教える言語／176
　　4．手話をもとにした日本語習得のモデル／176
　　5．口声模倣と発音／177
　　6．指導・支援の実際／178
　　7．まとめ／181

第10節　発達障害と教室環境 ──── 182
　　1．発達障害とは／182
　　2．発達障害ときこえの困難／182
　　3．「スペクトラム」「グレーゾーン」「静かに苦戦している子」／183
　　4．教室環境ときこえの困難／184
　　5．教室内におけるきこえへの支援／185

第11節　特別支援学校・重複障害 ──── 188
　　1．重複障害児や特別支援学校を対象とした研究／188
　　2．特別支援学校在籍児の聴覚障害／188
　　3．特別支援学校在籍児の聴力評価／191
　　4．まとめ／193

第12節　障がい理解授業 ──── 194
　　1．障がい理解授業の目的／194
　　2．障がい理解授業をすすめる上で大切にしたい3つの視点／194
　　3．舞鶴分校における障がい理解授業の実際／196
　　4．障がい理解授業に取り組む上での留意点として／200

第13節　他機関との連携 ──── 201
　　1．連携の意味と意義／201
　　2．徳島県の聴覚障害児を支える医療と教育の連携／201
　　3．徳島県の連携事例／203
　　4．地域の特性を生かした連携／206

第Ⅳ章　補聴機器

第1節　補聴器 —————————————————— 210
  1．補聴器の役割／210
  2．補聴器の種類／210
  3．デジタル補聴器の機能／211
  4．教育機関における補聴器フィッティング／212
  5．最近の補聴器／213
  6．補聴器購入のための助成制度／214

第2節　人工内耳 —————————————————— 216
  1．はじめに／216
  2．教育現場における人工内耳の現状／216
  3．人工内耳のしくみ／217
  4．人工内耳マッピング時の設定パラメータ／218
  5．人工内耳の（リ）ハビリテーション／220
  6．人工内耳の効果の評価／222
  7．人工内耳の保守・管理／224
  8．関係機関間の連携／224
  9．今後の課題／225
  10．おわりに／228

第3節　補聴援助システム —————————————————— 231
  1．補聴援助システムとは／231
  2．磁気誘導ループシステム／232
  3．赤外線補聴システム／233
  4．FM補聴システム／234
  5．教育現場での活用／236
  6．効果と留意点／236

おわりに

執筆者一覧

第 I 章 総論

第1節 教育オーディオロジーの過去・現在・未来

1 聴覚補償の可能性を求めた時代

　紀元前のギリシャの哲学者アリストテレス（Aristotelēs:BC. 384-322）、ローマの博物学者プリニウス（Pliny the Elder, Gaius Plinius Secundus:23-79）は、すでに先天的な聾と先天的な唖の間には何らかの関連があると推論していた。

　しかし、当時のアリストテレスですら、言語なくしては教育は成り立たず、思想を伝えることの基本は言語であるから、音声を発しないし他人の話も理解しない聾者は理性なき者で、盲者よりも教育が困難であると考えていたといわれている。

　聾者の知的能力に限界があるという観念は、彼らの法的および社会的地位にも必然的に影響を及ぼした。中世を通して人々は唖は聾の結果生ずること、そして聾者に対する教育は不可能ではないことを理解できないでいた。

　ローマの医師アルキゲネス（Archigenes:75-129頃）が導音管式の音響増幅器を用いて難聴者の聴覚を刺激したなど、聴覚リハビリテーションの試みは1世紀頃からあり、その後も時代を越えて何人かが可能性を追求してきた。

　しかし、聴覚障害者の教育の可能性が認められるようになるのは、ルネッサンス以降16世紀中頃のイタリアやスペインにおいてである。

　イタリアの医師カルダーノ（Girolamo Cardano de Padua:1501-1576）は、描かれた記号や文字を実物や絵とマッチングさせる指導により言語教育が可能であることを提唱。このような考え方を受けて、実際に聾児の教育の試みが散発的にではあるが現れるようになった。

　1555年にはスペインのベネディクト派修道士ポンス（Pedro Ponce de Leon:1520-1584）が貴族の家に生まれた4名の聾児を尼僧に預けて音声言語指導の成果をあげた。

　また、1620年には聴覚障害児の教育に関する世界初の本が著された。ボネー（Juan Pablo Bonet:1573-1633）の著書には、生徒が指文字やサインも補助にして発音や言語の指導を受けた状況が記されている。

　17世紀から18世紀にかけて、それまで貴族階級の一部の聾者を対象に行われていた実践が裕福な商人や市民にまで及ぶようになり、イギリス、オランダ、スイス、フランス、ドイツなどの各国で聾・難聴に対する考え方の変革が進んだ。

第1節　教育オーディオロジーの過去・現在・未来

かつてアリストテレスが聾者の知的能力を盲者に比較して低いとした説に疑問を投げかけたのがダルガノ（Geoge Dalgarno:1626-1687）であった。ダルガノは、1680年にオックスフォードから出版した『聾唖者の教育』（Didascalocophus The Deaf and Dumb Mans Tutor）の中で、「聴覚障害者は他者と本質的に同等の能力を持ちあわせており、幼少の聾児でさえ教育可能である」と早期発見や早期療育による発達の可能性まで示唆した。

18世紀後半、特に聾・難聴教育に貢献した2人の人物がいる。フランスのド・レペ（Charles Michel de l'Epée:1712-1789）とドイツのハイニッケ（Samuel Heinicke:1727-1790）である。ド・レペは1778年にパリに聾学校を設立した。同じ頃、ハイニッケは1778年ライプチヒに公立のろう学校を設立した。ド・レペは手話と書き言葉と結びつける手話法（フランス法）を主張し、ハイニッケは読話と話し言葉を結びつける口話法（ドイツ法）を考案。両者の考え方はそれぞれに広められ、以後、両陣営の論争の繰り返しは現在にまで至っている。しかし、当時のこのような論争自体が社会に対して聴覚障害への関心を呼び起こすことになり、18世紀の終わり頃までには聾・難聴者のための教育が用意されるべきだという社会通念や法的規定が出来上がっていったという意味で重要である。手話法を採用したド・レペであっても、生徒の半数以上には保有する聴力があると認めており、両派とも聴覚活用の可能性のある者には耳元からの音声の入力に努めたのである。

2　オーディオロジーの黎明期

19世紀になって、積極的に聴覚活用の実践を試みたのはイタール（Jean Marc Gaspard Itard, 1774-1838）である。ド・レペの尽力で設立されたパリの国立聾唖学校（L'Institut Nationale des sourds-muets）の校長は、聾教育者として高名なフランス学士院会員でもあるシカール神父（Roche-Ambroise Sicard, 1742-1822）であった。1800年、アベロンの野生児を聾唖学校に引き取っていたシカール校長はその教育をイタールに託し、26歳のイタールは聾唖学校の校内住み込み医師になった。

イタールは、アベロンの野生児にヴィクトールという名前を与え、その教育と並行して聾唖児の教育実験も始めていた。聾唖とひとくくりに呼ばれている生徒のなかに保有聴力のある子どもが多数いることに着目し、その活用の方法を探り始めた。

様々な種類の騒音を出す装置や楽器を音源とした聴力検査を工夫した結果、イタールは聴力の損失を5つの診断カテゴリーに分類した。

第1のカテゴリーには、「大きな声で直接にゆっくり話しかければ、話しことばが理

第Ⅰ章　総論

解できる」子どもがいた。

　第2のカテゴリーには、「有声子音と無声子音の対は弁別できないが、母音ならばきき分けられる」子どもがいた。

　第3のカテゴリーには、「子音のほとんどは弁別できないが、大きな音の母音であればきき分けられる。イントネーションの知覚とその発声に問題がある」子どもがいた。

　第4のカテゴリーには、「すべてにわたって音声の弁別はできないが、音の知覚はあり音声とそれ以外の雑音との弁別はできる」子どもがいた。

　第5のカテゴリーには、「強大な音に気がつくが、それは触振動感覚による」子どもがいた。

　イタールは、第4と第5のカテゴリーに分類される子どもは「唖」のままとなる可能性が高いが、第1から第3のカテゴリーの子どもには残存聴力の活用の余地があり、教育方法を探れば話しことばを獲得させられる可能性があるとした。

　1805年から1808年にかけて、イタールは6名の聴覚障害児に対する様々な聴能訓練を実践した。例えば、生徒を長い廊下に立たせ、まず近くで時計のベルの音を知覚させる。そして次第に音源を引き離していき、それぞれの生徒がきこえなくなる地点で廊下の壁に印を付けた。最小可聴閾値の原理をつくったわけである。はじめは聴取閾値の距離が10歩だった生徒が、日々の検査を重ねていくうちに距離が増し25歩にまで伸びた。イタールはこの進歩を聴能訓練の効果であると判断した。

　イタールは、発音発語の指導には保有聴力を使って口声摸倣の手がかりとさせる訓練法がよいと考え、様々な方法を開発した。例えば、「二重ラッパ式伝声管」である。一つの朝顔形のラッパが生徒の口を覆い、その先の狭くなっている管の端は耳に挿入され、生徒自身の発声がフィードバックされるように作られている。それだけでなく、この生徒用ラッパに加え、もう一つの枝分かれしたラッパが取り付けられている。イタールはこの指導者用ラッパからも、生徒に模倣させるためのモデル音声をきかせようと工夫を凝らしたのである。それらの成果は、第1報告「聾唖者に聴力を与える方法について」（1807年）、第2報告「聾唖者に話しことばを与える方法について」（1808年）として残された。

　19世紀後半、ウィーンの耳鼻科医ウルバンチチ（Urbantshitsh:1847-1921）がイタールの要素法的な聴覚活用法を応用改編し、1888年から1893年にかけてウィーン聾学校の生徒60名に対して行った聴能訓練の成果を報告した。

　また、ミュンヘン大学の耳鼻科医ベツオルド（Friedrich von Bezold:1842-1908）は、自ら製作したオージオメータを用いてミュンヘン聾学校の生徒の聴力検査をし、音声レ

ベルの検査音はきこえるのにことばのききとりのできなかった聴覚障害児に対し4年間の聴能訓練を行った。その結果、聴力の閾値に変化はなかったのにことばのききとり能力は向上したことを報告し、聴力は良くなくとも聴能は発達するという聴能訓練の意義を証明した。

3 オーディオロジーの発展期

1876年、29歳のグラハム・ベル（Alexander Graham Bell：1847-1922）が発明した電話器（テレフォニー）は、音を電気的に伝えるあらゆる通信機器の発展の基礎となったが、それ以前からベルはボストン聾学校やクラーク聾学校で視話法（visible speech）による発音指導を実践していた。聴覚障害の母と妻をもつベル自身は補聴器を作ることはなかったが、電話器発明の年がその後の電気式補聴器の歴史の開始であるとみなされる。皮肉なことに電話の出現が聾者と健聴者との情報格差を生み出す結果となってしまった。しかもベルの多方面の発明発見領域の一つに優生学があり、1883年に米国科学アカデミーで行った講演（Memoir upon the formation of a deaf variety of the human race）の中で、「両親が先天性聾だった場合に聾の子が生まれる可能性が高いのでそのような婚姻は避けるべきだ」と話したことが、後々まで聾文化を主張する関係者から敵視されることになった。

アメリカでは、かつてドイツのウルバンチッチのもとに留学していたゴールドスタイン（Max Aaron Goldstein：1870-1941）が伝声管や初期の電気式補聴器を用いて聴能訓練の成果をあげ、耳鼻咽喉科領域に聴覚リハビリテーション科学を位置づけた。1914年、ゴールドスタインはセントルイスにCID中央聾研究所（Central Institute for the Deaf）を設立し、聴覚法（acoustic method）を広めた。

1940年代は、聴覚補償によるリハビリテーションを科学するオーディオロジー（audiology）の発展期である。補聴器の進歩に伴って補聴器の選択・フィッティング法についての歴史を画するいくつかの理論が提案された。1946年には、CIDで聴覚医学を発展させたデイビス（Hallowell Davis：1896-1992）らがHarvard Reportを発表し、同じ年に、イギリスのMedical Research CouncilがBritish Reportを発表した。また、半利得法（half gain rule）などで知られるカーハート法を発表し、オーディオロジーの父（Father of Audiology）とも呼ばれるカーハート（Raymond Carhart：1912-1975）がノースウエスタン大学に初のオーディオロジー学科を設置したのも1946年であった。これらの補聴器フィッティング理論がその後の比較選択法（comparative selection procedure）と規定選択法（descriptive/prescriptive selection procedure）を生む基礎となった。

40年前のオーディオロジーの教科書（左：原書、右：翻訳本）
● デイビス博士：脳波聴力検査法の発見
● シルバーマン博士：教育オーディオロジーの先達

　ちょうどグラハム・ベルの誕生100年にあたる1947年、オーディオロジーのバイブルとも呼ばれ、耳鼻科医やオーディオロジストの必読の教科書である"Hearing and Deafness"の初版が出版された。デイビスと、1947年から1972年までCID所長を務めたシルバーマン（S. Richard Silverman）の編著である。
　日本における聴覚補償の医学も、これらの知識をとり入れながらオーディオロジーの領域を発展させてきた。"Hearing and Deafness"は版を重ね、1978年に世に出された第4版は1980年代以降のオーディオロジーの姿勢に大きな刺激を与えるものとなった。聴覚口話法一辺倒であったCIDがかかわって著された第4版の第15章には「手話」が、さらに第20章には「聾文化」が書き加えられたのである。CIDやアメリカのオーディオロジストたちは、きこえの補償を大事に進めたいならば、同時に手話や聾文化の背景を知っておかなければ、かえって聴覚活用の動きが停滞することを予見していたのであろう。聴覚補償の科学であるオーディオロジーの領域が手話や聾文化と対立するのではなく、うまい組み合わせを模索しようとする新しい展開の兆しであった。

4　日本における教育オーディオロジーの成立

　その後10年ほど遅れて日本にも手話教育の波が寄せてくることになるのだが、1980年代のわが国の聾学校の多くは、手話を導入することは聴覚障害児の音声言語獲得の妨げになると考えていた。

口話法による言語指導の厳しさに対する批判も噴出した。2000年代になるとそうした親たちの口からは「子どもたちをきこえるように、話せるようにしてもらう必要はない」「次の子どもはきこえない子どもを産みたい」「聾学校からは聴能訓練と発音指導をなくしてほしい」と、これまでの専門家にとっては思いもよらない親の想いをきくことになった。さらに「日本手話で教育してほしい」との要望が出されるに至り、その結果、2008年には、声も耳も使わない日本手話による教育を標榜する私立の聾学校・明晴学園が日本で初めて開校した。

1990年代には、日本の重度な聴覚障害児のほとんどが2歳台以前に最初の補聴器装用がなされるようになった。すべての聾学校や難聴特別支援学級にはオージオメータ、補聴器特性測定装置、補聴効果測定システム、FM補聴システムなどが整備され、聴覚活用の教育環境は高いレベルで整備された。

21世紀になると、従来は聴覚活用に限界のあった平均聴力レベル100dB以上の最重度な聴覚障害児にも、人工内耳により聴覚補償の恩恵が受けられるようになった。人工内耳の適応対象は成人から学童に向けられ、さらに幼児へと早期化した。

先天性の聴覚障害乳幼児の多くが産科で超早期に発見される時代が到来し、保有する聴覚を脳の可塑性の高いうちに効果的に活用することが可能となってきている。最重度の聴覚障害児に対する最新式の補聴器や人工内耳による聴覚活用の効果がより確かになった。また、よりよいきこえを求めていた軽度・中等度難聴児への聴覚補償も、デジタル補聴器やFM補聴システムの普及により一層確実なものになった。新生児聴覚スクリーニングの開発と導入により、日本の聴覚障害児の発見と早期教育体制はさらに超早期化した。

日本には欧米のようなオーディオロジストの資格制度が存在しない。その代わり耳鼻科専門医の中から補聴器相談医が指名され、約4,000人の補聴器相談医（Otolaryngologist Qualified as Hearing-aid Counselor）が補聴器の適合検査、補聴器の処方箋作成、適合補聴器の選択などにあたっている。また、認定補聴器技能者（Qualified Hearing Aid Dispenser）の資格審査制度があり、約3,000人が補聴器相談医の指導のもとで実際の補聴器フィッティングを行っている。

また、言語聴覚士国家資格制度が1997年からスタートした。日本の言語聴覚士（Speech-Language-Hearing Therapist）は、欧米のオーディオロジストのような「聴覚士」としてよりも、言語障害に関わることの多い医療専門職である。Speech Therapist（ST）がオーディオロジストを兼ねているといってよい。現在、言語聴覚士の有資格者数は2万人を超えているが、その内で聴覚にかかわるものは他領域との兼任も含めて14％、つまり7人に1人以下という少なさである。大部分の言語聴覚士は、医療機関において成

人の患者を対象としたSpeech-Language Therapist（SLT）として働いており、日本の聾学校と難聴特別支援学級で学ぶ約8,000名の聴覚障害児の現場でHearing Therapists（HT）として働くものは非常にわずかである。

　20世紀後半には、オーディオロジー研究の成果により聴覚障害に対する早期の聴覚補償の意義が確認され、幼児聴力測定法と補聴器フィッティング理論が目覚ましい進歩を遂げた。それにともない聴覚障害児の保有聴力を実際に活用するに際しての補聴効果の評価、聴能訓練プログラムの作成、補聴環境の改善などに関わる「教育オーディオロジー」（educational audiology）の領域が重要になった。耳鼻科医の聴覚医学オーディオロジー（medical audiology）と言語聴覚士の臨床オーディオロジー（clinical audiology）の領域に加え、聾学校・難聴特別支援学級の現場で子どもの聴覚補償教育にあたる専門家として、教育オーディオロジストの必要性が認識されるようになった。

　教育オーディオロジスト養成は、1999年に大阪地区を中心とした「近畿教育オーディオロジー研究協議会」が設立されたのが始まりである。その後、関東地区をはじめ各地で教育オーディオロジストの研究組織が立ち上がり、現在では日本全国を9ブロックに分けてすべての地域に教育オーディオロジー研究協議会が設立されている。2004年には、9ブロックの地域研究会を総括するための「日本教育オーディオロジー研究会」が設立された。単に手話が使えることイコール聴覚障害児を教えられることではないように、単に補聴器を扱えることが聴覚障害児を教えられることではない。教育オーディオロジーの専門性を身に付けた聾学校・難聴特別支援学級の教員が「日本教育オーディオロジー研究会」の活動を通じて育っている（詳細は第2節参照）。

第2節 日本における教育オーディオロジーの歴史

日本における教育オーディオロジーに関する動向は、2000年前後から活発になってきた。それは、各地域ごとに教育オーディオロジー研究協議会が設立されるとともに、各地域を緩やかに結ぶ全国組織である日本教育オーディオロジー研究会が結成されたことによる（表Ⅰ-2-1）。これらの組織が設立された要因として、それ以前に主に3カ所で開催されていた補聴器フィッティングなどに関する講習会の積み上げと、1998年に法制化された言語聴覚士の国家資格の動きがあると思われる。以下に各年代ごとに簡単に振りかえってみよう。

表Ⅰ-2-1 教育オーディオロジーに関する講習会・研究協議会の歴史

1　1970年代まで

　筆者が確認できる日本における最初の教育オーディオロジーに関する研究組織として「教育オージオロジー研究会」があり、1970年に会報第1号が発刊されている。1970年2月27日の設立の趣旨は、現在でも通じる文面であった（図Ⅰ-2-1）。事務局は大阪市立聾学校内におかれ、同会報の会員名簿によると会員95名で聾学校教員の他に耳鼻咽喉科医や補聴器メーカーや販売店の方も入会していた。会報1号は耳鼻咽喉科医による「難聴幼児に対する補聴器適合の試み」の論文と「聴覚障害児教育のための集団補聴器の規格（第一次原案）」が掲載されている。残念ながらその後の活動についての資料がなく、「教育オージオロジー研究会」がどのような経過をたどったのかは不明で、現在は消滅している。

> **教育オージオロジー研究会設立の趣旨**
>
> 　最近、聴覚障害児に関する教育の研究が多彩な展開を見せるようになってまいりました。私達、聴覚障害児教育を進めていくうえで重要な働きの様子となるべき学問として教育学、心理学はもとより、医学、生理学、電子工学、情報学等があります。聴覚障害児教育の発展をみましたのも、これら専門分野の進歩発展があったこそのたまものといえましょう。
>
> 　しかし、現状はどうでしょうか。聴覚障害児教育は、教育学と心理学のみで解決できない複雑な要素があるにもかかわらず、教育は教育面、医学は医学面と、それぞれ専門分野内で処置され分野内で問題をとどめておこうというのが現状ではないでしょうか。各専門分野相互間で専門的な立場に立って一人の聴覚障害児を見つめて問題点を解決してこそ、本来の障害児教育といえるのではないでしょうか。それでは、そのような相互連携の組織が現在あるといえましょうか。その答えは無しといわざるを得ないでしょう。
>
> 　そこで、本研究会では聴覚障害児教育が各専門分野の協力を得、聴覚障害児教育の資質の向上、および進歩発展をめざして設立されたものであります。どうか趣旨に賛同される聴覚障害児教育に関連のある仕事に従事されている方々や、聴覚障害児教育に関心のある方々の入会をお勧めすると同時に発言されることを心から望んでいる次第です。
>
> 　昭和45年2月27日　　　　　　　　　　　　　　教育オージオロジー研究会一同

図Ⅰ-2-1　教育オージオロジー研究会設立趣旨

　1976年には国立特殊教育総合研究所（現　国立特別支援教育総合研究所）において、同研究所と財団法人障害児教育財団主催で「補聴器講習会」の開催が始まった（1984年第9回から「補聴講習会」と名称変更）。当初は6日間にわたって開催され、1985年の第10回までは毎年、1987年以降は隔年開催となり、2003年の第19回まで継続した（第12回から3日間の講習となった）。参加者は1987年までは毎回50〜70名、その後は20〜30名程度だった。表Ⅰ-2-2に1999年度のプログラムを示す。

表Ⅰ-2-2　補聴講習会プログラム（1999年度　第17回）

	9:00	9:40	10:00	12:00	13:00	14:00	15:00	16:30 17:00
11/24	受付	オリエンテーション	聴力検査の基礎	昼食	聴力検査の応用	休憩	補聴器フィッティングの理論と実際	
11/25	聴力検査実習			昼食	最新の補聴器展示	補聴器フィッティング実習[1]		
11/26	補聴器フィッティング実習[2]			昼食	補聴器フィッティング事例検討会			

2　1980年代

　1980年代は1990年代以降の動きの土壌が熟成していった時代といえる。これまで教育オーディオロジーに関連する専門的知識や技能を習得する場として、先述の国立特殊教育総合研究所を会場とした「補聴（器）講習会」しかなかったが、1988年に愛媛大学で公開講座「補聴器の適用を考える」が開催され、2カ所での研修が可能となった。同講座は「きこえとその活用」、「聴能学セミナー」等いくつか名称を変更し、2003年まで16年にわたって継続開催された。受講者は毎回約30〜40名だった。なお、愛媛大学では人工内耳に関する公開講座が2014年度まで継続開催された。

　1980年代の大きなトピックとして、1987年10月に筑波技術短期大学が開学したことが挙げられる。

3　1990年代

　1990年代に入ると、筑波技術短期大学が教育オーディオロジーの3つめの研修機関としての役割を担うことになる。1992年開催の同大学公開講座「第2回　現代聴覚障害教育研修講座」の中に「補聴器のフィッティングの基礎理論と実習」が設けられたことがスタートとなる。以後、「補聴器のフィッティングと使い方」「補聴効果の測定法」など名称を変えながら毎年開催された。受講者は毎回約40〜60名だった。

　愛媛大学公開講座は初級者を対象とする「聴能学基礎セミナー」、中級者を対象とする「聴能学セミナー」、上級者を対象とする「教育オーディオロジー実習」（いずれも3日間）と、教育オーディオロジーに関する講習内容を専門分化させていった。

　1999年8月18日には、1970年の教育オージオロジー研究会以降初めての教育オーディオロジーに関する組織として、近畿2府4県を活動範囲とする近畿教育オーディオロジー研究会が設立された。この時期に同研究会が設立を迎えたことの経緯は「近畿教育オーディオロジー研究協議会設立10周年記念紙」に詳細が記載されている。同紙によると大きな要因として言語聴覚士の国家資格化がある（1998年9月言語聴覚士法施行）。教

育機関における教育オーディオロジー業務が言語聴覚士法に抵触するかどうか、これまで培ってきた専門性を維持継承できなくなるのではないかという不安を背景に、愛媛大学公開講座に集う近畿地区の教員が中心となって組織結成に向けた動きを作っていった。近畿地区聾学校長会の承認、会長を校長会から選出するなど、公的組織としての性格を帯びた組織形態はその後の各地の研究協議会の見本となったといえる。

4 2000年代

　国立特殊教育総合研究所を会場にして開催されていた「補聴講習会」が1999年度を最後に継続できなくなると、全国規模の講習会は愛媛大学と筑波技術短期大学が中心となった。教育オーディオロジーの組織や研修の気運の高まりは2000年に入ってさらに強くなり、筑波技術短期大学では公開講座「補聴器のフィッティング」が2000～2004年にかけて開催され、愛媛大学とともに東西の研修拠点となった。

　各地域での教育オーディオロジー研究協議会が設立ラッシュを迎える。2003年には関東教育オーディオロジー研究協議会が設立され、2004年になると東海・中国・四国・九州・北海道の教育オーディオロジー研究協議会が設立（北海道教育オーディオロジー研究協議会は2014年8月解散）された。さらに、2005年には北陸教育オーディオロジー研究協議会が設立された。また、2004年2月21日には各地域を緩やかに結ぶ全国組織である日本教育オーディオロジー研究会が結成され、全国的な組織体制がほぼできあがった。

　各地域の教育オーディオロジー研究協議会はその地域の課題に即した活動（**図Ⅰ-2-2**）を充実させ、結果的にこれまで教育オーディオロジーの講習を担ってきた愛媛大学や筑波技術短期大学（2005年10月から筑波技術大学）での講習会はその役割を終えることになった。初級・入門的な講習は各地域で行い、上級的内容を日本教育オーディオロジー研究会主催の上級講座（2004年度開始）が担うという役割分担がなされ、現在に引き継がれている。**表Ⅰ-2-3**に中国教育オーディオロジー研究協議会夏季研修会プログラム（2015年度実施、第12回）を示す。地域の聴覚障害教育に携わる教員の研修としての機能も担い、教育オーディオロジー分野だけでなく、幅広いプログラム構成となっている

```
<研修会>　夏：講習会・講演会
　　　　　 秋：講演会
　　　　　 冬：学習会
<機関誌>　年3～4回発行
<ホームページ>
<会　議>　代表委員会　年3回
```

図Ⅰ-2-2　近畿教育オーディオロジー研究協議会の主な活動

第2節　日本における教育オーディオロジーの歴史

表Ⅰ-2-3　第12回　中国教育オーディオロジー研究協議会夏季研修会プログラム

第1日目

10:30-	開会				
10:50-12:10	講座Ⅰ	初級コース①聴こえの障害	人工内耳の基礎知識	聴覚障がい者の立場から	発音・発語学習の理論と実際①
12:10-	昼食				
13:10-14:30	講座Ⅱ	初級コース②聴覚障害教育の基礎・基本	教員に必要な耳鼻科の知識	難聴学級の取組	発音・発語学習の理論と実際②
14:45-16:45	講演①	「ろう学校での言語指導について（幼稚部・小学部を中心に）」			

第2日目

9:00-10:20	講座Ⅲ	言語指導（幼）	補聴器フィッティング	自立活動（中高）	発音・発語学習の理論と実際③
10:35-11:55	講座Ⅳ	言語学習（小）	補聴システムについて	聴覚障害幼児の保護者支援	発音・発語学習の理論と実際④
11:55-	昼食				
12:50-	総会				
13:10-15:40	講演②	「ろう学校での言語指導について（中学部・高等部を中心に）」			
15:45	閉会				

```
第 1 回    2004年度    東京
第 2 回    2005年度    愛媛
第 3 回    2006年度    茨城
第 4 回    2007年度    大阪
第 5 回    2008年度    茨城
第 6 回    2009年度    愛媛
第 7 回    2010年度    愛知
第 8 回    2011年度    福岡
第 9 回    2012年度    愛媛
第10回    2013年度    東京
第11回    2014年度    大阪
第12回    2015年度    愛媛
第13回    2016年度    福島
第14回    2017年度    東海
```

図Ⅰ-2-3　日本教育オーディオロジー研究会上級講座の開催地

```
◆9月13日（土）
  13:00～13:15    オリエンテーション
  13:15～14:30    全体講座1 「聴能担当者としてのふりかえり」
  14:45～16:45    選択講座1
                 「マスキング」、「乳幼児聴力測定」、「補聴器の機能」、「ファンクショナル
                 ゲイン法の問題点と実耳測定の意義」
                 「発音指導と聴覚活用」
  17:00～18:00    選択講座2
                 「インサートイヤホンの較正」、「補聴器の特性測定」、「聴能マトリクステ
                 スト」、「人工内耳のマップの理解」
                 「障がい理解授業」

◆9月14日（日）
  9:20～ 9:30    ガイダンス
  9:30～11:30    全体講座2 「実践研究の方法」
                    ①「研究の進め方」、②「実践研究を行う時の留意点」、
                    ③「統計の活用」、④「論文のまとめ方」
  12:45～14:00   全体講座3 「わたしが気になった研究・論文」
  14:15～15:15   全体講座4 「各地域からの報告」
  15:30～17:00   講座「事例検討会」

◆9月15日（月・祝）
  9:30～         受付
  10:00～12:00   研究発表
  13:00～13:30   日本教育オーディオロジー研究会総会
  13:30～15:15   講演 「学齢期にある人工内耳装用児の実際」
  15:15～15:30   閉会式
```

図Ⅰ-2-4 日本教育オーディオロジー研究会 第11回上級講座（大阪）プログラム（2014年度）

ことがわかる。図Ⅰ-2-3に年度ごとの日本教育オーディオロジー研究会上級講座の開催地を、図Ⅰ-2-4に2014年度実施の第11回上級講座のプログラムを示す。地域の教育オーディオロジー研究協議会のプログラム内容と比較し、より専門的な内容となっている。

2008年10月、第53回日本聴覚医学会総会・学術講演会のランチョンセミナーにおいて、大沼直紀（筑波技術大学学長（当時）、日本教育オーディオロジー研究会会長）が、「教育オーディオロジー・1980年に考えたこと、その後」と題する講演を行っている。教育関係者だけでなく、医療関係者にも教育オーディオロジーという分野が認知されてきたことがうかがえる。

5 2010年代

　2003年前後を中心に設立された各地域の教育オーディオロジー研究協議会はそれぞれ設立10周年を迎えた。そして、2013年8月に唯一未設立地域であった東北で教育オーディオロジー研究協議会が設立され、全国すべての地域で組織ができあがった。

　2014年8月に北海道教育オーディオロジー研究協議会が解散した。しかし、2016年7月に「新北海道教育オーディオロジー研究協議会」が新たに設立され、全国すべての地域において教育オーディオロジーの組織が維持され、各地域の実状に応じて活発な活動が行われている。

〈参考文献〉

大沼直紀（1997）教師と親のための補聴器活用ガイド．コレール社
大沼直紀（2000）教育オーディオロジー概説．聴覚障害，55（1月号～12月号に連載）
大沼直紀・髙橋信雄・中川辰雄・立入哉（1995）補聴器に関する教員研修プログラム―講習会の現状と課題―．日本特殊教育学会第33回大会発表論文集，214-215.
立入哉（1993）FM補聴援助システムと電波法．聴覚障害教育工学，17(2)，47-56.
立入哉・髙橋信雄・大沼直紀（1998）補聴器に関する教員研修プログラム（その2）―教育オーディオロジーの成立を目指して―．日本特殊教育学会第36回大会発表論文集，78-79.
立入哉（1998）学校の補聴援助システム．聴覚障害教育工学，21(1)，22-27.
立入哉（1998）教育オーディオロジーの課題．聴覚障害，53(3)，4-8．
佐藤正幸（1997）英国におけるエデュケーショナルオージオロジー．聴覚障害教育工学，20(2)，20-23.
髙橋信雄（1982）普通学級におけるFM補聴器の利用上の効果と問題．聴覚言語障害，11，19-25.
髙橋信雄（1982）普通学級におけるFM補聴器の評価―利用上の効果と問題点―．国立特殊教育総合研究所紀要，第9巻，27-39.
芳之内修・髙橋信雄（1994）FM補聴システムのフィッティングの試みについて．聴覚障害教育工学，18(1)，2-9．
厚生省健康政策局医事課（1998）言語聴覚士が行いうる診療の補助行為について（回答）．医事第55号，平成10年10月7日公文書
厚生省健康政策局医事課（1998）言語聴覚士に係る疑義について．医事第55号の2，平成10年10月7日公文書
文部省初等中等教育局特殊教育課（1998）言語聴覚士が行いうる診療の補助行為について（通知）．10初特第35号，平成10年10月8日公文書

〈参考ホームページ〉

日本教育オーディオロジー研究会　http://www.jeaa.info/
近畿教育オーディオロジー研究協議会設立10周年記念紙（2008）
　http://www.normanet.ne.jp/~kinki/news/10syunen.pdf

第3節 教育オーディオロジーをめぐる諸問題

1 聴覚障害のきこえを知る

　耳の病気、聴覚障害は、治せる聴覚障害と、治せない聴覚障害とに比較的はっきり分かれる。鼓膜や中耳に問題がある「伝音難聴」は治療が可能であり、医学的に治せる聴覚障害である。ところが、内耳やその奥の聴神経に疾病のある「感音難聴」は、一度低下してしまった聴力が回復することはない。教育オーディオロジーの対象となる聴覚障害者の多くは、治すことができない「感音難聴」であると言ってよい（図Ⅰ-3-1）。

　聴覚障害者の支援を適切に行うには、何よりもまず、感音難聴の耳ではどのように音や音声がきこえているのかを十分に理解しておく必要がある。多くの人が聴覚障害者のきこえ方やコミュニケーションの仕方について誤解している。例えば、「聴覚障害者は全く音のない沈黙の世界にいる」「手話を使えば聴覚障害者は誰でも話が通じる」「補聴器をつけているから話がきこえているはずだ」などである。耳の遠い人には耳元で大きな声を出せばよいと考えている人が多いようであるが、必ずしもそうではない。聴覚障害者には、小さな音がきこえない一方で大きすぎる音には過度に敏感で不快になってしまうという矛盾した特徴（聴覚の補充現象）がある。そして、音としてはききとれるのに何を話されているのかことばのきき分けが難しいという特徴（音声受聴明瞭度の低下）

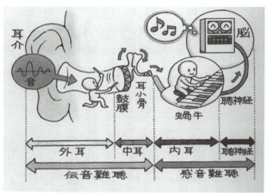

図Ⅰ-3-1　伝音難聴と感音難聴

第3節 教育オーディオロジーをめぐる諸問題

がある。

音声言語を獲得する前からの聴覚障害や加齢による聴覚障害、あるいは突発性難聴などの中途失聴は感音難聴であり、聴力図（オージオグラム）では高い周波数になるほど低下するタイプ（高音漸傾型）が多い。音が小さくきこえるだけでなく高い音域や子音がきこえにくく明瞭にきき分けられないという特性がある。全体的にくぐもりハンカチを口に押し当てて発声されたようなハッキリしない感じにきこえる。例えば『たけしたさん（TAKESHITASAN）』という音声は図Ⅰ-3-2のように歪んできこえる。まず「たけしたさん」の音が小さくなる。さらにそれだけでなく、T、K、S、などの子音が欠けてしまう。また、周りに騒音があると音声がぼやけてしまう。エコーが効きすぎた響くマイク音や、コンクリートに囲まれた反響のある場で話しかけられると、もっと歪んでしまい意味がわからなくなる。「竹下さん」が「あれはいかん？」と勝手にきき誤ってしまうかもしれないのである。

低い音から高い音までいくつかの周波数の検査音を使い、ききとれる最少のレベルを測定した結果が聴力である。聴力はdB（デシベル）で表され、それを記入した聴力図が「オージオグラム」である。聴力が0 dBというのは、きこえの能力が0点というのではなく、聴力に損失がないという意味である。0 dBが20歳の若年聴力正常者の平均値である。聴覚障害の程度は、本人も周囲も気づかないほど軽いものから、音声がほとんどきこえない最重度まで幅広く分布している。ことばをきき分けるのに重要な500Hz、1000Hz、2000Hzの聴力の平均値（日本では1kHzの聴力を2倍する四分法を用いている）で聴覚障害の程度が、軽度、中等度、高度、重度、最重度の5段階に分けられる（表Ⅰ-3-1）。

聴覚障害の程度が軽度から重度に進むにつれて、音声の持つ情報がどのように欠けて

図Ⅰ-3-2 難聴のきこえ—模式図

表Ⅰ-3-1 聴覚障害の程度と分類基準

聴覚障害の程度	分類基準	きこえの障害状況	発声発語障害の状況	聴覚活用	障害等級
軽度	26～39dBHL	対面の会話、大きめの会話可能。小さな声、ささやき声、騒音下、集団内のきき誤り、きき逃しがある。	とくに障害なし	環境条件の配慮。選択的に補聴器利用	該当しない
中等度	40～69dBHL	近くでの大きめの会話は可能。きき誤りが増える。気づかれずにいると、言語習得が遅滞する。	声質、韻律面の障害はない。聴力型によっては子音の歪みが生じ、話声が大きくなりやすい。	補聴器の効果高い。	該当しない
高度	70～89dBHL	耳元での大きめの声はきこえる。読話が必要になる。未措置では音声言語習得困難。	音の歪み、置換、脱落が生じる。補聴器によって聴覚活用すれば声質、韻律障害は少ない。	補聴器の効果あり	70dB～ 6級 80dB～ 4級
重度	90～99dBHL	補聴器装用により音や声はきこえるが、音声言語の認識や習得には読話などの視覚情報がかなり必要。	補聴器装用によっても音韻、声質、韻律、発話速度、ピッチの障害が生じるが、個人差が大きい。	補聴器の効果は個人差大。 人工内耳　適応	90dB～ 3級
最重度	100dBHL以上	耳元での大きめの声がきこえない。自分の声がきこえない。	早期から人工内耳によって聴覚活用すれば、高い発話明瞭度が期待できる。	補聴器の効果は限定的。 人工内耳適応	100dB～ 2級

(中村・城間・鈴木, 2015)

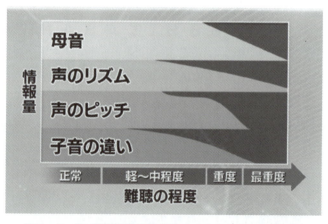

図Ⅰ-3-3 聴覚障害の程度とききとれる音声の情報量

第3節 教育オーディオロジーをめぐる諸問題

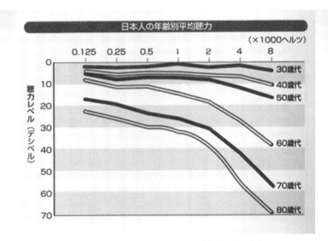

図Ⅰ-3-4　日本人の年齢別平均聴力

いくかを図Ⅰ-3-3に示した。軽度から中等度では、例えば、子音のきき分けが難しくなり、"佐藤さんと加藤さん" "パンと缶" "お爺さんとお兄さん" をきき間違える。しかし、相当に重度であっても母音のききとりは比較的よい。

　耳栓をつけたり、耳穴を指でふさいだときの、音が小さくきこえる状態は単に伝音難聴をシミュレーションしただけであって、本当の感音難聴を擬似体験するのはなかなか難しい。聴覚障害の問題を身近に理解するのによい方法は、自分が歳をとり耳が遠くなったことを考えてみることである。

　人の聴力は30代から少しずつ低下し始め、60代から70代にかけて聴覚の老化がさらに進んでいく。加齢によるきこえにくさは徐々に進行するので本人も気づかないまま対応が遅れてしまう心配がある。超高齢社会にあって、誰もが歳をとり高齢者として生きていくことの覚悟を国民は自らもつようになってきた。しかし一方、"耳も歳をとっていく" ということの認識や備えについて、残念ながら日本人は未だ甘いところがある（図Ⅰ-3-4）。

　さらに、足腰や目の衰えなどに比べ聴覚障害は周囲の人から "見えにくい" 障害なので、本人がどう困っているか想像しにくく理解されにくいという問題がある。「テレビの音が大きすぎるから一緒に見ない」「声をかけても返事がないから余計な話はしない」「用件や約束などをきき違えるので迷惑なことになる」「同じことを繰り返し尋ねられるので面倒だ」「孫の声はよくきこえるのに私の話はきこえない振りをしているのではないか」など、きこえの問題が人間関係にまで影響を及ぼす。実は同じような状況と問題が聴覚障害児の日常生活でも起きているのである。

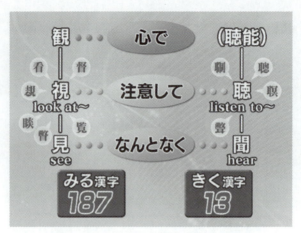

図Ⅰ-3-5 「みる」漢字・「きく」漢字

　『視覚の障害は"物"と繋がりにくくする。聴覚の障害は"人"と繋がりにくくする』とヘレン・ケラーはいった（元は哲学者カントの言葉をヘレン・ケラーが英訳）。きこえに関する問題は、人とのかかわりやその聴覚障害者を取り巻く社会・環境とのかかわりにより痛みを伴うことになる。精神的、社会的な痛みと言ってよい。きこえの不自由さは、本人にとっては非常に深刻なのに比べ、周りの人にはその痛みがよく理解してもらえない。このギャップがまたさらに当事者を苦しめることになるのである。

　古来中国でつくられた「目」の付いた漢字は、「見る」「視る」「覧る」「看る」「督る」「観る」など187もある。一方、「耳」の付いた「きく」の漢字にも、「何となくきく」という「聞く」（hear）から、「注意してきく」という意味の「聴く」（listen to～）までいろいろあるが、それでも13漢字しかない[1]。「きく」漢字が「みる」漢字に比べて圧倒的にその数が少ないことからも、一般に「きこえること・きこえなくなること」への関心は、「見えること・見えなくなること」に比べて薄く、聴覚障害は他の障害に比べても正しく理解されにくいことがわかる（図Ⅰ-3-5）。

2　聴覚補償・情報保障と合理的配慮

　聴覚に重度な障害のある児は1年間に約1,000名生まれている。1年365日とすると、今日1日に日本全国のどこかの病院で3つの家族が、わが子に重度な障害があることを説明されているであろう。その結果、死にたくなるほどの絶望感をいだいた親や当事者も少なくない。障害者支援の根本になければならないのは、その後、彼らが育ち、学び、立派に生きている様子と想いを知り理解することである。

　障害者の権利に関する条約の批准に向けた国内関係法令の整備の一環として「障害を

理由とする差別の解消の推進に関する法律」（以下、「障害者差別解消法」とする）が平成25年6月に成立し、平成28年4月1日から施行された。これにより2つの差別が禁止される。一つは、「不当な差別的取扱い」（"見えない""きこえない""歩けない"といった機能障害を理由にして、また、車いすや補装具、盲導犬や介助者など、障害に関することを理由にして、区別や排除、制限をすること）、もう一つは、「合理的配慮の不提供」（障害のある人とない人の平等な機会を確保するために、障害の状態や、性別、年齢などを考慮した変更や調整、サービスを行わないこと）である。この法律に基づいて国民は差別解消に取り組むことになる。障害者の支援は「善意」から「法令遵守」へと進んだことを認識しなければならない。聴覚障害者の社会生活において合理的配慮が進展するには、聴覚障害とは何なのか、聴覚障害を巡る諸問題とは何なのかを理解しておくことが基本的に重要となる。

　聴覚障害に関わる領域でよく使用される「聴覚補償」と「情報保障」の用語は、"ほしょう"の漢字の読みが同じなので混同されがちである。「聴覚補償」とは、例えばよくフィッティングされた補聴器を活用すること、人工内耳の手術を受けよりよい聴力を得ること、明瞭に話すための発音指導を受けること、口形の動きから意味を捉える読話力を伸ばすこと、あるいは手話の力を身に付けることなど、"主として聴覚障害者が持っている自分自身の障害を軽減したり改善したりすること"を指す。一方、「情報保障」とは、例えば手話通訳者や要約筆記者等を配置すること、音声を字幕に代えてスクリーンやタブレット端末画面に映し出すこと、会場に磁気ループやFM補聴システム等を用意することなど、"主として情報が伝わりやすくするための環境を整えること"を指す。

　近年の医療、教育、補聴技術の進歩により聴覚障害の「補償」の面では一定の成果が得られるようになった。しかしながら、聴覚障害者に必要な情報をしっかり「保障」するという面では、「補償」に比べ「保障」は後追いだった感は否めない。聴覚障害者の生活の質を高めるには、その障害を「補償」することだけにとどまらず、伝わりにくい情報を周囲から「保障」することが重要だという認識が高まり、「聴覚補償から情報保障へ」と社会全体が向かう時代を迎えている。医療モデルから社会モデルへと障害者支援の見方が変化発達したのである。この意味でも、聴覚障害者の学習場面や学校生活面での合理的配慮について具体的に検討する必要がある。その方法には大きく分けて2通りある。すなわち、耳から伝える手段と、目から伝える手段である。聴覚障害者の支援と合理的配慮を考えるには、耳から伝える「聴覚的情報保障」についてまず理解し、次には、目から伝える「視覚的情報保障」について手だてを検討するのがよい。このことに関しても、教育オーディオロジーの領域から支援できることは多い。

3 聴覚障害者の教育機関

　日本には公立の聴覚特別支援学校（以下、聾学校とする）が約100校あり、聴覚口語法（auditory-oral approach）、手話法（sign language approach）を子どものニーズに合わせて使う教育を行っている。その他に2つの私立の聾学校がある。そのうちの一つの私立聾学校は聴覚口話法による教育に徹し、もう一つの私立聾学校は日本手話による教育に徹している。この2つの私立聾学校は聴覚障害教育に採用する言語モードの種類について明確な方針を持っているのに対し、公立聾学校の中には、子どもの実態に合わせて補聴器・人工内耳、読話、発音、手話、キュードスピーチなどをバランスよく取り入れることができないまま教育方針に迷いを生じている学校も少なくない。同じ年に生まれた約1,000名の重度聴覚障害児のうち、約半数が聾学校に、そして約半数が通常の学校ならびに学校に設置された難聴特別支援学級（以下、難聴学級とする）に入学し、聴覚障害児のほぼ全員が中学、高校まで進学する。聾学校高等部本科には普通科の他に職業科があり、産業工芸系、情報系、機械系、デザイン系、サービス産業系などのコースが選択できる。さらに聾学校の高等部には、1年または2年課程の専攻科がある。

　わが国初の聴覚障害者のための高等教育機関（筑波技術短期大学）が設立されたのは1987年（昭和62年）のことで、30年近い歴史がある。筑波技術大学の創立に先行して、世界にはすでに2つの聴覚障害者のための高等教育機関が存在していた。世界最古の障害者のための高等教育機関として有名なワシントンD.Cのギャローデット大学（Gallaudet University）は、筑波技術大学より100年以上前の1864年に創立されていた。アメリカ国立聾工科大学（NTID: National Technical Institute for the Deaf）は、筑波技術大学より20年以上前の1965年に創立されていた。

　日本の聴覚障害者の高等教育への進学率は、筑波技術大学が誕生したことを契機に増加の傾向をたどった。1980年頃の日本には、聴覚障害者を受け入れてくれる大学はほとんど存在しなかったが、現在、日本には約700の大学があり、聴覚障害があることを理由に受け入れを拒否することはなくなった。同じ年に生まれた約1,000名の重度な聴覚障害児のうちの約300人以上が高等教育機関に進学していると思われる。日本の大学進学率は50％を超えているが、それに対して聴覚障害者の大学進学率はおよそ30％であろう。聴覚障害者の高等教育進学率は今後もさらに高くなると予想される。

　大学全入時代の到来により聴覚障害者が大学に入学しやすくなった一方で、安易に聴覚障害学生を受け入れた大学の教育環境整備に問題があることも明らかになってきた。一般大学における授業保障の体制不備に気がついた聴覚障害学生が、手話通訳やノートテイクの配置を大学に要求し、ボランティアを組織する努力を重ねた結果、志望する大

学の支援環境の実情を評価したうえでの大学選択が行われ始めた。情報保障に配慮された環境と、聴覚障害の特性を理解し教育力のある教員がいる大学を求め始めたのである。さらには大学を単に卒業するだけではなく、大学で学んだことが活かされる就職への支援が得られるかどうかにより大学が評価される時代となった。1980年頃は「入れてくれる」大学を求めていた聴覚障害学生とその親や関係者が、今では「力のつく」大学を求めるようになった。

　教員と学生が直接学び合うのが本物の教育である。筑波技術大学では教室に手話通訳やノートテイカーが配置され、情報保障環境が整った授業が行われていると一般の人は考えるであろう。そうではない。教員と学生とは通訳を介さず直接にコミュニケーションする。この学生に教えたいと思う教員が、この先生から学びたいと思う学生に直接向き合うのが本物の教育である。教員は手話を身に付け、文字情報を駆使し、視覚教材を工夫し、補聴器や人工内耳を通しての話し方を習得したりして、何とか伝えようと全力で臨むのである。通訳を介してしか自らのことを伝えられない状況では師弟の関係はうまれない。恩師と仰ぐ先生には巡り会えない。

　一方、聴覚障害学生を受け入れた一般の大学では、手話通訳やノートテイクなどの情報保障支援者を介在させることが最良だと考えてきた。聴覚障害学生のいる教室に通訳要員が配置される環境は大事なことに違いない。しかし、通訳者が介在して教員の講義を学生に伝え、また学生の質問や意見を通訳者が教員に代わって伝えなければならない状況は本物の教育であろうか。教員と学生との間で第1次情報が直接交わされるコミュニケーション関係が理想である。

4　重度の聴覚障害青年の聴覚活用

　"音"はよくきこえるが"音声"のきき分けが困難な聴覚障害者の実態を知る必要がある。一昔前は最重度の聴覚障害者の補聴器装用状況は、学童期にはほぼ全員が装用していても年齢が高くなるにつれて補聴器が使われなくなる傾向にあった。ところが、最近の聴覚障害青年の多くが補聴器を装用し続け聴覚を活用する習慣が身に付いている。わが国の聴覚障害学生の補聴器装用率は比較的高いといえる。筑波技術大学の学生の実態がこのことを表している。図Ⅰ-3-6は、1学年50名の学生の聴力と補聴器を装用したときのきこえ（補聴器装用閾値）を重ね書きしたオージオグラムである。60dB程度から110dB以上の聴力レベルまで、中等度、高度、重度、最重度の聴力程度の学生が在籍していることがわかる。彼らが補聴器を装用したきこえのレベルも様々である。

　補聴器をつけている聴覚障害者はきこえているはずだと誤解を受けることが多い。補聴器の効果と限界が一般に正しく認識されていないからである。保有聴力の半分ほどを

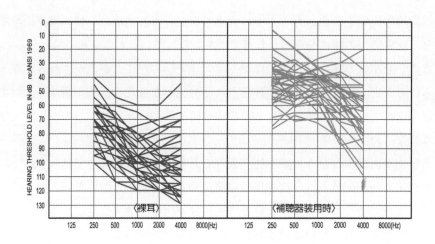

図Ⅰ-3-6 聴覚障害学生の裸耳聴力と補聴器装用時のきこえのレベル

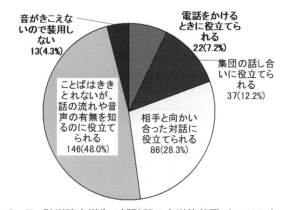

図Ⅰ-3-7 聴覚障害学生の補聴器の自覚的効果（n＝304）

補うというのが補聴器のフィッティングの基本原理（半利得法）なのである。**図Ⅰ-3-6**の学生の裸耳（左側）と補聴器装用時（右側）のグラフの位置を見比べると、補聴器装用耳は全体的に半分ほど上に移動しているのがわかる。さらによく見ると、1000Hz以下の低音域では保有している聴力のほぼ半分のきこえが補償されているが、2000Hz以上の高音域では保有している聴力の1/3程しかきこえが補償されていない。低い周波数特性をもつ母音などはある程度きこえるが、高い周波数特性をもつ子音などはきこえにくい。その結果、補聴器を通して「音」はよくきこえても、「音声」のきき分けは十分に期待できない学生が多いのである。それにもかかわらず、彼らはなぜ補聴器を手放さないのであろうか。補聴器の効果と限界を自ら認識しているからである。

筑波技術大学の聴覚障害系学科に入学する学生において、一般高校からと聾学校からの比率はほぼ半々である。乳児期、幼児期、小学校のいずれかにおいて聾学校で指導を受けた聴覚障害学生240名に対して、「補聴器は何のためにつけているのか」その活用効果について尋ねた（図Ⅰ-3-7）。その結果、96％の学生が補聴器を装用し役立てている実態が見えた。しかも、約半数の者が「ことばはききとれないが、話の流れや音声の有無を知るのに役立てられる」と答えていることから、聴覚活用の目的を、必ずしも音声言語の受聴明瞭度に限っているわけではなく、音声の有無を知るだけであっても補聴器装用の意味があると考えていることが明らかになった。

5 人工内耳と聴覚障害教育

日本では1年間に約1,000人の重度な聴覚障害児が生まれている。最近は新生児聴覚スクリーニングの体制が整い、聴覚障害の発見・診断、早期療育・教育、早期からの聴覚補償がよくなされるようになってきた。最初の補聴器の装用は1歳台に済んでいる。医療機関において脳波による聴力検査が90dB以上であれば、補聴器よりも人工内耳が薦められることが多く、人工内耳の選択時期と補聴器から人工内耳への移行時期とが早期化している。現在では、人工内耳を装着したときのきこえのレベルが約25dBに補償されるほどに進歩した。WHOの難聴程度の分類では聴力正常者の平均聴力レベルを25dB以下としていることと照らせば、人工内耳によるきこえがいかに優れているかがわかる。これらのことから、以前に比べ、保護者の人工内耳選択に際しての悩みや混迷が少なくなっているように思われる。聾学校乳幼児教育相談に来所する段階では、聴力程度が最重度の子どものほとんどがすでに人工内耳の手術を受けている。早期発見された重度難聴児の30％以上が小学校入学頃までに人工内耳を装用するという状況にあり、今後も人工内耳手術を受ける子どもは増える傾向にある。このような人工内耳装用児が成長し、続々と高校や大学に入学してくる時代はすぐ近くに迫っている。

重度な聴覚障害者の聴覚補償と情報保障の実態は、若い世代から変化を見せている。乳幼児期の早期から補聴器を装用して音の世界を知り、言語を獲得し成長するにつれ手話で思いのたけを述べ、聴覚障害者として生きる自信を得て、情報端末機器を駆使し書記言語コミュニケーション能力を高めた重度な聴覚障害青年。彼らの中には、常に自分の好きな音楽を聴くことを好む者も少なくない。

聴覚障害者が社会生活するうえで、聴覚を活用する方法をとるか手話を使う方法をとるか、どちらか一つを選ばなければならないなどという悩みは少なくなり、どちらの恩恵も受けて活用できる世の中になってきた。手話通訳や字幕提示のシステムが進歩し身近になったので、音声言語の情報は「ことばを見る」ことに代えて保障される環境が整

ってきた。同時に、補聴器や人工内耳の進歩と装用者の増加により、重度な聴覚障害者にも音や音声そのものの入力が保障される環境が整ってきた。「人工内耳を装用して手話を使う聾者」が出現してもおかしくない時代を迎えている。「音を感じる世界とことばを見る世界」とに自分をうまく適合させた新しいタイプの聾者・難聴者が生まれ育ってきている。そして、高度専門的な高等教育には、手話に文字が加わらないと教育バリアが取り除けないと考える青年が確実に育ってきており、さらに「手話＋文字＋音・音声」を求めようとしている。

　人工内耳装用児が通常の学校に入ってもコミュニケーション上の問題が解決されないまま様々な適応困難を引き起こす事例も少なくない。人工内耳装用者が次のような不満を訴えることがある。①騒音の中で役立たない、②大勢の人の中での会話に役立たない、③離れた人の声を聞くのに役立たないなどである。かつて補聴器の装用者が経験した問題と全く同じものである。人工内耳であっても補聴器と同様に補聴効果が音環境等に影響されることを改めて認識する必要がある。

　人工内耳の手術を受けた子どものすべてが通常の学校での統合教育で十分な教育を受けられるとは限らず、人工内耳を装用しながら聾学校で学ぶ子どもも少なくない。「人工内耳の成功と失敗」とは何を指すのか改めて考える必要があるが、耳鼻科領域でいう人工内耳の成功・失敗の指標をそのまま教育オーディオロジーや聴覚障害教育に当てはめるのは妥当ではない。聴覚医学の臨床領域（clinical audiology）でいう成功・失敗とは何か、そして聴覚障害教育に期待される人工内耳の成功とは何なのか、それぞれの関係者が検討し始めようとしている。

6 バリアフリー・コンフリクトの時代に

　聴覚障害者の聴覚補償・情報保障の考え方には大きく分けて2つある。きこえないままの自分でよしとする「ろう者」と、きこえたほうがよいとする「難聴者」がいる。音やことばがきこえる人々により長い歴史を経て創られた「聴者の文化」は、きこえない世界を前提として生まれた「ろう文化」とどのように折り合っていけるのか。ろう者の独自の言語である手話をコミュニケーション手段とするろう者と、最新の補聴器や人工内耳をつけた難聴者が、学校や社会の中で"同じ聴覚障害者"として共生する時代になろうとしている。

　ある一つの障害が問題となり多くの人に意識されるようになると、そのバリア（障壁）を取り除こうと当事者や関係者が努力し「バリアフリー化」の整備が進展してきた。ところがある特定の障害問題が解決に向かい一つのバリアフリーが成熟に向かうと、思いがけない別のバリアが生まれてくることがある。例えば視覚障害者にとって「やさしい」

環境を整備しようと点字ブロックを歩道や駅のホームなどに十分に敷いたところ、そのデコボコにより車椅子使用者など別の障害者にとっては「やさしくない」環境が増えたと感じられてしまうこともあり、コンフリクト（conflict：衝突・対立・葛藤）が生じる。これを「バリアフリー・コンフリクト」という。多様化、複雑化が進む現代社会において、バリアフリーとは一方の問題を解決しつつ他方で新たな問題を生み出してしまうという二重性を内在するものだということを知っておく必要がある。同じ聴覚障害者の間でも起こるバリアフリー・コンフリクトに、スマートに対応できる世界でありたい。聴覚補償や情報保障のあり方を考えるに際しては、その背景にある複雑な課題にも目を向ける必要があろう。

〈引用文献〉
1）続有恒（1974）心理学研究法　第10巻観察、東京大学出版会．
2）中村公枝・城間将江・鈴木恵子（2015）聴覚障害学第2版．医学書院．

〈参考文献〉
大沼直紀（1997）聴覚サポートガイド―あなたの耳は大丈夫？―．PHP研究所．
大沼直紀・江口実美・大西信治郎・賀戸久・星名信昭編著（1988）聴覚障害学．協同医書出版．
Hallowell Davis, Richerd Silverman, ed.(1978)Hearing and Deafness, 4th. edition, Holt, Rinehart andWinson.
大沼直紀（2002）教師と親のための補聴器活用ガイド第4版．コレール社．
大沼直紀（2002）聴覚リハビリテーションの理念・歴史．加我君江（編）新臨床耳鼻咽喉科学第2巻―耳―．中外医学社．
大沼直紀（2012）人工内耳によって「ろう文化」はなくなるか？．中邑賢龍・福島智（編）バリアフリー・コンフリクト．東京大学出版会．

第4節　聴能の基礎

1　聴能とは

　「聴能」は日本独自の優れた用語であり、それに適切な一つの英語表現を充てるのは容易でない。例えば、同じオージオグラムを持ち聴力に変わりのない2人の聴覚障害者で、一方は補聴器を通しての電話コミュニケーションが可能となり、他方は聴覚活用の効果が認められないという場合、この"きこえ"の様相の差違を説明するには「聴能」がキーワードとなる。「聴能」に対応する英語には、"hearing capability（聴覚的能力）"や"auditory perceptual/cognitive ability（聴覚的受容認知能力）"などに限らず、"auditory comprehension（聴覚的理解能）""auditory skill（聴覚的スキル）""listening ability（ききとり能力）""auditory perception of speech（聴覚を使ってのことばの受容）""use of residual hearing（残存聴力の活用）"など多くの表現が考えられる。いずれにしても「聴能」とは"the ability resulting from auditory training/learning（きこえの訓練／聴覚学習の結果育った能力）"のことであり、上記のどの用語をとるにしてもそれぞれに"improved（発達した）"という概念が付加される。このことが「聴力」と「聴能」との特徴的な違いである。

　聴能の働きとはどんなものかを一つの例で説明してみる（図Ⅰ-4-1）。あらかじめ録音された［がんこおやじ（頑固親父）］という音声の、［こ］の音声部分だけを削除し、

図Ⅰ-4-1　聴能の働き

そこを雑音（ホワイトノイズ）に代えて［ガン■オヤジ］と編集されたききとり検査用音素材を作成する。［コ］が消えてしまっている検査語［ガン■オヤジ］を再生し、何と聴こえたかを聴力正常な被験者に問うとどのように答えるであろうか。「頑固親父」という言葉を知っているほとんどの日本人は［がんこおやじ］と聴こえたと何の疑いもなく答える。存在しないはずの［コ］が聞こえたかのように知覚されてしまう。これが聴能の働きである。日本語を知らない外国人にこれを試みても決して［がんこおやじ］ときこえることがない。頑固親父という音声言語知識の引出しが脳に用意されていることが［ガン■オヤジ］を［がんこおやじ］と聴く聴能の条件なのである。人は耳ではなく脳で聴いているのだといえよう。聴力には限りがあっても聴能は発達する可能性を秘めている。

2 聴覚活用の基本

聴覚障害教育の世界では今、手話を使うことと聴覚を使うこととの関係を整理したいと考えている。従来は「耳は何のためについているか」の問いに対して「ことばをきくため、ことばを覚えるため、ことばを話すため」と答えてきた。このことが聴覚活用の本当の目的を履き違えられてしまう原因となったと思われる。聴覚障害の程度が重くなればなるほど、ことば（音声言語）は耳から入りにくくなるのであるから、手話や文字などの視覚で代償する方が効果大だと考えるのは当然ではある。しかし、問題なのは、「手話があれば耳を塞いでしまっても大丈夫」と考えてしまうことである。人の耳から入る情報のうち、ことばはそのほんの一部にすぎない。耳を塞いで使わないでしまうことは、手話だけでは保障してくれないことば（音声言語）以外のあらゆる「音」も受入れられなくなることに気づかなければならない。視覚のみを通した情報保障には「抜け」がある。音声に代わる情報は保障されたが、「音」が抜け落ちてしまう心配がある。かつての日本では「聴覚口話法」のうちの厳しい訓練を伴った「口話法（読話）」を批判した。ところが、勢い余って「聴覚」まで否定してしまったということの反省もある。空気中に生まれた生物としてのヒトはだれでも、音を享受する権利があり、聴覚障害者は活用可能な保有聴力を有しているのである。

3 分節的情報・超分節的情報と韻律情報

私たちが地下鉄に乗り満員の中に埋もれた騒音の中で、次の駅が"上野"か"上野広小路"かをききとろうとする場合には、"ウエノ"と"ウエノヒロコージ"との間の、音声の流れ全体のもつリズム、長さ、高低、強弱などの違いが頼りになる。一方、"佐藤さん"と"加藤さん"との間でのきき分けをしなければならないとしたら、最初の音が"カ"なのか"サ"なのか音声の細部の違いが区別できなければならない。前者のよ

うな聴き方を助ける情報を「超分節的」(スプラセグメンタル；supra-segmental)、後者を「分節的」(セグメンタル；segmental) 情報という。

　ア、カ、サ、タ、ナと50音図で表されるような音節一つ一つのもつ「音韻的な特徴」(音素的情報／スペクトル情報)の差異がきちんとききとられないと、音声が了解できないように一般には思われがちである。しかし、日常会話の中で我々はむしろ、アクセント(ピッチ／音高、ストレス／強勢)、イントネーション(抑揚)、リズム(拍、モーラ)、などの「韻律的な特徴」(プロソディー；prosody) を大いに了解の手がかりに使っている。話しことばの意味が運ばれるときの音声の要素や特徴にはいろいろある。音の世界は「高さ」「強さ」「長さ(時間)」「音色」の4次元で成り立っている。ききとろうとする音声にはすべてこれらの4要素が含まれている。言語音の最小単位である音素(phoneme) 情報は「音色」の次元上にあり、分節的な音韻のきき分けに関係するといわれる。超分節的な「韻律情報(prosodic information)」には、「高さ」「強さ」「長さ(時間)」が関係する。

　連続音声のもつ時間情報が意味の違いを知覚させてくれる簡単な例を紹介する。"居た" と "行った" のきき分け検査を次のような手続で行う。まず、「いた」から「い―＜無音＞―た」まで、促音の「っ」を意識せずに発声し、図Ⅰ-4-2のような検査用のオーディオテープカード(白紙のカードの下部に録音テープが貼り付けてある。録音された音声を専用の再生機できくことができる) を作成する。「い」と「た」の間を接近させたものから離したものまで、様々に空白時間を変えた「い－た」の録音テープカードを10枚程度用意する。それらの音声の前に、すべて「ママが」という同じ音声が録音されている。次に、被検者にこれらの検査音声を一つずつきかせ、「居た」にきこえたか、それとも「行った」にきこえたかを選択させる。こうした検査の結果、「い」と「た」

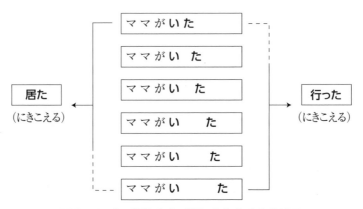

図Ⅰ-4-2　「居た」と「行った」をきき分ける

の時間間隔がある長さ以下の検査音には「居た」と反応し、それ以上に時間間隔が空くと「行った」と反応することが明らかになる。「い−た」を口ずさんでみると「居た」と「行った」の違いをきき分ける手がかりは、「い」と「た」の間の空白時間の長さ次第で決まることが実感できる。したがって、聴覚障害者に対して「い」と「た」のそれぞれの単音節について文字カードを正しく取る聴能訓練だけをやったとしても成果があがらないことが示唆される。分節的な細かなきき方以前に、「居た」と「行った」の音声のリズムの違いを大まかに捉えるような、超分節的な韻律情報の聴取能力が養われないと意味了解につながらないことがわかる。

4 聴能の評価・訓練プログラム

一人一人の聴覚障害者の能力やニーズに応じた聴能訓練プログラムを作成し実施するには、それぞれの補聴効果や聴能の発達を評価することが不可欠である。聴覚活用能力を的確に把握しないままに指導が展開されると、音の有無に対する反応を求めるだけの単純な聴能訓練課題だけがむやみに繰り返されたり、あるいは反対に、本人の音声受容能力レベルを越えた難しすぎる聴取課題が不用意に与えられたりして効果のないものとなってしまう。一般に最重度の聴覚障害者に対する聴能訓練体系は、リズム、アクセント、イントネーションなどの韻律的特徴を情報聴取の手がかりとさせるような大まかな

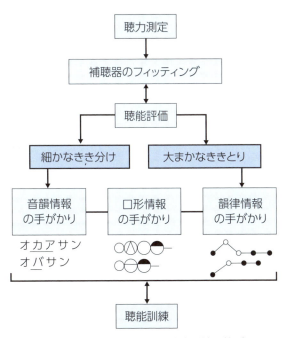

図Ⅰ−4−3 聴能評価と聴能訓練の体系

（gross）訓練プログラムが比較的重要となる。一方、中途失聴者や軽度・中等度難聴者に対しては音節のもつ「音韻的特徴」の差異を弁別聴取させるような細かな（fine）訓練プログラムが比較的重要となる。対象者に合った聴能訓練／聴覚学習を始めるには、その聴能が前者のような超分節的（supra-segmental）な聴き方もレベルにあるのか、あるいは後者のような分節的（segmental）な聴き方のレベルにあるのかといった観点から評価される必要がある（図Ⅰ－4－3）。

　聴覚障害の程度の重くない者が補聴器を装用すると、明らかに生活場面や人とのコミュニケーションに補聴器が有効に働く様子が見られるので、家族や指導者にとっても当然それは日常生活上欠くことのできない補装具であるという意識がもてる。一方、聴覚障害の重い90dB以上の聴力レベルの者が補聴器を装用しても、役立っているという効果が明らかには見て取れないことが多いので、補聴器の役割を過小評価してしまいがちである。その結果、補聴器を積極的に活用しようとする意識が薄れてしまうこともある。周囲が補聴器にあまり期待しないような態度や行動を頻繁に見せると、聴覚活用の習慣にも影響が及ぶことになる。補聴器は必ずしも音声の細かなきき分けに役立つだけのものではない。音声の韻律的特徴（プロソディー）が補聴器を通して耳に届くことで、重度な聴覚障害者にはむしろ音声のもつ大まかな輪郭が把握でき、それを手がかりとして聴能を働かせることができる。

　聴能評価・訓練は、どのような音源・音素材を用いるか、どのような刺激・反応様式をとるか、どのような音響条件を設定するか、どのような聴能的条件を設定するかによって、課題の難易度や結果に差が生じる。例えば、ききとり課題には、目の前におかれた絵カードや文字カードの中から選択して答える方法と、選択の手がかりが与えられない方法とがある。前者のように、ある限られた範囲に回答の枠が用意されている条件をクローズドセット（closed set）と呼び、そうでない条件をオープンセット（open set）と呼ぶ。当然、クローズドセットの評価・訓練はオープンセットに比べやさしくなり評価結果も良くなる。訓練場面ではよくできていたことが、日常の生活場面で実際に遭遇したときにできないこともある。クローズドセットで可能になった課題は、オープンセットの状況でも解決できるようにならなければならない。与えられた知識を積み重ねていくボトムアップ的（データ駆動型処理）情報処理の「聴能訓練」だけでなく、自ら聴覚を通して主体的に学びとるトップダウン的（概念駆動型処理）な「聴覚学習」の姿勢が大切である。

　聴覚学習プログラムの作り方について、いくつかの"易から難へ"の枠組みを以下に示す。
　①良好な（静寂な）音響条件下→実生活下での環境ノイズ下

②多感覚併用〜聴覚単感覚活用（五感を駆使してきく、目も耳も、口（読話）も手（手話）も、文字情報も→目を閉じ耳を澄ましてきく）
③既知音素材提示→未知音素材提示（知っている音、きいたことのある音を学ぶ→きいたことのない音、知らない音を学ぶ）
④クローズドセット→オープンセット（いくつかの選択肢の中から答えを選ぶ→選択肢の手がかりのない状態で答える）
⑤一斉指導・集団学習→個人指導・個別学習
⑥課題自己選択→訓練プログラム被提示（自分で好きな課題を選ぶ→指導者に課題を出してもらう）

5 聴覚活用の効果に影響する条件

表Ⅰ−4−1　聴覚活用の効果の要因

1. **聴覚障害の特性**
（聴覚障害のタイプ、聴覚障害の程度、聴力型、聴覚障害になった時期、聴覚障害になってからの期間、など）
2. **聴覚障害者自身の心理・社会的特性**
（聴覚障害の自覚、聴覚障害の受容、聴覚活用の必要性、人や社会とのコミュニケーション関係、など）
3. **聴覚障害者を囲む人と環境の特性**
（周囲の人々の理解と協力、生活音響環境・騒音・反響、話し方音声環境・早口・モゴモゴ、小声、など）

聴覚障害者の補聴効果や聴覚活用の効果には、**表Ⅰ−4−1に示した3つの要因が影響する**。聴能訓練に際しては、これらの条件についてよく測定・評価されなければならない。具体的には次のA、B、Cのような項目と内容について、訓練プログラムがよく適用できるよう配慮する必要がある。

A．聴覚障害の特徴を測定・評価しての聴能訓練
①聴覚障害のタイプ（一般に、伝音難聴、混合難聴、感音難聴の順に効果が大きい）
②聴覚障害の程度（一般に、中等度のほうが重度難聴より効果が大きい）
③聴力型（一般に、水平型オージオグラムのほうが、高音急墜タイプより適用しやすい）
④聴覚障害になった時期（一般に、成長発達期に効果が大きく、高齢になるほど適用しにくい）
⑤聴覚障害になってからの期間（一般に、きこえていない期間が短いほど、適用の効果が大きい）

⑥聴覚のダイナミックレンジと語音明瞭度（一般に、不快聴取レベルまでの幅が狭く、語音明瞭度が低いと適用しにくい）

B．聴覚障害者自身（幼児の場合は保護者）がもつ特徴を観察・評価しての聴能訓練

⑦聴覚障害の自覚（自らの難聴を自覚していない人には不適用）
⑧聴覚障害の受容（自らの障害を受け入れられず聴覚障害を隠そうとする人には不適用）
⑨聴覚活用の必要性（耳を使っての情報収集やコミュニケーション関係を必要としない人には不適用）
⑩人や社会と関係性（孤立して社会との関係をもたずに生活しようとする人には不適用）
⑪補聴器の操作・管理能力（スイッチやボリュームの操作、電池の交換などが自分でできる必要がある）
⑫補聴器の機能の理解度（過大な効果を期待しすぎないように補聴器の効果と限界を正しく理解しておく必要がある）
⑬情報の統合的理解能力（耳からの情報だけでなく、口や表情、文字などの視覚的情報、その場の状況など、多くの手がかりを使おうとする人に効果が大きい）
⑭工夫・改善への積極性（よりよくきくために周辺機器を入手したり、効果的なテクニックを身に付けようと主体的に努力する人に効果が大きい）

C．生活環境の特徴を指導・評価しての聴能訓練

⑮家族と周囲の人々の聴覚障害の理解（聴覚障害のきこえの特徴とハンディキャップの状況がわかってもらえない環境では、補聴器を使ったコミュニケーション関係が成立しにくい）

表Ⅰ-4-2　装用試行的手順の比較選択の主な観点

A．［客観的比較法］ B．［主観的比較法］	●あなたには、これが良い ●私は、これが良い
A．［非言語検査的比較法］ B．［言語検査的比較法］	●音がこれくらい大きくきこえれば良い ●ことばがこれくらいききとれれば良い
A．［了解性比較法］ B．［音質比較法］	●よくききとれる音だから、これが良い ●気に入ったいい音だから、これが良い

（大沼, 1991）

⑯家族と周囲の人々の協力支援（本人の能力や努力に期待するだけでは、補聴器がうまく活用できる環境は整えにくい）
⑰音響環境（騒音や反響の影響の大きい生活環境では、補聴器は本来の性能を失ってしまう）
⑱音声言語環境（大勢の人が同時に話しかけたり早口で話すなどを避け、難聴者に通じやすい話し方の配慮が必要）
⑲補聴器の専門家の相談サービス体制（補聴器故障時のチェックや再調整のフィッティングにこまめに応えてくれる専門家なしでは補聴器は有効に機能しなくなる）

なお、聴能評価に際しては、対象者が使用する補聴器をどのような観点で選んだかを把握しておくとよい（表Ⅰ-4-2）。

6 簡易なきこえのチェック方法 「6音」テスト

母音の違いはホルマントといわれる特徴ある周波数の組み合わせで決まる。特に第1ホルマントと第2ホルマントの位置関係が母音の違いをきき分けるのに大きな手がかりとなる。図Ⅰ-4-4にそのおおよその分布を示した。オージオグラムの500Hzに聴覚的

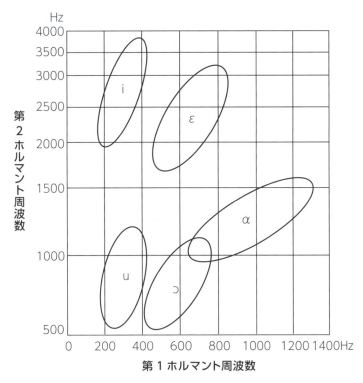

図Ⅰ-4-4　母音の第1ホルマントと第2ホルマントの分布

反応があるのであれば、母音の第1ホルマント、有声音や鼻音の手がかり、超分節的手がかり、破裂子音のわたりの変化、などの音声特徴を受容できる可能性がある。1000Hzに聴覚的反応があるのであれば、母音の第2ホルマント、いくつかの有声子音の第2ホルマントを受容できる可能性がある。

　日本語の音節は「50音」とよくいわれるが、実際には濁音、撥音、拗音などが加わると100音ある。100もある音節のすべてについて聴能の評価をするのは容易でない。そこで、代表的な6つの音節を使う簡便法として開発されたのがD・リング（Ling）の「6音（six-sounds）テスト」で、6音とは、[a・i・u・s・ʃ・m] である。[s] と [ʃ] を発音するときには注意が必要である。日本語の [ス] [シ] を発音して検査すると、[s] や [ʃ] の後ろに付く母音の [イ] や [ウ] を被検者が聞いて反応してしまう。歯茎から出る音だけを発音する。「シー！静かに！」と言うときの [シ] である。この6音には、低い周波数から高い周波数まで人の話し声の代表的な成分がうまいバランスで含まれている。低い周波数から1000Hz付近まできくことのできる聴覚障害であれば、[a] [i] [u] がきこえるはずである。2000Hz付近まできくことができれば [ʃ] がきこえるはずである。4000Hz付近まできくことができれば [s] がきこえるはずである。

7 コミュニケーションのスムーズさを評価する文追唱検査

　一般の語音検査の結果には信頼性が求められることから、無意味音節語音が用いられることが多いが、聴覚障害者の実態に即した聴能の評価・訓練のプログラムを検討するには、むしろ妥当性の高い言語音素材の選択に留意する必要がある。対象者に主体的なきこえの自己評価と、評価・訓練の内容や要領をよく理解した参加の意欲が促されることが必要である（多様な評価法の例は第Ⅱ章第3節を参照）。

　アメリカ中央聾研究所（CID）のデ・フィリッポ（De Filippo）博士が開発した「スピーチトラッキング法」（Speech Tracking）は、聴覚障害者とそれに対話する人との間の音声言語によるコミュニケーションのスムーズさを評価する方法である。物語などを読みながら検査者が話した文章を被検者が復唱し、やりとりのスムーズさをWPM得点（words per minutes：1分間に何単語通じたか）として定量化する。聴覚障害者と対話する人がどれだけ相手の聴能や言語力を理解しているか、わかりやすい話し方のストラテジーを駆使するかなど、検査される側の能力だけでなく検査する側の能力も同時に問われる。検査者（話し手）が代わるとWPM得点も変わってしまうという意味では、標準化された一般の検査法が、テストされる側だけの能力を評価するのに比べて信頼性が問題となるが、相互に影響（interaction）し合ってコミュニケーションが成り立つという関係性に着目したユニークな対話文追唱検査（Interactive Speech Tracking Evaluation）

第4節　聴能の基礎

である。診断的オーディオロジーとしてよりも教育オーディオロジーの領域で活用できる実際的な方法である。

8　テレ・コミュニケーション

　電話が発明されて以来、人と向かい合ったコミュニケーション関係よりも対面せずに交信する関係が急激に増え、聴覚障害者と健聴者とで情報の大きな格差を生じさせる結果を招いた。最近になってようやくテレフォン（電話）コミュニケーションから文字・画像交信の時代を迎え、聴覚障害者であってもテレ（遠隔）コミュニケーション社会から取り残される心配がなくなってきた。しかし、「目の前に出された情報しか受け取れない」のが聴覚障害の状況であることに変わりはない。手話、読話、文字など、聴覚障害補償のあらゆる手を尽くしても、それが視野から外れてしまっては何の用もなさなくなる。

　聴覚障害者の電話コミュニケーションが成功する決め手は、①応答相手の協力性、②話題内容の具体性、③視覚的情報の併用性、④通話音響条件の改善性、である。それぞれの側面から対象者に合った「易から難へ」の目標と内容が配列された学習プログラムを作成する必要がある（表Ⅰ-4-3）。

（1）応答相手の協力性

　聴覚障害者の特徴をよく理解している通話相手は、話のやりとりの過程で生じやすいディスコミュニケーション状況（うまく伝わらない状況）への対応に慣れている。相手に合わせた語彙や表現法を選択してくれるなど、通話技法に配慮があるばかりでなく、繰り返しや言い直しなどの煩わしさにも忍耐性・協力性がある。また、聴覚障害者にとっては、初めてきく他人の声よりもきき慣れた相手の音声は了解度がよい。はじめの、指導者を相手にした練習では模擬的・訓練的になりがちなので、次には、家族や友人な

表Ⅰ-4-3　電話コミュニケーション訓練プログラムの難易度設定

	易　　→　　難	
①応答相手の協力性	通話要領に互いによく慣れた相手	通話要領に配慮のない未知の相手
②話題内容の具体性	台本どおりの既知の話題内容	未知の難解な話題内容
③視覚的情報の併用性	対面して読話の手がかりや相手の手助けの得られる近距離	音声情報以外に手がかりの得られない隔離された遠距離
④通話の音響条件の改善性	閾値上十分な音声入力 良いS/N比条件下	閾値上不十分な音声入力 悪いS/N比条件下

どとの意味のある通話状況を設定する必要がある。そして、世話になったり交流を深めようとするボランティアや知人などへと電話コミュニケーションの相手を拡大していく。見ず知らずの人からの電話を受けなければならないのが実際の状況であるから、そのような相手に対しても一定の対応ができ、聴覚障害者との応答に協力的な姿勢をもってもらえるような関係構築に向かうことが望ましい。

（2）話題内容の具体性

　どのような話題内容が展開されるのか見当のつかないオープンセットの通話条件のときよりも、予測や推量を働かせる手がかりのあるクローズドセットの方が応答がスムーズで了解性がよい。練習の始めは、互いに話し合うことが前もって書かれている台本のようなものを用意して、それに沿って練習するのがよい。次には全台本ではなく、相手がyes/noで答える、あるいは選択肢を用意して答えに近づくような半台本のレベルが、さらに次には、話題の内容をすでによく知っていることに限って、そしてトピックスのタイトルだけが知らされている内容についての応答へと発展していく。最も電話コミュニケーションで困難なのが、未知の相手との難解な内容についてである。理解の限界を越えて混乱状況に入り込んでしまわないように、復唱、ことづて、メモなどの技法がいかされなければならない。

（3）視覚的情報の併用性

　聴覚障害者が対面して了解できること以上の内容を電話コミュニケーションの練習に求めてはならない。はじめは、対面して十分に読話できる条件で応答練習するのがよい。次に、ときには口が見えないような場面を設定し、さらにはドアなどの障壁越しに通話して読話の手がかりを制限していく。文字カードや指文字で音声の受聴不明瞭さを補助することもよい。遠隔地の隔離された相手との練習の始めには、メールやファックスなどを併用した視覚情報の補助を加える必要がある。

（4）通話音響条件の改善性

　相手の電話からの音声レベルが、聴覚障害者の可聴範囲に入ることが前提となる。閾値上十分な音声入力が補償されなければならない。同時に、ききたい音声が周囲の雑音にじゃまされない良好なSN比（信号雑音化）である静かな環境を整える必要がある。SN比には、相手の通話環境のSN比と、自分の周囲の通話環境のSN比とがあり、双方の音環境を調整する必要がある。しかし、実際の電話の交信状態は理想的な音響条件（SN比）とはいえないのが現実であるから、補聴器の大きい利得と小さい騒音の条件

から始め、小さい利得と大きい騒音の条件に向かって、無理のないプログラムが用意されなければならない。

9 聴覚を活用した発音指導

　日本語の各音の発音を指導するのに用いられる手がかりは、①発話者内フィードバック情報、②指導者の発音を介したフィードバック情報、③発音指導の補助・代行手段の３つに分けられる。重度な聴覚障害者に対して、触覚、筋運動感覚、触振動覚、そして聴覚の各感覚系別に、発話の手がかりがどの程度フィードバックするかについて、経験的に５段階に見積もったのが**表Ⅰ-4-4**である。聴覚障害者自身の口元から出された刺激と指導者の発話した刺激の両方の経路で、いかに多くの情報が聴覚を通してフィードバックされるかがよくわかる。特に、母音や鼻音などの発音指導の手がかりには聴覚が最も有効である。一方、聴覚の受容経路のみに頼っても正しい発音の習得ができにくい音韻も多く存在する。例えば、ハ行音を聴覚フィードバックにのみ頼って指導するとしたら、重度な聴覚障害者には困難な課題となる。ただし、人工内耳装用者の発音指導に関しては、一般に高域の周波数情報がよく補償されるので、**表Ⅰ-4-4**に示した各感覚系別フィードバックの手がかりのウエイトには変更が加えられる必要もあろう。

10 ききやすい話し方

　人の話をよくきくには次のことが大事である。

①適切に選択・調整された補聴機器を装用すること
②ノイズを低減するなどききやすい音環境を整えること
③人と関わりコミュニケーションする意欲があること

　そして、よりよくきくために聴覚障害者に求められる基本は次のことである。

①自分の難聴を自覚していること
②自分にききたい音があり、話したい相手がいること
③どこから音がするのか、だれが話しているのか、音源や話者に顔が向けられること
④音や話し手が近づいてくるのを待つだけではなく、自ら音源や話者に近づくことができること
⑤よりよいきこえを得るために工夫できること

表Ⅰ-4-4 発音指導に用いられる手がかり

音素	構音法		構音点	日本語の音節			指導に用いる手がかり					補助・代行手段		
							発話者内フィードバック情報		指導者の発音を介してのフィードバック情報					
							触覚	筋運動感覚	聴覚	視覚	触振動覚			
i	(母音)	有声	硬口蓋 ↓ 軟口蓋	イ			1	2	5	1	4	補聴器	発音指導のための各種用具・機器	発音指導のための各種サインなど
e				エ			1	2	5	1	4			
a				ア			1	3	5	2	5			
o				オ			1	4	5	2	5			
u				ウ			1	2	5	1	5			
m	通鼻音	有声	両唇	マ ミ ム メ モ			4	3	4	5	5			
n			歯茎	ナ ニ ヌ ネ ノ			4	3	4	3	5			
ŋ			軟口蓋	ガ ギ グ ゲ ゴ			2	1	4	1	5			
p	破裂音	無声	両唇	パ ピ プ ペ ポ			5	4	2	5	5			
t			歯茎	タ	テ	ト	5	4	2	3	4			
k			軟口蓋	カ キ ク ケ コ			2	2	2	1	3			
b		有声	両唇	バ ビ ブ ベ ボ			4	3	3	5	4			
d			歯茎	ダ	デ	ド	4	3	3	3	4			
g			軟口蓋	ガ ギ グ ゲ ゴ			2	1	3	1	5			
F	摩擦音	無声	両唇	フ			1	1	1	1	4			
s			歯	サ ス セ ソ			3	2	2	1	2			
ʃ			歯茎	シ			3	4	2	2	3			
ç			硬口蓋	ヒ			1	1	1	1	4			
h			喉腔	ハ	ヘ	ホ	2	1	1	1	4			
w		有声	両唇	ワ			1	4	5	4	5			
j			硬口蓋	ヤ	ユ	ヨ	1	3	4	2	4			
z			歯	ザ ズ ゼ ゾ			2	2	3	1	2			
ʒ			歯茎	ジ			2	4	3	2	4			
ts	破擦音	無声	歯	ツ			5	4	2	2	4			
tʃ			歯茎	チ			5	4	2	2	4			
r	弾音	有声	歯茎	ラ リ ル レ ロ			4	3	4	3	2			

備　考：
　各感覚別にフィードバックするインフォメーション量を5段階評価した。
　1は最も少なく、5は最も多いことを表す。

触覚：構音器官の触れる感覚や呼気の摩擦から生じる触知覚
筋運動感覚：構音器官を動かしたとき生ずる筋運動感覚
聴覚：自分および指導者の音声をきいて
視覚：構音器官の型や動きを見て
触振動覚：構音器官の振動や呼気の流れに触れて

自らの障害を自覚している人が最も他からの支援を上手に受けやすいといえよう。

耳に手のひらを当てる"手のひらの補聴効果"は、1000Hzから2000Hzの会話音域にあたる周波数帯域で約12dBも音響増幅するといわれる。12dBの利得を距離で説明してみる。10m先にある音源や話者に対して距離を半分の5mに縮めると6dBアップする。さらにその半分の2m半で6dBアップし、結局10m先から2.5mに近づくだけで12dBの補聴効果が得られる。さらにまた両手を耳にかざせば両耳効果の2dB分が加わり14dBの利得となる計算だ。自ら工夫してきこえを改善する手がかりをつかもうとする積極的な姿勢が大事である。

日本人の話し方は昔に比べ、間をおかず早口になる、文末の言葉が弱く曖昧な発音になってしまうなど、聴覚障害者にとってききとりにくい。相手が聴覚障害者だからゆっくり話さなければならないと意識しすぎると、一音節ごと区切った発音をしてしまいロボットの機械音声のようなメリハリのない平坦な声になり、かえって伝わりにくくなってしまう。50音図の一つ一つの音韻的な特徴がきき分けられないと音声が了解できないように一般には思われがちだが、しかし、日常会話の中でわれわれはむしろアクセント（ピッチ／音高、ストレス／強勢）、イントネーション（抑揚）、リズム（拍、モーラ）などの「韻律的な特徴」（プロソディー：prosody）を了解の手がかりに使っている。この韻律情報は聴覚障害者のきこえにも十分残されている。

聴覚障害者にわかりやすい話し方の要点を挙げる。

- 細かく区切りすぎず、句読点を目安に間をおいて
- 早口にならず、ゆっくりと自然な抑揚をつけて
- 語尾を曖昧にせず、文末まではっきりと
- 自分の顔を逆光にせず、相手の顔を見て
- 複数の人が同時に話さず、一人ずつ
- 雑音や反響の少ない場所で

なお、肉声や楽器などから発生する音を直接きく一次音源が最もききやすく、マイクで話された声をスピーカからきく、録音された音声を再生してきくような2次音源は受聴明瞭度が下がってしまう。生の声、生きた声、心のこもった話し方が一番である。

〈参考文献〉
大沼直紀（2002）教師と親のための補聴器活用ガイド第4版．コレール社．

第5節 教育オーディオロジストの役割と実践

　現代医療の進歩は著しく、新生児聴覚スクリーニングによる早期発見、MRIやCTによる画像診断、遺伝子診断による難聴の原因の特定と難聴進行の有無の推定が可能になった。さらに、人工内耳の手術や機器及び人工内耳をききとりやすい状態にするコード化法の進展はめざましい。また、補聴器や補聴援助システム等の補聴機器の発展はすばらしい。このような中、聴覚を活用することを目指す教育オーディオロジストの責任はかつてないほど重い。聴覚を活かすことを望まれる保護者と子どものために、教育オーディオロジストの役割はどのようなものであり、どのようなことをなし得るのか。

　この節ではその役割を考察し、主として乳幼児、幼稚部の子どもたちを中心に、日本聾話学校における実践例を挙げる。また、教育オーディオロジストの役割として、教室の音環境の管理や補聴システムのチェックが重要なので、そのためのシートを載せる。

1　子どもと保護者が初めて聾学校に相談に訪れるとき

　医師から聴覚障害の診断を受けた保護者が聾学校を訪れるときの驚き、悲しみ、そして不安は、私たちの想像をはるかに超えたものであろう。

　教育責任者と教育オーディオロジストの仕事の第一は、保護者に希望を持たせることである。すなわち、具体的な根拠に基づいて、その子どものきこえの状況を説明しながら、教育の可能性が大きいことを示すことである。

①保護者に実際の聴覚障害の子どもたちの様子を見学してもらう

　乳幼児では、母親や父親が日々子どもに深い愛情を持ってかかわり話しかける中で耳が開かれ、自らことばを獲得し、さらにその子らしく育っていくことを見てもらう。

　幼稚部では教師と1対1の時間や、クラスの活動等を通して、先生や友達と自分の発言を「聴く子ども」、また自分の思いを「話す子ども」、「歌をうたい、楽しむ子ども」となっていく様子を見てもらう。

②保護者からこれまでの経緯と音への反応の程度、病院からの紹介状や検査結果等をきく

③聴力測定を行う（聴力測定については後述 4 を参照）

　前述②からおおよそのきこえを把握し、子どもの様子から、BOA（Behavioral Observation Audiometry：聴性行動反応聴力測定）、VRA（Visual Reinforcement Audiometry：視覚強化聴力測定）、Play Audiometry（遊戯聴力測定）により可能な限り左右別の測定を行う。

聴力測定の目的はできるだけ正確な聴力を知ることと同時に、保護者にその子が確かにきこえている事実を示し、聴覚が十分使えるという希望を持たせることである。

2 補聴器を初めて装用するための準備

①耳型の型取り
補聴器の装用にあたって、第一にイヤモールド作製のために耳型の型取りが必要である。校医に診察してもらい、その指導の下で補聴器技能者が慎重に行う。

②最初の聴力の推定
初めて学校を訪れたときの保護者からの報告や病院からの紹介状、検査結果、さらにこの日に行われた聴力測定の結果から、左右別の聴力を推定する。

③貸出補聴器の用意とその調整
まず、聴力が確定し装用効果が確認できるまで、補聴器を貸出する。補聴器の調整は、これまでに推定された聴力をもとに行う。補聴器の調整について詳しくは後述 5 を参照。

3 補聴器ガイダンス（初めての補聴器の装用）

イヤモールドができたら、保護者に対し補聴器ガイダンスを行い、補聴器の貸出を行う。補聴器ガイダンスは可能な限り具体的に行う。これは、聴覚を活用する教育を始める上で大切なガイダンスであり、子どもの聴力を最大限に生かすため、教育スタッフと共に保護者を支えていくことを第一の目的としている。

①補聴器装用の重要性を伝える
適切に調整された補聴器を両耳に朝から寝るまで装用することの重要性を伝える。

②聴覚を使うことの意味を保護者と共に考える
聴覚を使うことは単なるコミュニケーションの手段ではなく、音のある世界で生きるという全人的な生き方の選択である。もちろん、決して手指メディアを否定するものではない。

③補聴器の扱い方と日々のチェック
日々の補聴器チェックやメンテナンスは保護者の最も大切な仕事の一つである。毎晩電池のチェック、補聴器の音を聴きながらチェックを行う。補聴器が十分働かない時期を少しでもなくなるようにすることは、聴覚を使う上で最も重要なことである。後述 9 を参照。

④初めての補聴器装用

　初めて補聴器を装用するときは、保護者に補聴器のスイッチを入れてもらう。そのとき、ただちに変化が見られない場合や、嫌がる場合も多いことを話しておく。しかし、スイッチを入れた瞬間、子どもに変化が見られることも少なくない。このとき「今、目を大きく見開いたね！」等、保護者が子どもの変化に気づくよう促し、共に喜び合う。

4　聴力測定

　左右別の聴力をできるだけ早期に正確に測定することは、この教育にとって最も重要なことの一つである。子どもの成長に応じて、次の測定方法および測定機器を用いる。

① BOA

　VRAの条件付けができるまでは、BOAにより聴力を推定する。Pediatric Audiometerや太鼓等の楽器や音の出るおもちゃ等により、子どもの音への反応を観察する。子どもの反応は一様ではなく、振り向く、瞬きや目の動き、笑う、手や足の動き等々個人差がある。

②インサートイヤホン（Insert Earphones：挿入型イヤホン）

　音場での裸耳の測定では左右別の聴力を測定することは困難である。一方、乳幼児にはヘッドホンの装着は不可能である。正確に較正したインサートイヤホンを用いることは乳児の左右別の聴力を正確に測定しうる最も有効な方法である。なお、インサートイヤホンは、最大音圧120dBHLまで提示することができる。

③ VRA

　VRAはわが国で一般的に行われているCOR（Conditioned Orientation Response Audiometry：条件詮索反応聴力測定）よりも顔の動きが大きいので音への反応を判断

写真Ⅰ-5-1　インサートイヤホンを用いたVRAの様子

しやすい。まず、条件付けにあたって、想定される聴力よりも少し強めの音を提示し、同時に報酬（動くおもちゃを光らせる等）を繰り返し与える。提示音の提示に従って、報酬を求めて振り向くよう条件付けができたら、提示音のみ提示し、振り向いた場合に報酬を与える。なお、このときインサートイヤホンを組み合わせて使うことが最も有効である。この組み合わせにより、個人差はあるが、早いケースでは生後6か月から条件付けができ、左右別の聴力測定が可能となる。

④ Play Audiometry（遊戯聴力測定）

　VRA は非常に有効な測定方法であるが、少し年齢が上がると、この測定は単純なためすぐに飽きてしまうようになる。やがて Play Audiometry に移行する必要がある。

　この条件付けを行うため、まず、補聴器を装用して目に見える場所で太鼓を叩き、玉入れをし、次に見えないところで太鼓を叩き、さらにスピーカからやや大きめの音を提示し、一歩一歩確認しながら玉入れをさせるのがよい。

　なお、Play Audiometry では、ボタン押しに比べ単純な玉入れやペグ差しを用いることにより、音の提示に対し、手の細かい動きや反応のタイミング等で、子どもが自信を持って反応しているのか、迷っているのかの様子がわかり、より正確に反応を判断できる。

5　補聴器の調整

　2③で述べたように、補聴器の調整は病院のデータおよび左右別の聴力測定の結果をもとに慎重に行う。その際、はじめは利得や出力を弱めに行う。決して強すぎて聴力を落としてしまうことがあってはならないし、装用を嫌がることがあってはならない。特に乳幼児は不快レベルを知ることが不可能なので、最大出力は抑えて調整する。一方、弱すぎては補聴効果が出ず、補聴器は煩わしいだけとなる。乳児の場合、まず子どもを抱いている位置で会話が届く程度、すなわち30〜50cm位離れた位置での会話が入ることを目標に補聴器を調整する。さらに、補聴器装用閾値測定の結果や実際の反応や声出しの様子、また聴力測定を繰り返しながら、少しずつ微調整する。

　月齢が上がってきて子どもが自由に歩き回るようになってきたら、1m以上離れても音声がききとれることを目標にする。その際、2000Hz以上の高い周波数もできるだけ入れることができるようにすることを目標とする。

6 病院との連携

病院との連携は、特に聴覚を最大限に活用するために非常に重要である。

①病院からの紹介状

病院から受け取ることができるならば、紹介状はこれからの教育を進めていくうえで特に重要である。

ア）ABR や ASSR（Auditory Steady-state Response Audiometry：聴性定常反応聴力検査）あるいは OAE（Otoacoustic Emission：耳音響放射）検査の結果は、特に聴覚測定が十分できない時期に聴力を知る上で欠かせない。

イ）BOA や COR、VRA の結果は最初期のデータとして、また今後の学校での測定との比較からも重要である。

ウ）CT や MRI の画像診断による前庭水管拡大症や蝸牛の奇形の有無の診断は重要である。

エ）その他の病歴等

②学校からの情報提供

学校からは通院に際して、聴力測定の結果や保護者からの訴えに加え、担当・担任の立場からの子どもの最近のきこえ、理解語、発話、コミュニケーション、さらに全体発達についての情報を加えた文書を保護者に持たせ、担当医師に渡すようにする。これらの情報は病院だけでは得にくいものである。

③聴力変動

聴力変動が起きたことがわかった場合、ただちに病院にオージオグラムを添えた文書で報告し受診を促す。治療によって聴力低下が回復あるいは大幅に改善される場合が少なくない。

④人工内耳

人工内耳における病院との連携については次の 7 を参照。

7 人工内耳

①保護者への説明

入学時、保護者に対し、補聴器の説明とともに必要に応じて人工内耳に関する最小限の説明を行う。その後、希望する保護者を対象に、人工内耳についてさらに具体的な解説を行う。

②情報提供

人工内耳を希望する保護者に対し、担任・部責任者および教育オーディオロジストが

十分に話し合い、情報提供を行う。さらに人工内耳装用手術を希望する場合は保護者が希望する医療機関への紹介状を作成する。人工内耳にするかどうかはあくまでも保護者が決める。

ア）人工内耳に関する病院への紹介状には、これまでの経緯、聴力および補聴器装用閾値、過去のオージオグラム、補聴器装用閾値等のデータ、担任からの子どもの様子を添える。手術の適応に関して、また、手術耳を決めるために、これらの資料を参考にする場合も多い。

イ）丁寧な連携を進める中で、人工内耳の音入れ時に教育サイドの言語聴覚士や担任の同席が許される場合や、病院側から同席を求められることもある。学校で聴力測定にあたっている者や、その子どもの担任教員が一緒にいることで子どもが安心し、マッピングを行いやすいという長所がある。

ウ）人工内耳の音入れ後は、最適なマップが作られるよう人工内耳装用時の最小可聴閾値、日常のきこえや子どもの成長の様子等を報告する。この報告は、可能な限り子どもが病院へ行くたびに行う。

8 補聴システム

補聴器、人工内耳だけでは、教師や他の子どもたちとの距離が少し離れると極端にききとりにくくなる。また、騒音下ではききとりは困難になる。残響のある部屋ではさらにききとりが難しくなる。したがって、上記のような環境である学校教育で確実に聴覚を活かすためには、補聴システムが必要不可欠である。

①聴覚を最大限に活用するための理想的な補聴システムの条件

補聴システムは、単にきこえるかどうかではなく、補聴器や人工内耳を最大限に活かせるかどうかが重要である。

図Ⅰ-5-1は、次に述べる⑴、⑵を満たす例である。

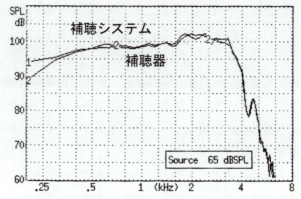

図Ⅰ-5-1　理想的な補聴器と補聴システムの周波数レスポンスの例
250Hz〜4kHzで±3dB以内が目標
（日本聾話学校方式赤外線補聴システムの例）

補聴システムの条件

⑴**必要にして十分な利得があること**
　補聴器や人工内耳の利得と補聴システムを通した利得が可能な限り近いこと（250Hz〜4kHzで±3dB以内が目標）
⑵**周波数レスポンスが近いこと**
　最適に調整された補聴器やマッピングされた人工内耳の周波数レスポンスに近似していること（250Hz〜4kHzで±3dB以内が目標）
⑶**混信がないこと**
⑷**雑音や断音がなく安定していること**
⑸**歪みが少なく、音質が良いこと**

②補聴システムの条件から見たそれぞれの補聴システムの長所（◎）と短所（×）
　ア）磁気ループシステム
　　◎補聴器や人工内耳のスイッチの切り替えだけで使える簡便さが有利である。
　　×上述の補聴システムの条件⑴〜⑸はいずれも満たさない。
　イ）FMシステム
　　◎補聴システムの条件⑴、⑵を満たす。
　　×補聴システムの条件⑶、⑷を満たさない。
　ウ）デジタルワイヤレス補聴システム

◎補聴システムの条件(1)～(5)を満たす。
×聾学校にあっては、他のクラスとの活動や個別時に同期をし直す必要がある。
×受信機にタイループを使う場合、補聴システムの条件(1)、(2)、(5)を満たさない。

エ）赤外線補聴システム：市販品の場合

　赤外線補聴システムはいくつかのメーカーから出ているが、その補聴状態は大きく異なる。
◎補聴システムの条件(3)を満たす。
◎他の教室や体育館に行っても一切同期したり、周波数を変えたりすることなしに、この設備のあるところではすべてそのまま利用できる。
×太陽光線下では使用できず、使用できるのは校舎内のみである。
×タイループを使用する場合は、補聴システムの条件(1)、(2)、(4)、(5)を満たさない。

オ）日本聾話学校方式の赤外線補聴システム

◎補聴システムの条件(1)～(5)を満たす。
　　左右の補聴器を別々に調整可能。各種人工内耳にも対応しており、片耳が人工内耳で片耳が補聴器の場合も独立して調整できる。
◎直接赤外線受信機と補聴器や人工内耳とコードで接続されているため、特に安定しており、ノイズに強い。
◎他の教室や体育館に行っても一切同期し直したり、周波数を変えたりすることなしに、この設備のあるところではすべてそのまま使用できる。
×太陽光線の下では使用できず、使用できるのは校舎内のみである。

9　毎日の補聴器・人工内耳のチェック

　補聴器や人工内耳が常に最善の状態で働いていなければ、聴覚を使った教育は成り立たない。毎朝教育・指導の始まる前に、補聴器・人工内耳、補聴システムをチェックし、必要に応じてすぐにトラブルに対処することが求められる。なお、保護者に対しては、毎晩下記の①、②、④の一部および⑤のチェックを行うよう指導している。

①電池チェッカによる電池のチェック

　その日一日電池がなくなることがないように電池チェッカを調整して使う。

②イヤモールドのチェック

　チューブのゆるみ等の有無をチェックする。

③耳鏡による外耳道および鼓膜のチェック

　鼓膜のチェック（鼓膜の状態）、外耳道（耳垢、傷、皮膚あれ等）をチェックする。心配な場合は、耳鼻科を受診するよう保護者に連絡する。

図Ⅰ-5-3　日本聾話学校方式赤外線補聴システムの例
補聴器、人工内耳を装用している子どもたちが使用。中央天井から赤外線補聴システムラジエータ、子どもたちの前に鋭指向性マイク

図Ⅰ-5-4　補聴器チェックの様子
手前左：電池チェック・イヤモールドのチェック、手前右：補聴器の音をきいてのチェック、奥左から2人目：人工内耳チェック、奥左から3人目・4人目：赤外線補聴システムのチェック。なお、この教室には赤外線送信部および磁気ループからそれぞれ別の音楽が流れている。

④人工内耳のチェック
　ア）電池やプログラム等の状態の表示がある器種では、それらの表示を確認する。

イ）コイルチェッカのLEDの点滅から送信コイルのケーブルの断線の有無をチェックする。

ウ）モニタイヤホンによりマイクおよび補聴システムを通した音をチェックする。

エ）人工内耳を装用した状態で広い音域の語音についてききとりを確認する。リング（Daniel Ling）の6音（/a/,/u/,/i/,/ ʃ /,/s/,/m/）をランダムに聴かせ復唱させる。

⑤補聴器の音をききながらのチェック

ステゾスコープを通してリングの6音を発声し、補聴器をききながらきこえをチェックする。

⑥MT（マイク＋誘導コイル）の音をききながらのチェック

磁気ループで音楽を流し、マイクからの音と音楽の音をききながらきこえをチェックする。

⑦補聴器を通した補聴システムのチェック

ステゾスコープにより、補聴システムと接続した補聴器の音を通したきこえをチェックする。

10 教室のきこえの環境評価

特に通常学級において、教室の音響環境は、きこえに何らかの困難さをもつ子どもた

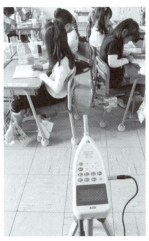

図Ⅰ-5-5　騒音計の利用

教室内の騒音レベルは、騒音計で測定できる。写真のグループ学習時、騒音計は66.9dB（A）のレベルを示した。

図Ⅰ-5-6　音響解析アプリの利用

リアルタイムFFTアナライザなどの機能をもつ音響解析アプリを、携帯型の端末やタブレットPC上で利用することができる。写真では1/3オクターブ帯域による周波数解析を行っている。

ちの教育現場におけるききとりや学習活動に影響を及ぼす。教育オーディオロジストは、入室後の数分のうちに、教室内の音響上の問題をすべて指摘できる必要がある。教室きこえの環境評価シートは、ノイズや残響など、とかく現場において見過ごされがちな教室音響上の問題を把握・記録、対策検討のための活用を想定したものである。

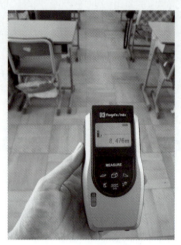

図Ⅰ-5-7　レーザー距離計の利用
室内における距離の計測に簡便に利用できる。

11 おわりに

　教育オーディオロジストの働きは、子どものきこえを最大限に活かすため、保護者や担任と連携してこれを支え、日々具体的にこれを推し進めるものである。子どものきこえを信じ、保護者、担任と共に聴覚を最大限に生かすための取組を積み重ねることにより、子どもたちは自ら「聴く子ども」、「歌をうたい、楽しむ子ども」へと変わっていくであろう。

第5節　教育オーディオロジストの役割と実践

資料1　教室のきこえの環境評価シート

記録者　　　　　　20　年　月　日　：　～　：

教室のきこえの環境評価シート　日本教育オーディオロジー研究会 ver.3.0

▼子ども　　　　　　　　　右耳　聴力レベル　　　dB　　使用デバイス・器種
　　　　　　　　　　　　　左耳　　〃　　　　　　dB　　　　〃

▼クラス　　　　学校　　　年　　組（　　人学級）　　　先生（授業　　　　　　）
　　　　　　　※通常学級の場合：　支援体制〔補助教員〈全時間，一部の時間〉，特定の時間に通級，なし〕

▼教室の外観図

　　　　　　　　　　　　　　　　　　　　　　　　　幅　　×奥行　　×高さ
　　　　　　　　　　　　　　　　　教室の大きさ〔大，標準，やや小，小〕
　　　　　　　　　　　　　　　　　床〔木板，タイル，ラバー，カーペット，　　〕
　　　　　　　　　　　　　　　　　天井〔吸音材，穴あきボード，　　　〕
　　　　　　　　　　　　　　　　　壁〔スチール，石膏ボード，コンクリート，　　〕
　　　　　　　　　　　　　　　　　ドアと窓〔開放，一部開放，閉鎖〕
　　　　　　　　　　　　　　　　　机とイス〔四つ足，逆Ｔ字，テニスボール足，　　〕

　　　　　　　　　　　　　　　　　教師の声：　　～　　dB A（　　～　　dB C）
　　　　　　　　　　　　　　　　　　　　　　　　　　　　　　　＜必要に応じて測定＞
　　　　　　　　　　　　　　　　　※子どもとの距離：通常　　m（　　～　　m）

▼補聴援助システム　〔Roger，FM　メガHz，赤外線，磁気ループ，タイループ，音場増幅（室内拡声），使用なし〕
　　使用システム名・構成：　　　　　　　授業時の作動状況：　良，問題あり

▼補聴器・人工内耳使用下の音響環境　（教室で補聴器等を試聴して評定すること）

　　　　　　　　　　少　やや有　有　かなり有
　　　　　　　　　聴取可能 ほぼ聴取可 聴取困難 聴取不能
通常　　　　残響　├──┼──┼──┤　　　騒音レベル：　　～　　dB A（　　～　　dB C）
補聴援助
システム　　ノイズ ├──┼──┼──┤　　　ノイズの周波数特性
使用なし

補聴援助　　残響　├──┼──┼──┤　　　残響時間：
システム
使用下　　　ノイズ ├──┼──┼──┤　　　　　　　　　　　　　　　　＜必要に応じて測定＞
　　　　　　　　　　　　　　　　　　　※教室内・外からのノイズとなる音源：

▼授業上の配慮・環境
　　　　　　　　　　　　　良好　一部に要助言　要助言
教師の声量・話し方・話す早さ├──┼──┤
教師の立つ位置・顔の向き　　├──┼──┤
補聴援助システムの使い方　　├──┼──┤
板書などの使い方　　　　　　├──┼──┤
室内の明るさ　　　　　　　　├──┼──┤

◎総合評価

第Ⅰ章　総論

資料2　幼児児童用ワイヤレス補聴援助システム自己評価シート

_____での きこえ について、おしえてください。

なまえ _____　　_____ねん　 がつ　 にち

1. せんせいが、マイクを つかってくれると うれしい。
　　　　　はい ☺　　　　いいえ ☹

2. せんせいが、マイクを つかってくれると よくきこえる。
　　　　　はい ☺　　　　いいえ ☹

3. マイクがないと こまってしまう。
　　　　　はい ☺　　　　いいえ ☹

4. マイクのおとが うるさいときがある。
　　　　　はい ☺　　　　いいえ ☹

5. マイクがあったほうが たのしい。
　　　　　はい ☺　　　　いいえ ☹

幼児・児童のための FM・ワイヤレス補聴援助システム自己評価シート ver.3.0　日本教育オーディオロジー研究会

第5節　教育オーディオロジストの役割と実践

資料3　補聴器・人工内耳チェック　記録シート

補聴器・人工内耳チェック　記録シート

＿＿＿＿＿＿組　20＿＿年＿＿月

なまえ		日（月）			日（火）			日（水）			日（木）			日（金）		
		電池（でんち）	本体、イヤモールド	耳（みみ）	電池（でんち）	本体、イヤモールド	耳（みみ）	電池（でんち）	本体、イヤモールド	耳（みみ）	電池（でんち）	本体、イヤモールド	耳（みみ）	電池（でんち）	本体、イヤモールド	耳（みみ）
	右（みぎ）															
	左（ひだり）															
	右（みぎ）															
	左（ひだり）															
	右（みぎ）															
	左（ひだり）															
	右（みぎ）															
	左（ひだり）															
	右（みぎ）															
	左（ひだり）															
	右（みぎ）															
	左（ひだり）															

● お子さんの耳にきちんと音が届いていますか？　1日の教育活動が始まる前に、補聴器・人工内耳の作動チェックを行いましょう。

[電池] 電池チェッカーで調べる、サビがないことを確認する／電池の残量は十分か、交換用の予備電池を用意しているか
[補聴器] 本体を視診する、ステテスコープで音を確認する／音の歪み・ガリ音、ハウリングがないかを確認する、フックのゆるみ・汚れ、Tコイル、FMなどの外部入力、汗カバー
[イヤモールド] 細部を視診する、ハウリングがないことを確認する／汚れ、耳垢のつまり、結露、ひび割れ、音孔の太さは十分か、材質によるアレルギーはないか
[人工内耳] 体外部を視診する、コイルチェッカーの点灯、表示を確認する、マイク・外部入力の音をモニターで確認する／亀裂、ポリューム・スイッチの動作不良、ケーブルの傷み、接続部のサビ・汚れ、汗カバー／
[耳] 顕耳鏡でみる／耳垢がないか、耳介・外耳道に湿疹、かぶれ、炎症などはないか、鼓膜の状態はどうか、風邪・鼻水・中耳炎はないか
[きこえ] 子どもに対し簡単なきこえのチェックを行う／名前よびの他、リングの6音／a／／u／／i／／ʃ／／s／／m／の復唱など

第6節　聴覚の生理

聴覚の構造と機能

　聴覚は、音の刺激を　外耳－中耳－内耳－神経系（蝸牛神経－神経伝達路－神経核）－聴皮質（脳）へと伝えていく機構である。

　これらのうち耳の全体像を図Ⅰ-6-1に示した。外耳は、耳介と外耳道からなる。耳介は、集音と左右一対の耳介により方向定位に役立っている。外耳と中耳の境には、鼓膜がある。外耳道の長さは、耳珠から鼓膜までの前壁で約36mm、後壁で約24mmといわれている。

　外耳道は、一端が開口している筒と見なせるので、音響管としての共鳴が生じることになる。通常は、2500～4000Hzの帯域で10～20dB程度の共鳴が生じ、耳介から入ってきた音はその分だけ増強される（図Ⅰ-6-2）。

　中耳は、主として鼓膜の内側の鼓室からなり、そこには鼓膜の内側に柄が付着したツチ骨、キヌタ骨、底板が前庭窓に収まっているアブミ骨の3つの小さな骨が関節で連結しており、耳小骨連鎖を形成している。これらの3つの耳小骨は鼓膜と前庭窓、ツチ骨に付着する靱帯に支えられている。また、中耳は細い管である耳管で上咽頭へとつながっている。この管は、通常は閉じているが、嚥下やあくびのときに開き、外耳と鼓室の気圧が同じになるように保ち、鼓膜が最も振動しやすくなるようにしている。炎症など

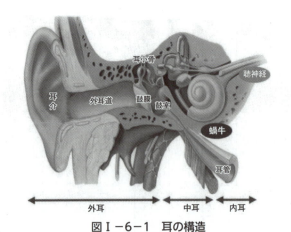

図Ⅰ-6-1　耳の構造

（日本学校保健会（2004）難聴児童生徒へのきこえの支援，p.30）

第6節　聴覚の生理

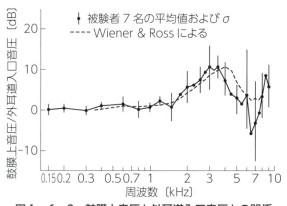

図Ⅰ-6-2　鼓膜上音圧と外耳道入口音圧との関係
（境久雄（1978）より作成）

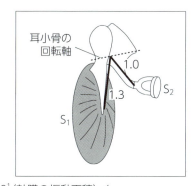

S^1（鼓膜の振動面積）／S^2（アブミ骨底の面積）＝17

図Ⅰ-6-3　鼓膜・アブミ骨底の面積比とテコ比
（日本聴覚医学会編（2009）より作成）

で耳管が閉じたままになると中耳の酸素などが吸収されるために、鼓室の気圧が外耳道より低くなり内側へ陥没したり（ティンパノC型）、滲出液が貯留し滲出性中耳炎（ティンパノB型）になることがある。また、細菌が耳管を通って鼓室内で炎症を起こすと化膿性中耳炎になる。

　中耳の先にある内耳にはリンパ液が充満しており、その液体の中に空気の指導を伝えなければならない。空気中を伝搬してきた音波は、そのままでは液体の表面で大部分が反射されてしまい、液体の中には伝わりにくい。鼓膜および耳小骨からなる中耳伝音系は、鼓膜で受けた空気振動を増強して効率よく内耳の液体に伝える装置である。鼓膜とアブミ骨底板面積比は17：1であり（図Ⅰ-6-3）、約25dBの増強がなされることになる。また、ツチ骨とキヌタ骨の長さによるてこ作用も2.5dB程度加わる。このように、中耳伝音系は、音の振動を空気から内耳液へと異なった媒体に効率よく伝搬する役割を果たしている。なお、中耳には鼓膜張筋とアブミ骨筋の2つの耳小骨筋があり、過大音への防御機能をはたしている。

　中耳の内側の側頭骨内に内耳がある。内耳の中は、リンパ液（内リンパ、外リンパ）で満たされている。内耳は、前庭、三半規管、蝸牛からなっており、きこえにかかわるのは蝸牛である（図Ⅰ-6-4）。人の蝸牛は約2回転半巻いており、前庭階、蝸牛管（中央階）、鼓室階の3つの部分からなっているが、前庭階と鼓室階は頭頂部にある蝸牛孔でつながっており、ナトリウムイオン濃度の高い外リンパ液で満たされている。前庭階の中耳端は前庭窓でアブミ骨が収まっており、他端である鼓室階は中耳に接している鼓室窓で閉鎖されている。低侵襲性の人工内耳の手術では、電極はこの蝸牛窓から挿入されるようになってきた。

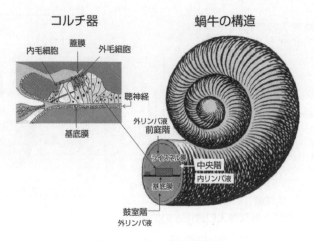

図Ⅰ-6-4　蝸牛の構造

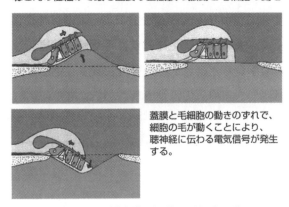

図Ⅰ-6-5　基底膜の振動と毛細胞の動き

（日本学校保健会（2004）難聴児童生徒へのきこえの支援，p.31）

　3層の中央に位置する蝸牛管は、基底膜の上に感覚細胞である有毛細胞を擁した感覚器であるコルチ器（ラセン器）がのっている。有毛細胞は、一列の内有毛細胞と3～4列の外有毛細胞が並んでいる。ヒトでは、内有毛細胞の数は約3,500個、外有毛細胞は約12,000個である。有毛細胞の頂上には聴毛があり、覆っている蓋膜に一部の聴毛の先端が接している。また、蝸牛管の中はカリウムイオン濃度の高い内リンパ液で満たされている。

　音が生じると、空気圧の変化に対応して鼓膜が振動し、その振動は耳小骨から蝸牛へと伝えられ、基底膜の振動を引き起こす。この振動は基底回転から始まって進行波のように頭頂部へ進むが、音の高さに対応した一定の場所で振動の最大振幅を迎え、そこから先は急激に減衰してしまう。この最大振幅の部位は、高い音では基底回転付近で、低

い音では頭頂近くになる。このようにして、蝸牛内の最大振幅部位に対応して音の高さの知覚がなされることになり、蝸牛（内耳）での場所ピッチの局在を示すことになる。基底膜が振動すると蓋膜と聴毛の間にずれが生じる（図Ⅰ-6-5）。内有毛細胞の不動毛が基底膜の振動により高毛側に傾斜したとき、チャンネルは全開し内リンパの主要陽イオン（K^+）が毛内に進み、脱分極が起き、蝸牛神経に興奮をもたらす。こうして、音がもたらした空気の振動は、神経を伝わる電気信号に変換されることになる。感音難聴の場合、このシステムのどこかが機能しなくなり神経興奮が起きない事態が発生する。また、外有毛細胞は収縮性があり、この収縮性により閾値付近の音の分析をより鋭敏なものにしている考えられている。このときの変化が、OAE（耳音響放射）として捉えられる。

　この後、神経を伝わった電気信号は神経伝導路を上行して、脳幹の蝸牛神経背側核と蝸牛神経腹側核と至り、さらに上オリーブ核へと上行する。この後、同側および反対側に半分ずつ分岐して中脳の下丘へ上行する。さらに間脳の内側膝状態で中継した後、大脳皮質聴覚野に投射される。上行の過程での神経伝達の様態は、ABR（聴性脳幹反応聴力検査）で観察できる。

　これらの一連の機能をまとめたものが図Ⅰ-6-6である。

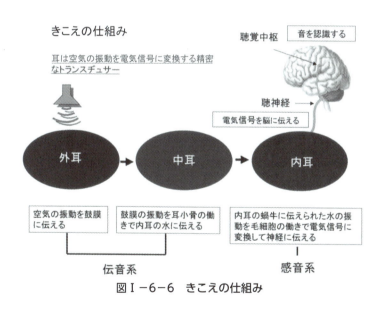

図Ⅰ-6-6　きこえの仕組み

〈引用・参考文献〉
境久雄（1978）聴覚と音響心理　コロナ社
日本聴覚医学会（2009）聴覚検査の実際　南山堂
日本学校保健会（2004）難聴児童生徒へのきこえの支援
スチブンス, S.S.（1966）音と聴覚の話　タイムライフインターナショナル

第7節 きこえにくい子どもの心理

　きこえにくい子どもの心理を考える際、子どもたちが使用するコミュニケーション方法の違いが重要になる。ここでは、人工内耳（CI）や補聴器（HA）を装用し、聴覚口話を主に使用する子どもの心理についてみていくが、オーディオロジストであっても、手話コミュニケーションや手話を主に使用する子どもの心理に関する知識、技術が必須であることを強調しておきたい。

1 言語発達の検査法と視点

　2012年、「聴覚障害児の日本語言語発達のために～ALADJINのすすめ～」（テクノエイド協会）[1]が発行された。ALADJINは、主に語彙論、統語論、語用論の機能を評価し、多面的な分析が可能という利点がある。一方、「談話」「語用」の評価は不十分と指摘している。「CI装用児は、ことばとしては知っているが、概念や言語の内実が不十分なことが多い」と指摘する臨床家が多い。検査場面だけでなく、日常的な自然なやりとりの中で「談話」「語用」を評価することが望ましい。CI装用児が、聾学校で生き生きとした表情を見せ、手話でコミュニケーションを楽しんでいる場面を目にすることがある。このALADJINでは測れない言語能力といえ、オーディオロジストは、このような場面でこそ、談話の成立要素や子どもの手話能力も含めた言語能力を分析できるようになってほしい。大杉の「程度の差こそあれ、大抵において二言語使用者となる事実」（出典内, p.16）[1]の指摘を重く受け止め、「ろう者コミュニティ」の視点を持つことを忘れてはならない。

2 語彙の発達

　海外での研究において、診断年齢、CI埋め込み年齢、装用期間等を変数として、階層線形モデルに適用して語彙発達の傾向を明らかにする試みがなされるほど実証例も積み上げられ、多くの知見が得られるようになった。3歳未満でのCI装用の効果を指摘している研究が多く、できるだけ早期のCI手術を推奨している。ただし、聴児に匹敵する語彙力を持てるかどうかについては見解が分かれている。

　冨澤ら（2014）[2]は、CI装用児の聴取・発話・語彙力を検討した。2～3歳手術群で

単語了解度と発話明瞭度がよく、手術時年齢が上がるにつれて単語了解度も発話明瞭度も低下したが、装用閾値と語彙発達指数は、各群において大きな差は見られなかったと報告した。

山田ら（2012）[3]は、CI装用児を補聴器の装用開始年齢、CIの手術年齢のピークで4群に分け、語彙、構文レベルの発達と、理解系、産生系課題とを比較した。語彙、構文ともに、理解系の課題においては補聴器装用早期群の成績が良好で、産生系の課題については、人工内耳手術年齢早期群の成績が良好であった。このことから、早期に音を入れることが言語理解に、早期に十分弁別可能な補聴をすることが言語産生に影響を与える可能性があるということを示した。

語彙の発達にとって、CI装用が絶対条件ではなく、補聴器であっても早期から聴覚補償を行うことの重要さを認識したい。また、語彙を検討する際、構文、理解、表出等も含めて分析が必要である。さらに「談話」「語用」における語彙の適切性が重視されなければならない。

3 認知発達

認知発達水準と認知処理過程の様式を検討するための検査としてK-ABCがある。聴覚障害児のため、音声提示に修正を加えて実施した報告がある。阿部ら（2006）[4]は、認知発達水準は学年相当に発達し、同時処理が優位であることを示した。鳥越（2010）[5]は、提示における手話の使用方法について検討し、「手話への翻訳を試みたが、項目によっては、翻訳が困難で、指文字で代用したため、結果として本来検査項目が測定しようとしていた能力でなく、日本語能力の評価になってしまっている部分があるかもしれない」（出典内，p.19）と述べている。また、手話を用いると正解そのものやヒントを与えてしまうことにもなりかねないという問題もある。

阿部（2013）[6]は、DN-CASを用いて認知発達水準と認知処理過程の特性を検討した。その結果、全体的な認知発達水準は学年相当に発達しているが、継次処理のみは低い傾向にあることを明らかにした。さらに、認知的な強さを示す認知処理過程を有効に活用する指導法を担任に助言するため「アドバイスシート」の作成を行っている。

知能検査としてポピュラーなWISCもWISC-ⅣからVIQ（言語性知能：結晶性知能）とPIQ（動作性知能：流動性知能）の比較がなくなった。聴覚障害児の場合、VIQとPIQの差が分析の観点の一つになっていた。WISC-Ⅳでの分析の際に問題となるのは、流動性推理を測定するための「語の推理」であろう。

「語の推理」は、2つの臨床クラスターに分類されている。一つは「類似」とともに分類される言語性流動性推理クラスターで、もう一つは「単語」とともに分類される語

彙知識クラスターである。

　知能の因子構造については、CHC（Cattell-Horn-Caroll）理論に基づく検証的因子分析が明らかにされている。このモデルでは、「語の推理」が結晶性知能因子に分類される。"流動性推理"を測定するという表現があるため、以前のPIQをイメージしてしまう人がいるだろう。上述の臨床クラスターで比較する際も、語彙知識クラスターは結晶性知能に該当するので解釈には注意が必要だ。

　さらに、合成得点（群因子）の一つに「ワーキングメモリー」がある。ワーキングメモリーは継時処理やリテラシーとの関連が指摘されているので、今後、相関関係を調べる研究が盛んになされるだろう。

4 メンタルヘルス

　Fellingerら（2012）[7]は先行研究をレビューし、次のことを明らかにした。

　聴覚障害児における精神衛生上の問題の発生率は聴児の2倍ある。CIが多くの聴覚障害児の心理社会的健康に正の効果を与えている。問題をかかえる子どもたちの多くが不十分なコミュニケーションしかとれず、それが心理社会的な困難さにつながっている。早期から家族や友だちと通じるコミュニケーションモードを持つことが重要である。学校での嫌な経験もメンタルヘルス上の問題の発生に大きく関係している。入院する場合も、地域でサービスを受けられる機関がないため、入院期間が聴者の2倍になっている。

　Theunissenら（2015）[8]は、オランダにおいて、最重度の聴覚障害があるCI装用児は中等度・重度の聴覚障害がある補聴器装用児よりも精神病理的症状は軽かったが、それは補聴機器の違いによるものではなく、リハビリテーションプログラムの密度の濃さの違いによるものだろうと報告した。また、内的要因による精神病理的症状の発生が27％なのに対し、外的要因による精神病理的症状の発生が18％だった。聴力レベルとの相関はなく、早期発見と早期介入が精神病理的症状を少なくしている。女子は内的要因による精神病理的症状の発生が多いのに対し、男子は外的要因による精神病理的症状の発生が多いことを指摘した。

　近年、聴覚障害者自身が精神保健福祉士の資格を取得している。そのことでコミュニケーションの心配が不要で、安心して支援を受けられるようになってきた。すべての聴覚障害児が、必要なときには気軽にアクセスできるよう環境が整うことが望まれる。できれば、地域のデフコミュニティがサービス提供機関となれば、学校と地域の連携も図られる。子どもにとっては成人聴覚障害者と接する機会にもなり、地域で生きていることを実感でき、帰属意識の育成につながると考える。

5 自尊感情

　自己概念を形成する過程において、他人と比較することによって自己を評価するという社会的比較過程理論がある。これを集団間での比較にまで拡大させたのが社会的アイデンティティ理論であり、手話を第一言語として社会的同一性を求めるのが「ろう者」ということになる。肯定的な社会的同一性が得られるのは、個人の自尊感情による自己高揚が動機となり自分が所属する集団を「ひいき」にするためといわれている。聴覚障害児が所属していると意識する集団、つまり聾学校（ろう児たちの中にいる自分）か通常の学校（聴児たちの中にいる自分）かによってアイデンティティ形成が異なってくることになる。

　先行研究において、聴覚障害児の自尊感情を検討する際の要因として、診断年齢、療育開始年齢、生活年齢、性別、聴力レベル、CIかHAか、コミュニケーション能力、社会参加、気質、行動特性、インクルーシブ教育の環境か否か等が挙げられている。正の相関があるものとして気質（親しさと丁重さ）やコミュニケーション能力があり、聴覚障害児の集団の場の保証が大きく関与する例（サマーキャンプ等合宿研修）が報告されている。また、負の相関があるものとして行動特性（抑鬱的）があり、聴能学的状態から推測して抑鬱症状を発症する確率を見極められるなら、聴覚障害児にかかわる臨床家に、抑鬱症状発症の危険性を知らせられることを示唆した研究もある。

　聴覚障害児が一人だけでも難聴学級が設置される自治体では、聴覚障害児が孤立しないように、聾学校と連携をとって聾学校の行事への参加を促したり、合同学習・交流の場を多く作ることが必要である。集団行動の促進は、自尊感情の高揚と関連するので、自分から積極的に集団に加われるようになるための支援が必要である。また自尊感情は、その人の社会集団・対人関係がもつ強さや価値の知覚の指標とされるが、同時にそこで受け入れられることの指標でもあることに留意しなければならない。

6 アイデンティティ

　アイデンティティスタイルに関して、Falakolaflaki and Hormozi（2015）[9]は、インフォーマティブアイデンティティでのみ聴児と差があったと報告した。聴覚障害児が低かった原因は言語と社会的コミュニケーションスキル、低い自尊感情だと考察した。さらに、現在は、以前と違い、アイデンティティ形成にとって青年期の重要性が認識され、教育や余暇の機会が与えられているので、ストレスや問題が過去に比べて少ないと指摘した。

　日本でも、自立活動の中で「障害認識」という項目が設けられてアイデンティティの

問題が取り扱われているが、インクルーシブ教育の流れの中で、「きこえにくい自分」をいかに認識していくかについては、きこえる子、きこえない子双方とのかかわりの場、さらにロールモデルとなる成人聴覚障害者との交流の場を設けて、自尊感情を下げないように支援していかなければならない。

7 社会的相互作用

Xieら（2014）[10] は、先行研究をレビューし、聴覚障害児がどのように聴児とかかわり、どのように社会的相互作用を改善したかについての情報がもっと必要だと述べている。そして、次のように指摘した。

①有意味な社会的相互作用に聴覚障害児を引き込み、インクルーシブ教育で適切な実践が行われるようにするためには、年齢相応のコミュニケーション能力の発達が重要。

②ソーシャルスキルに関して、インクルーシブ教育における聴覚障害児と聴児との社会的関係を改善するために、適切な働きかけや開始の方略、相互作用を維持するための特有なスキルを形成することが強調されている。

③聴児はアイコンタクトやジェスチャーのような視覚的コミュニケーションスキルが不十分なため、聴覚障害児と適切にかかわれない。

④インクルーシブ教育の学校において、すべての子どもに適切な方法が適用されるように、学校生活のこの面での研究が必要である。

⑤環境（調整）に関して、共同学習モデルとソーシャルスキルトレーニングの2つの介入プログラムだけが有効なものとされているが、学習の社会的側面とインクルーシブ教育における介入に関しての研究が不足していると思われる。

⑥文献の分析で得られた知見をもとにして、障害児の社会モデルの理論的基礎をつくり、将来の研究につなぐべきと考える。

以上、Xieらが指摘したように、聴覚障害児側だけの問題ではなく、聴児側の問題としても認識され、かかわり方や視覚的コミュニケーション等についても具体的に検討されるようになった。教育オーディオロジストは、聴児側のかかわり方の問題についても通常学級の担任と情報を共有し、問題点の共通理解と解決に努めなければならない。

〈引用文献〉

1）テクノエイド協会（2012）感覚器障害戦略研究　聴覚障害児の療育等により言語能力等の発達を確保する手法の研究　聴覚障害児の日本語言語発達のために〜ALADJINのすすめ〜．テクノエイド協会．

2）冨澤文子・河野淳・野波尚子・西山信宏・河口幸・鈴木衞・齋藤友介（2014）中学校以上に進学した人工内耳装用児における聴取・発話・語彙力の検討．Audiology Japan，57，250-257．

3) 山田奈保子・西尾信哉・岩崎聡・工穣・宇佐美真一・福島邦博・笠井紀夫(2012)人工内耳と補聴器の装用開始年齢による言語発達検査結果の検討．Audiology Japan, 55, 175-181.
4) 阿部敬信・浮田和子・沖宏・竹田優子・西川菊美・東内桂子・藤原文子・森本倫子(2006)聴覚障害児へのK-ABCの適用—検査問題提示の方法と反応の見方を中心として—．平成18年度研究紀要, 100-106, 広島県立広島ろう学校.
5) 鳥越隆士(2010)聴覚障害児童に対するK-ABC検査の実施とその特徴—ろう学校，難聴学級在籍児童を対象に—．発達心理臨床研究, 16, 11-19.
6) 阿部敬信(2013)DN-CAS認知評価システムによる聴覚障害児の認知発達—聴覚障害特別支援学校小学部在籍児童を対象にして—．別府大学短期大学部紀要, 32, 43-50.
7) Fellinger J., Holzinger D., and Pollard R. (2012) Mental health of deaf people. Lancet, 379, 1037-1044.
8) Theunissen, S.C.P.M., Rieffe, C., Soede, W., Briaire, J.J., Ketelaar, L., Kouwenberg, M. and Frijns, J.H.M. (2015) Symptoms of pychopathology in hearing-impaired children. Ear & Hearing, 36, 4, e190-e198.
9) Falakolaflaki, S. and Hormozi, A.K. (2015) A Comparative study of identity style in deaf and normal adolescents. Mediterranean Journal of Social Sciences, 6, 662-667.
10) Xie, Y., Potmesil, M., and Peters, B. (2014) Children who are deaf or hard of hearing in inclusive educational settings: A literature review on interactions with peers. Journal of Deaf Studies and Deaf Education, 19, 423-437.

第Ⅱ章 聴能評価

第1節 乳幼児の純音聴力測定：VRAによる気導・骨導聴力の把握

1 はじめに

　新生児聴覚スクリーニングの普及により、0歳からの聴覚補償と早期教育が本格化した。0歳から乳幼児へ教育的・専門的支援を行ううえでは、正確な純音聴力を可能な限り早期から把握することは原則的に重要である。特に聴覚補償上はVRAの有用性が高いことが、米国・カナダ・英国の先進的なオーディオロジー研究者から報告されており、近年、欧米では学術団体のガイドラインや専門書にも取り入れられている（ASHA, 2004；Seewald and Tharpe, 2011；AAA, 2013；BSA, 2014など）[1,2,3,4]。VRAはこれまで日本で使用されてきたCORに比べて、左右耳別の気導聴力のみならず骨導聴力（良側）も推定できるなど、伝音・感音障害の鑑別診断や各耳の補聴器フィッティングのための基本データが得られる利点がある。0歳から適切な聴力測定に基づいた補聴を行えれば、乳児期の前言語期段階における親子間の情動・共感的な音声コミュニケーションをより豊かに経験させたうえで、子どもを1歳以降の言語的発達期へと導くことが期待される。また人工内耳への移行や、早期からの教育方法の検討においても役立つ情報が得られる。

　本節では聴覚測定法の基本的内容については他書に譲り、乳幼児の純音聴力測定法をテーマに、現在の日本ではまだ導入的段階にあり、解説書の少ないVRAとインサートイヤホンを中心的に説明する。従来のCORや他覚的測定を含む各種技術の応用については他の良書（加我，2012；2014など）[5,6]をあわせてご参考願いたい。

2 クロスチェックの原則

　乳幼児の測定の正確度・信頼性を高めるためにはクロスチェック、すなわち諸検査の組み合わせによる聴力像の把握が重要であり、VRAもこの位置づけの中で理解するのがよい。このクロスチェックの原則（cross-check principle）は、もともとはJerger & Hayes（1976）[7]が、自覚的検査（行動観察を含む）による聴覚閾値とABR、インピーダンス・オージオメトリーによる比較参照を例に、限られた所見に頼って誤判断をしないよう、諸結果間の整合性を確認する意義を説明したものである。現在では聴覚医学の進歩に伴い、OAE検査、ASSR、さらには画像検査、先天性サイトメガロウィルス感

染検査、難聴遺伝子検査なども加えたより多面的なクロスチェックが可能となった（加我，2012；2014）[5, 6]。教育オーディオロジーの支援の一つとしてVRAを行う場合には、小児耳科医チームとよい連携を保てるよう、耳垢や中耳炎などのよくみられる疾患はもとより、内耳奇形やANSD（Auditory Neuropathy Spectrum Disorder）といった近年指摘されるようになった疾患も含め、最新の医学的知見への追随を常に心がけることが求められる。

3 VRAとCORの比較

　VRAはCORを原型に、欧米で改良されて生まれた乳幼児聴力測定法である。CORは、信州大学医学部耳鼻咽喉科教室の鈴木・荻場（1960）[8]によって世界で最初に報告された3歳未満児のための純音聴力測定法であった。CORは、左右からの音刺激に対する振り向き反応を光刺激によって条件付けする画期的な方法を採用した。その後、スウェーデンのLidenら（1969）[9]が自作した幼児聴力測定装置による方法をVRAと呼んだのをきっかけに、1970～80年代に米国ワシントン大学のMoore, Thompsonらが報告した視覚報酬を一方向のみに設置するCORの変法がVRAという名称で定着していった。現在のVRAの特徴を、表Ⅱ-1-1にまとめた。CORとVRAは同義的に扱われることもあるが、Gravel（2000）[10]はVRAが一方向のみの条件付けによるシンプルな手順を用いること、音提示を音場測定用スピーカのみに限定しない（インサートイヤホン、骨導端子を含む）ことを利点として強調し、両者を明確に区別すべきことを指摘している。わが国ではインサートイヤホンを使用したVRAは、1998年に日本聾話学校に最初に導入された（富澤ら，2003）[11]。

　VRAにかかわる基礎的研究をいくつか解説する。まず、健聴乳幼児の反応閾値（MRLs：minimum response levels）はどのような発達的経過をたどるのだろうか。Muirら（1989）[13]は、生後から月齢7か月までの健聴乳児104名を対象に音への聴性行動を横断的に観察し、新生児反射が一旦減弱した生後2か月以降に、随意的運動の発達に伴って正反応が月齢ごとに増していくU字曲線を報告した。Thompsonら（1974）[14]は、健聴乳幼児・幼児190名のBOAによる横断的検討から0歳～1歳半の月齢期間に音源詮索の反応値は緩やかに下降し、30dBSPL台（75パーセンタイル）に達することを報告した。乳幼児から反応閾値を得るためには何らかの強化手続き（条件付け）が有効であるが、Mooreら（1977）[15]は健聴乳幼児60名を検討し、月齢5か月以上で〈音→光〉の条件付けが形成されはじめることを報告した。さらにMooreら（1975）[16]は、月齢12～18か月の健聴乳幼児計48名を4群に分けて、条件付けの違いによる強化刺激の強さを検討し、強化刺激なし＜社会的賞賛（褒める）＜単一の視覚報酬＜複数の視覚報

表Ⅱ-1-1　CORとVRAの比較

	COR：Conditioned Orientation Response Audiometry（条件詮索反応聴力測定）	VRA：Visual Reinforcement Audiometry（視覚強化聴力測定）
音源の設置	左右の2方向（視覚報酬と同方向）	視覚報酬と無関係でよい
視覚報酬の設置	左右の2方向（音源と同方向）	1方向
音提示	スピーカのみ	スピーカ、インサートイヤホン、骨導端子
条件付けのタスク	条件付けは2方向。被検児は、左右のいずれかの提示音がきこえた方向の視覚報酬の方へ振り向く。つまりタスク上、被検児に提示音の検知と音源方向定位の2つを求めることになる。	条件付けは1方向のみ。すなわち、被検児は提示音がきこえたとき、一方向に設置された視覚報酬の方へ振り向く。つまりタスク上は、被検児に提示音の検知は求めるが、音源方向定位は求めていない。
開発およびその後の経緯	鈴木・荻場らが視覚報酬とスピーカを内蔵したオージオメータを作製し、3歳未満児への適用成果を1960年に報告した。当初はCOR-test（conditioned orientation reflex audiometry：条件詮索反射聴力測定）という名称であった。現在はreflex（反射）という用語は、response（反応）に置き換えられている。	Liden and Kankkunen（1969）はCORを含めた幼児聴力測定用の総合オージオメータを作製し、これをvisual reinforcement audiometerと名付けた。1970年代に米国ワシントン大学のMoore, ThompsonらはCORをもとにした一方向のみの条件付け手順を報告し、この手法がVRA（visual reinforcement audiometry）という名称で定着していった。

本表は、富澤（2015）[12]をもとに一部修正をした。VRAにおける一方向による条件付けは、Gravel（2000）[10]の定義による。

酬（振り向き反応は25回以上）の順に、条件付けの効果が高まったことを報告した。

　VRAの実用性はどの程度の高さなのだろうか。Gravel（2002）[17]は、VRAの3つの先行報告のレビューから、月齢8～24か月児ではVRAの測定可能率は86％以上であることを示し、VRAが十分に信頼性の高い実用的方法であることを述べた。Parryら（2003）[18]は、健聴の月齢8～11か月児46名を対象に、インサートイヤホン装着下のVRAの反応閾値を検討し、平均値では500Hzで16.4dB、1000Hzで13.3dB、2000Hzで7.1dB、4000Hzで6.4dBのダイヤルレベル（オージオメータによる）の反応閾値（RECDの補正なし）が得られ、標準偏差はいずれの周波数も5～6dB台だったことを報告した。一方、Primusら（1985）[19]は、1歳児群36名（11～13か月36名）と2歳児群45名（22～26か月）を比較し、2歳児群の方が少ない試行回数で条件付け消去に至った（つまり、短時間で振り向かなくなった）ことを報告した。現在の米国ASHAのガイドライン（2004）[1]は、新生児聴覚スクリーニング後の精査・診断後、生後5か月以上の発達レ

第1節　乳幼児の純音聴力測定：VRAによる気導・骨導聴力の把握

ベルに達した乳児に対する行動観察的方法としてVRAを試みるよう推奨している。0歳後半から1歳すぎの月齢期において、VRAによる信頼性の高い純音聴力測定が行いやすいことは特に重要である。

4 インサートイヤホン

インサートイヤホンは、1980年代に米国のKillionらによって開発された、聴力測定用の気導受話器との互換性を考慮された小型・軽量のトランスデューサ（変換器）である（Wilber, 2002）[20]。現在、3Aと5Aの2タイプがあり（図Ⅱ-1-1）、この規格はISO 389-2（1994）、ANSI S3.6（1996）で定められている。日本においては、2011年のオージオメータのJIS（T1201-1：2011）改訂時に、3Aインサートイヤホンに関する基準レベル（ISO 389-2による）が転載された。

インサートイヤホン接続時の基準等価閾値音圧レベル（RETSPL：reference equivalent threshold sound pressure level）へのオージオメータの較正は、規定された2ccカプラ（DB-0138カプラ〔後継は4946カプラ〕、IEC711カプラ、2cc HA-1カプラのいずれか）を用いて行い、聴力レベル（dB hearing level）尺度に適合させる。各カプラの較正値は、イヤホンの取り扱い説明書に記載されており、騒音計または補聴器特性測定装置によってイヤホンからの出力レベルを計測する。やむなくインサートイヤホン非対応のオージオメータを用いる場合は、較正値と出力レベルの差から補正値を得た後、さらに5dBステップでダイヤルを上昇させ、レベル上昇の直線性が飽和によって保持されなくなる上限のダイヤルレベルを周波数別に把握しておく。

乳幼児聴覚測定においてインサートイヤホンに期待される利点を、表Ⅱ-1-2にまと

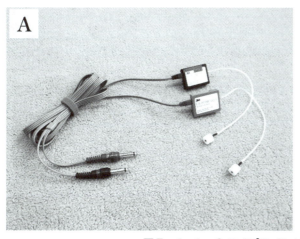

A：3Aインサートイヤホン
B：5Aインサートイヤホン

図Ⅱ-1-1　2タイプのインサートイヤホン

めた。まず耳載せ形気導受話器との比較の上では、①小型・軽量のため低年齢児においても装着しやすい、②両耳間移行減衰量が大きいために陰影聴取が生じにくい、③室内騒音の最大許容音圧レベルが高く、室内の背景雑音の影響を受けにくいことが挙げられる。音場測定用スピーカを用いるCORとの比較の点では、④左右の耳に別々に測定音を提示できる、⑤オージオメータのダイヤルレベルで100dB以上の高出力音を提示できる、⑥音源からの距離・角度、頭部の動き、周辺物が提示音のレベルに与える誤差を解消される利点を指摘できる。④〜⑥は補聴器適合の点のみならず、人工内耳の必要性を見極めるうえでも重要である。補聴器適合との関連からは、インサートイヤホンをイヤモールド（耳かけ型補聴器用）と結合したときには、⑦補聴器装用時と裸耳聴力測定時の実耳特性を同一の音響条件に整えられることも利点として挙げられる。このイヤモールド装着下で得られた閾値は、EDT（earmold-derived threshold あるいは earmold-determined threshold）と呼ばれる（Gravel，2000）[10]。

　乳幼児の小さな耳にインサートイヤホンを使用するにあたって留意すべき点は、たとえ機器の聴力レベルへの較正が適正になされていたとしても、乳幼児の外耳道容積は小さいため鼓膜面では音圧レベルが増してしまうことである。これは、聴力レベルが成人の外耳道を基準にしたデシベル尺度であるため、外耳道容積の小さい乳幼児の耳では高周波数になるほど音響的な差が増大してしまうことに起因する。すなわち、乳幼児から反応が得られたオージオメータのダイヤルレベルは、聴力レベルと正しくは一致しない。

表Ⅱ-1-2　インサートイヤホンの特徴

気導受話器（耳載せ形・耳覆い形）との比較から	①　小型・軽量であるため、低年齢児に装着しやすい。
	②　両耳間移行減衰量が大きい。
	③　室内騒音の最大許容音圧レベルが高い。
音場測定用スピーカ（CORの手法）との比較から	④　左右耳別に測定音を提示できる。
	⑤　オージオメータから100dB（ダイヤルレベル）以上の高出力音を提示できる。
	⑥　音源からの距離・角度，頭部の動き、周辺物の影響によって提示音のレベルが影響されない。
補聴器適合との関連から	⑦　イヤモールドと結合することにより、イヤモールド装着下の実耳特性が加味された聴覚閾値、すなわちEDT（earmold-derived threshold）が得られる。補聴器装用時と裸耳の聴覚閾値測定時の実耳特性が同一の音響条件に整う。

②について、両耳にフォーム材イヤチップを深く挿入した条件（full insertion）の両耳間移行減衰量は、500Hzでは110dB、1000Hzでは95dB、2000Hzでは75dB、4000Hzでは95dBを超える。③について、同じく full insertion 条件での聴力測定室の室内最大許容音圧レベルは、500Hz以下および8000Hzでは50dBSPLを超え、1000〜4000Hzの間は47〜50dBSPLにまで達する。本表は、富澤（2015）[12]を改変。

第1節　乳幼児の純音聴力測定：VRAによる気導・骨導聴力の把握

これに対する対処法として、3つのデシベル尺度への換算法が提案されている。1つ目は、ダイヤルレベルにCDD（Coupler-to-dial Difference：2 ccカプラとダイヤルレベルの差）値を加算して、2 ccカプラ内音圧レベル（2 cc SPL）に変換する方法（富澤ら，2008；日本聴覚医学会福祉医療委員会，2010）[21, 22]、2つ目はダイヤルレベルにCDD値とRECD（Real-ear-to-coupler Difference：実耳−カプラ差）値の和、あるいはREDD（Real-ear-to-dial Difference：実耳とダイヤルレベルの差）値を加算して、外耳道内音圧レベル（ear canal SPL）に変換する方法である。これらのデシベル尺度間の換算原理については、富澤ら（2011）[23] が解説している。3つ目として、成人準拠の聴力レベル（equivalent adult dBHL）に変換させる方法がある。各耳のRECDと成人のRECDの差を算出し、ダイヤルレベルにこの値を加算して聴力レベルとの差の補正を行うものである（Seewald, 2011）[2]。これらの換算法利用は補聴器フィッティング上においても重要な内容であるが、実耳測定に関する内容も含まれるため、まずは本章の第3節をご参考いただきたい。

5　VRAの測定手順

乳幼児の聴力測定を行う上では、子どもが過度に緊張しないような測定室内の環境づくり、測定者と子どものラポート形成に努めることは基本である。VRAはCORの改良法であるため、条件付けの基本原理と適用年齢はCORと同じである。オージオメータから閾値上の提示音（ワーブルトーン、純音、バンドノイズ）をトランスデューサ（スピーカ、インサートイヤホン、骨導端子）から提示し、子どもが詮索反応を示した直後に、一方向に設置した視覚報酬を点灯させて〈音→光〉の条件付けを行う。これを数回繰り返すと、子どもは音がきこえただけで視覚報酬の方向を振り向いてくれるようになる。インサートイヤホンを使用した気導VRAの様子を、図Ⅱ-1-2に示した。

VRAは、乳幼児の補聴器フィッティングのための主力ともいうべき純音聴力測定法であり、繰り返し実施することでその信頼性を高めることができる。とはいうものの、子どもは常に正確に反応してくれるとは限らないため、測定音の提示手順、閾値判定には習熟を要する。乳幼児に対する測定音の提示手順については、測定者がある程度工夫してよい。オージオメータのダイヤル操作は5 dBステップにこだわらず、10dB（以上）ステップでもよい。不慣れな測定者によくあるミスは、乳幼児の場合には音がきこえていなくても振り向いてしまう偽反応がよく生じるため、これを誤判定して実際よりも良い値を記録してしまうことである。誤った測定結果は補聴器処方を誤らせ、聴能発達を滞らせる事態を招いてしまう。誤判定を避ける手順上のコツは、条件付け形成後も、確実に聴取可能な閾値上レベルの音を適宜提示するとともに、提示音を出さない無音のイ

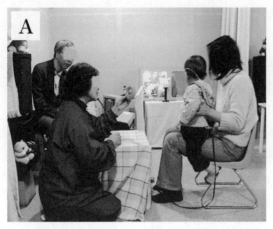 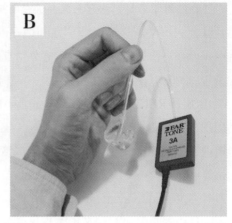

A：対象児の耳には3Aインサートイヤホンを装着し、母親のひざの上に抱っこしてもらった。視覚報酬は、対象児の右90度の一方向に設置した。測定者はオージオメータと視覚報酬を操作し、対象児の音刺激に対する視覚報酬への振り向き反応を指標に、反応閾値を判定した。測定補助者は音が出ないオモチャ等で対象児の注意を引き、提示音が提示されていない間、対象児が視覚報酬の方向を見続けないように統制した。予備測定の段階で、対象児の〈音→光〉の条件付け形成を行った後、本測定を行った。聴取可能な検査音が提示されると、対象児は視覚報酬（点灯とともに、クマの電動玩具が笛を吹いてタイコを叩く）の方へさっと振り向いた。

B：3Aインサートイヤホンとイヤモールドを結合したところ。個人用イヤモールドを使用することで、対象児は補聴器装用時と違和感なくイヤホンを装着することができる。また、外耳道内音響特性を補聴器装用下と同一条件に整えることができる（本図の写真は、日本聾話学校の提供による）。

図Ⅱ-1-2 インサートイヤホンを使用したVRA

ンターバルを適宜挟み、注意深く閾値付近のレベルでの反応の再現性を確認することである。また、視覚報酬の整った測定室であれば「子どもに振り向くことを学習させるより、振り向かないことを学習させる方が難しい」といわれる（Nozza, 1999)[24]。子どもが視覚報酬の方を見続けないようにするためには、おもちゃ（音が出ないもの）などで視覚報酬から子どもの気をそらすディストラクション・テクニックを用いる。可能ならば、図Ⅱ-1-2のように測定者の他に、もう一名が測定補助者として子どもへのディストラクションの対応を行うとよい。

　補聴器フィッティングの上では、左右耳別の気導聴力を知ることは必須である。耳かけ型補聴器を使用する乳幼児の場合は、インサートイヤホンにイヤモールドを結合して耳に装着することによって左右耳別の聴力測定を行える。子どもが聴力測定に応じられる時間は限られているため、測定は短時間で手際よく行うことが求められる。子どもが測定に飽き始めてきたと判断された場合には、中断して深追いしないほうがよい。条件付けが不安定な場合には不確実な反応値しか得られないため、次回の測定時に再度試みるほうがよいからである。初期の聴力評価においては、特に500Hzと2000Hzの2周波数の純音聴力がわかると、オージオグラムの聴力程度と傾斜を推定できるため初期の補

第1節 乳幼児の純音聴力測定：VRAによる気導・骨導聴力の把握

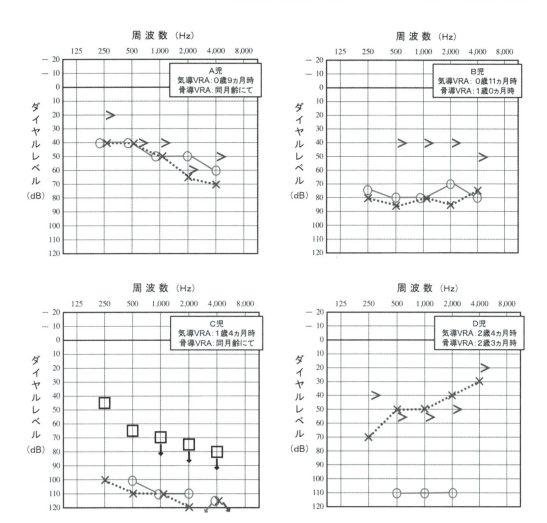

気導VRAはインサートイヤホンを使用して左右耳別に測定された。骨導VRAは、C児のみ骨導端子を前額部に手で押し当てて実施したが、他の3名は骨導端子をソフトバンドで左側頭部に固定する方法を用いた。なお、乳幼児は外耳道の音響特性が成人と異なり、成人を基準とした聴力レベルに従わないため、本図は縦軸をダイヤルレベルと記した。＞はマスキングしてない骨導レベル。

A児：鼓膜所見なし、ティンパノグラムは正常。ABRも中等度感音難聴が疑われた。
B児：症候群性聴覚障害であり、混合難聴を疑うオージオグラムが得られた。
C児：鼓膜所見はなくティンパノグラムも正常、インサートイヤホンによって各耳の気導聴力は100dB以上の重度聴覚障害であることが示された。骨導聴力は低音域に反応がみられたが振動覚による偽反応と思われる。
D児：先天性サイトメガロウィルス感染。出生後、左耳のABRが正常と出たため、一側性難聴を疑われ診断が遅れた。2歳時、左耳の気導聴力は低・中音障害型のオージオグラムを呈した。伝音・感音難聴の鑑別には気導・骨導VRAが有用だった。インサートイヤホンによる気導聴力測定は両耳間移行減衰量が大きいため、陰影聴取を回避して非良聴耳を測定する上で有利である。

図Ⅱ-1-3 聴覚障害乳幼児4名のVRAによるオージオグラムの例

聴器処方には役立つ。2000Hz はクリック音による ABR 閾値と相関が高い点も参考になる。もちろん、より多くの周波数の聴覚閾値がわかっていた方がよく、他周波数の反応閾値も加えられていくべきではあるが、信頼性の低い不確実な値がたくさん記録されたオージオグラムよりも、少なくても確実な値が記されているオージオグラムのほうがはるかに役に立つ。聴覚障害乳幼児から得られたオージオグラムの例（次項の骨導 VRA を含む）を、図Ⅱ-1-3 に示した。

6 骨導 VRA

　米国 ASHA（2004）[1] のガイドラインは、気導聴力に閾値の低下があった乳幼児に対しては、引き続いて骨導聴力の推定も行うよう推奨している。骨導 VRA は骨導端子を乳幼児の頭部に圧抵して行うが、対側耳へのマスキングは行わないため良側の骨導値を推定することになる。気骨導差があれば、少なくとも片耳における伝音障害が示唆される。骨導端子の装着法には、金属性ヘッドバンドを使用する方法、骨導端子部分をヘッドバンドから外してソフトバンドで頭部に固定する方法、骨導端子部分を手で押し当てる方法の3つがある。骨導 VRA にはマスキングができないことの他、骨導端子の提示レベルには上限があること、低周波数では振動覚が生じやすいという制限はあるが、数分の短時間で骨導聴力を推定できる利点は大きい。骨導 VRA のクロスチェックへの利用については、富澤ら（2014）[25] が報告している。

〈引用文献〉

1) American Speech-Language-Hearing Association (2004) Guidelines for the audiologic assessment of children from birth to 5 years of age.
2) Seewald R. & Tharpe A.M. (Ed.) (2011) Comprehensive handbook of pediatric audiology. Plural Publishing, San Diego.
3) American Academy of Audiology (2013) American Academy of Audiology Practical Guidelines: Pediatric Amplification.
4) British Society of Audiology (2014) Recommended procedure, Visual Reinforcement Audiometry.
5) 加我君孝編（2012）新生児・幼小児の耳音響放射と ABR. 診断と治療社.
6) 加我君孝編（2014）新生児・幼小児の難聴，遺伝子診断から人工内耳手術，療育・教育まで．診断と治療社.
7) Jerger J. & Hayes D. (1976) The cross-check principle in pediatric audiometry. Archives of Otolaryngology, 102, 614-620.
8) 荻場芳雄（1960）条件詮索反射聴力測定 Conditioned Orientation Reflex Audiometry (COR-audiometry). 鈴木篤郎（研究代表者），他覚的聴力測定．日本耳鼻咽喉科学会第61回学術講演会宿題報告．76-91.
9) Liden G. & Kankkunen A. (1969) Visual reinforcement audiometry. Acta Oto-laryngologica, 67, 281-292.
10) Gravel J.S. (2000) Audiologic assessment for the fitting of hearing instruments : Big challenges from tiny ears. In Seewald R.C. (Ed.) A sound foundation through early amplification, Phonak A.G., Switzerland, 33-46.
11) 富澤晃文・加藤靖佳（2003）聴覚障害乳幼児における補聴効果の検証手順について―インサートイヤホンを使用した visual reinforcement audiometry の応用―．心身障害学研究，27，113-122.

12) 富澤晃文 (2015) 2 cc カプラ内音圧レベルへの閾値変換による聴覚障害乳幼児の補聴器特性検証法の開発に関する研究．筑波大学大学院人間総合科学研究科博士論文．
13) Muir D.W., Clifton R.K. & Clarkson M.G. (1989) The development of a human auditory localization response: a U-shaped function. Canadian Journal of Psychology, 43, 199-216.
14) Thompson G. & Weber B.A. (1974) Responses of infants and young children to behavior observation audiometry (BOA). Journal of Speech and Hearing Disorders, 39, 140-147.
15) Moore J.M., Wilson W.R. & Thompson G. (1977) Visual reinforcement of head-turn response in infants under 12 months of age. Journal of Speech and Hearing Disorders, 42, 328-334.
16) Moore J.M., Thompson G. & Thompson M. (1975) Auditory localization of infants as a function of reinforcement conditions. Journal of Speech and Hearing Disorders, 40, 29-34.
17) Gravel J.S. (2002) Potential pitfalls in the audiological assessment of infants and Young Children. In Seewald R.C. & Gravel J.S. (Eds.) A sound foundation through early amplification 2001, Phonak A.G., Switzerland, 85-101.
18) Parry G., Hacking C., Bamford J. & Day J. (2003) Minimal response levels for visual reinforcement audiometry in infants. International Journal of Audiology, 42, 413-417.
19) Primus M.A. & Thompson G. (1985) Response strength of young children in operant audiometry. Journal of Speech and Hearing Research, 28, 539-47.
20) Wilber L.A. (2002) Transducers for audiologic testing. In Katz J. (Ed.) Handbook of clinical audiology (5th Ed). Lippincott Williams and Wilkins, Philadelphia, 88-95.
21) 富澤晃文・加藤大典 (2008) 聴覚障害乳幼児におけるノンリニア補聴器の特性評価の一手順—2 cm^{3}カプラ内音圧レベルへの閾値換算を用いて—．Audiology Japan, 51, 648-655.
22) 日本聴覚医学会　福祉医療委員会 (2010) 補聴器適合検査の指針について．Audiology Japan, 53, 708-726.
23) 富澤晃文・坂田英明 (2011) インサートイヤホンによる SPL フィッティングのためのデシベル換算手順．Audiology Japan, 54, 123-129.
24) Nozza R.J., Henson A. (1999) Unmasked thresholds and minimum masking in infants and adults: separating non-sensory contributions to infant-adult differences in behavioral thresholds. Ear and Hearing, 20, 483-496.
25) 富澤晃文・遠藤まゆみ・坂田英明 (2014) VRA による聴覚障害乳幼児の骨導聴力推定．小児耳鼻咽喉科, 35, 263-269.

資料4　0歳からのきこえの発達段階表

発達段階1．音に気づく、音へ注意を向けはじめる；音と周囲の出来事を関連づけはじめる

1	大きな音に対するはっきりとした反応（驚く、動きをとめる、声を出す、目を大きく見開く、まばたきをする）がある。
2	ふとした物音や、やや小さめの音に対してもはっきりとした反応（前項を参照）がある。
3	養育者の声に対するはっきりとした反応がある。
4	音を出す物を注視することがある、養育者が声をかけてあやすと目が合うことがある。

発達段階2．音源をみつけようとし、音の意味を理解しはじめる；意図的に声を出しはじめる

1	音を出す動く物や養育者を追視しようとする。
2	音のする方向へ振り向いたり、手を伸ばしたりする。
3	養育者の声かけに笑う。
4	お着替え・だっこ・おむつ替えのときや、手足・体を動かすあそびの間に声出しが増す。
5	語りかける声の調子（あやす、大きな声を出す、普通に話すなど）を大きく変えると、表情や動きが変わる。
6	声出しあそびをする（養育者の声かけによって声出しが増す）。
7	ほしい物、食べたい物、気に入った物をみたときなど、その物に対して声を出す。
8	歌や音楽が流れると声を出したり、ふと聞き入ったりする。

発達段階3．音源をみつけて、音の意味を理解する；意図的に声を出す

1	音の出る物を意図的にさわったり、いじったりたたいたりする。
2	ある一定の短い時間、声に聞き入る。
3	もっとあそんでほしい、楽しいことを続けてほしいときに、養育者に声を発する。
4	周囲の音の状況に変化があると、何が起きたのか気にする。
5	機嫌の良いときと悪いときで、出す声（泣き声ではなく）の調子が異なる。
6	お腹がすいた、もっと食べたい、だっこしてほしい、それがほしい、誰かにかまってほしい（部屋に一人にしないでほしい）ときなどに、養育者を声（泣き声ではなく）でよぶ。
7	不意の見知らぬ音に驚いて気にしたり、不安になって泣いたりする。
8	音あそび（拍手パチパチ、手をふる、おもちゃをたたく、簡単な声あそびなど）を繰り返し楽しむ。
9	料理する音・水の出る音・声・動物の鳴き声・教室でいつも聞く歌・ドアの閉まる音・車の鍵の音といった音の手がかりから、これから起きる日常の事柄・身近な人の動きなどを予測することがある。
10	身振りを交えた日常よく使うことば（バイバイ、だっこしましょうね、いただきます、バンザイ、手あそび・指あそびの歌など）を理解できることがある。

発達段階4．音／ことばの理解が増す；声をコミュニケーションのために使う

1	バイバイ、どうも、ちょうだい、おしまい、ダメなどの、日常よく使うことばを理解する。
2	自分の名前を呼ばれると、振り返る、笑う、手を挙げる、声を出す。他の人の名前の場合には、そのように応じない。
3	声まねあそびをする（違う声のパターンを聞かせると、声の出し方を変えようとする）。
4	バイバイ、おはよう、おいしいなど、日常よく使うことばをそれらしく言う。
5	何か言うとき、要求するとき、困ったとき、怒ったときなどでいろいろな声の出し方（声の高さ、大きさ、長さ）をする。
6	養育者や身近な人の名前らしきもの（あるいは物の名前）を言う（パパ、ママ、ナナなど）。
7	複雑な音の出るおもちゃ（ボタンを押したり、鍵盤をたたくと音が出る物）を楽しんで使う。
8	嫌なときや「イイエ」を示すときに、首を横にふる。
9	ある程度の長さの時間、話し手と関わる（声かけに応じてやりとりをする）ことができる。
10	音楽に合わせて体をゆする、踊る、ダンスをする。

発達段階5．聴覚的な言語理解がはじまる；話しことばを使う；会話によるやりとりがはじまる

1	身振りなしで、ことばによる簡単な指示を理解できる。
2	身の回りのいろいろな物の名前やよく使う表現など、話せることばの数が増え続けている。
3	ところどころに指さしや身振りなどを交えながら、文らしきことばを話す。
4	言われたことが分からなかったとき、そのことを話し手に伝えたり、知らない物について、「ナアニ？」と聞いたりする（質問行動の始まり）。
5	目の前にない物について、その物の名前を挙げて話す。
6	家族の名前、クラスの友達の名前、体のいくつかの部位の名前が分かる。
7	周囲に他の音があったり、何かに気をとられているときでも、先生や友達がよぶ声・合図などが分かる。

Early auditory skill development for special populations, C. Johnson (1997) らより改変（日本語版 ver.4.0）．©富澤（2017）

第2節 補聴器装用閾値測定

1 ファンクショナルゲイン

　スピーカから出力された音を聴取する音場聴力測定（sound field audiometry；スピーカ法）は聴能を評価するうえで重要なデータとなる。補聴器装用時の閾値（aided HTL）と裸耳の最小可聴閾値（Un-aided HTL）を測定することによりファンクショナルゲイン（音場において補聴器を装用したときの聴覚閾値と補聴器を装用しないときの聴覚閾値とのレベル差）が得られる。ファンクショナルゲインの測定法を図Ⅱ-2-1に示した。

　音場聴力測定を行うのに欠かせないのが騒音計（サウンドレベルメータ）である。騒音計の規格や測定方法については日本工業規格（JIS C 1509:2005、JIS Z 8733:2000）やメーカーの説明書に詳しく述べられている。Aの聴感補正回路特性は、聴力正常者の感じる音の大きさに近似させてあり、うるささをホンまたはdB（A）で表すためのものである。スピーカから出された測定音が被験者の耳や補聴器に届いたときの音圧レベルを測定するには、人間の音の感覚特性に照らした補正は必要がないので、フラットな周波数特性をもたせたCまたはFLATの設定にし、物理的な音圧を計らなければならない（図Ⅱ-2-2）。

　オージオメータに備えられている音場測定用の設定（スピーカ法による結果がオージオメータのダイアルメモリを直読して聴力レベル（dBHL）で読み取れる）で聴力測定を行う場合であっても、スピーカや被験者の位置などにより誤差が生じるので、騒音計を用いて入念に0 dB基準の較正を行う必要がある。

　補聴器装用時の閾値のデータを用いて、補聴効果を評価したり補聴器特性の再調整の目安を考えたりすることができる。その方法には、スピーチレベル法とファンクショナルゲイン法がある。スピーチレベル法では、測定して得られた補聴器装用閾値が音声スペクトラムのレベルと照らして可聴範囲にどのように位置するかを見ることにより補聴効果を評価する。当然、補聴効果の判断や補聴器の調整方針は、きかせたい音声のレベルをどこに想定するかによって左右される。例えば、1 m離れたところでの平均会話音声レベルを1 KHzでおよそ50～55dB（SPL）とし、それより高い周波数帯域では小さい値を、より低い周波数帯では大きい値を想定する。あるいは、いわゆる「スピーチ

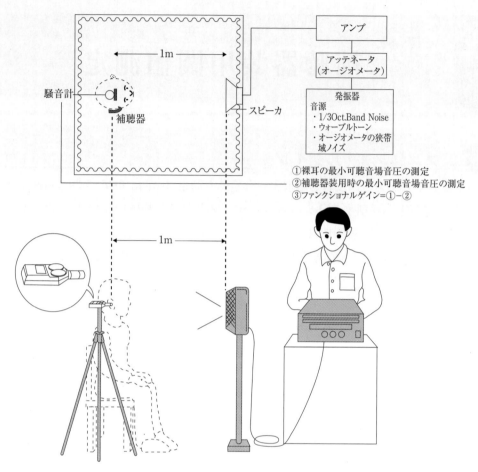

裸耳の最小可聴閾値（un-aided HTL）と補聴器装用時閾値（aided HTL）を測定し、被検者を退けた頭の中心に相当する測定点に騒音計のマイクロホンを置き、それぞれの音場音圧を測定する。その結果得られた裸耳の時の音場音圧と補聴器装用時の音場音圧との差がファンクショナルゲインである。

図Ⅱ-2-1　ファンクショナルゲインの測定法

バナナ」を想定するなどである。しかし、実際には補聴器装用者の音声言語環境の実態は様々で、話者との距離や声の大きさは一様ではない。聴覚障害の程度によって期待する入力情報のレベルをシフトする必要もある。最重度の聴覚障害児に対してはさらに強めの70dBくらいの音声レベルが可聴範囲に入ることでよしとする現実的な目標値設定もあろう。また、全周波数帯を可聴範囲に入れるのが厳しいと思われるオージオグラムの場合には、ファンクショナル周波数（機能が期待できる周波数）といった考え方で、きこえが期待できる音声の周波数帯域に限定して補聴効果を見るのもよい。

ファンクショナルゲイン法では、期待する補聴器の増幅度に照らして、実際に補聴器

第2節　補聴器装用閾値測定

補聴器の測定や音場聴力測定などではCまたはFを使用しdB（SPL）で表す。聴力正常者の耳で感ずる音のうるささのレベルを「ホン」で測定するときは、人間の聞こえる音の範囲に合わせて周波数補正回路が働くAを使用しdB（A）で表す。

図Ⅱ-2-2　騒音計の機能

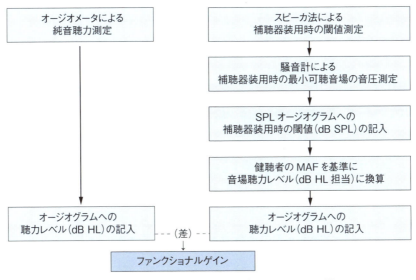

図Ⅱ-2-3　ファンクショナルゲインを求める手順

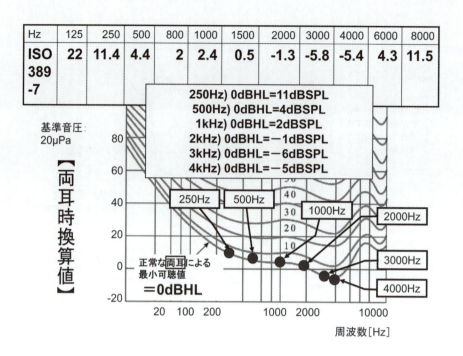

補聴器装用時の閾値検査の周波数 (Hz)	250	500	1000	2000	3000	4000
①最小可聴音場の音圧 (dBSPL)	(　)	(　)	(　)	(　)	(　)	(　)
②健聴者の最小可聴音場 MAF (ISO389-7)	11	4	2	−1	−6	−5
③片耳補聴の補正※	2	2	2	2	2	2
④=①−②−③ 聴力レベルへの換算 (dBHL 担当)						

※ MAF(ISO389-7) のデータには両耳効果の2dB が含まれているので、片耳装用の測定結果に対して補正する。

図Ⅱ-2-4　補聴器装用時の閾値（dBSPL）の聴力レベルへの換算ワークシート

をつけたときのファンクショナルゲインが見合っているかどうかを見ることにより補聴効果を評価する。ファンクショナルゲインを求める手順を図Ⅱ-2-3に示した。音場聴力測定による裸耳閾値と補聴器装用閾値の差を算出する。例えば、ハーフゲインルール（半利得法）をもとに評価するのであれば、オージオグラムの聴力レベルを2で割り、その値がファンクショナルゲインに近いかどうかで補聴効果を評価し補聴器の利得調整の目安を検討する。

聴力レベルが重度な子どもの音場閾値測定において、補聴器装用時の閾値測定はできても、裸耳閾値がスピーカ法の装置の出力不足の理由で測定できないことが起きる。その場合にはオージオグラムのデータを裸耳閾値として採用し、補聴器装用時の騒音計で得られたデータの単位（dBSPL）を聴力レベル（dBHL）に換算し、同じオージオグラムの上でファンクショナルゲインを求めるとよい。図Ⅱ-2-4のワークシートにより計算できる。

2 スピーチレベル

様々な音声レベルをオージオグラムに載せてみることにより、それらの情報が可聴範囲に入るかどうかの目安が得られる。古典的な音声レベルは「スピーチバナナ」である。ファント（Fant,G, 1959）が音素の特徴をオージオグラム上に分類し語音の領域を記述したものである（図Ⅱ-2-5）。

これらのデータをもとに、バナナの形に似たスピーチレベルが多様に描かれるようになった。スピーチバナナはオージオグラム上における音声のおおよその位置づけや範囲を見当づけるには簡便なものであるが、使用に際しては注意を要する。ファントの音声レベルは1950年代に作成されたもので、その後に改定された聴力レベル0dBの基準に合わせた修正が行われていない図があること。ファントの資料は唇から1mの距離で測定された男声を分析したものであることなどの理由である。それらの不都合を解消するために、日本人の男女の声を収集し、距離（30cmから120ｃm）や発声の強さ（大きめと普通に分けた呼気努力）の条件を加味した音声レベルが作成された。子どもを抱っこしたり、接近したりして話す場合、机をはさんで向かい合って話す学習場面などの距離に応じてレベル分けをし、さらに普通の声で話す場合と大きめの声で話す場合とに声の強さのレベル分けをし、より実際的な日本語音声レベルをオージオグラムに載せた（図Ⅱ-2-6）。

さらに、その細かな線や数字を消しドット入りの帯模様として描き、教育現場等で簡便に使用できるものとして「子どもの耳にとどく音声レベル」も作成されている（図Ⅱ-2-7）。

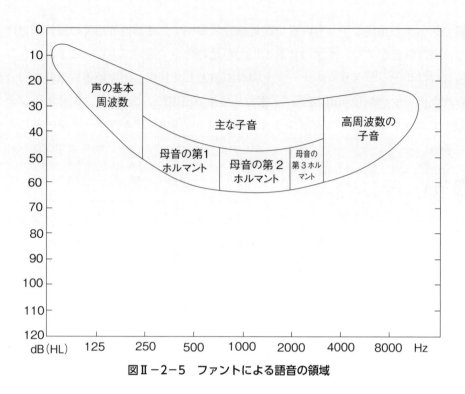

図Ⅱ-2-5　ファントによる語音の領域

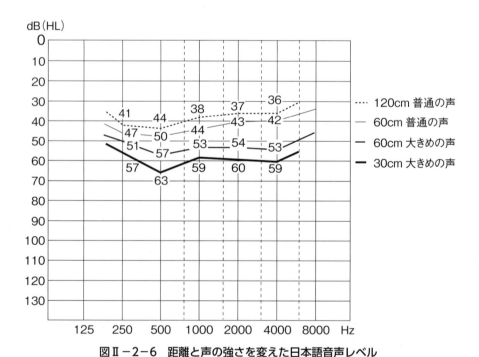

図Ⅱ-2-6　距離と声の強さを変えた日本語音声レベル

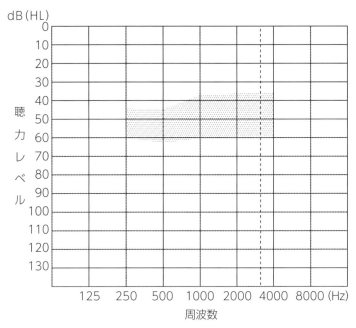

図Ⅱ-2-7　子どもの耳にとどく音声レベル

〈参考文献〉
大沼直紀（2002）教師と親のための補聴器活用ガイド第4版．コレール社．

第3節 実耳測定

1 実耳測定とは何か

　補聴器の評価として、2 cc カプラや擬似耳を用いた特性測定が行われている。しかし、このどちらも金属のカプラを用いて補聴器を測定するものであり、補聴器装用者が実際に聞いている音の音圧を求めることはできない。

　近年、新生児聴覚スクリーニングが開始され、乳児期から補聴器を装用する事例が増加している。乳児の外耳道容積は、2 cc カプラや擬似耳に設けられている容積に比べて小さく、外耳道内音圧が強くなるため、これらのカプラを用いた補聴器測定の数値をそのまま利用し、評価することはできない。そこで、実際の耳（実耳）での特性を測定し、鼓膜面での特性を評価する手法が実耳測定（REM：Real Ear Measurement）である。

　実耳測定では、プローブチューブ（Probe-tube）という細い柔らかいチューブがついているマイクを使用し、このチューブを外耳道内に置くことで、鼓膜面上の音圧を測定する。

　実耳測定による評価は、①軽度・中等度の聴覚障害児者の補聴を考える際、自らの外耳道共鳴と補聴器による増幅量を評価する場合、②小さな外耳道容積を有する乳幼児に補聴器を適用する際、外耳道内音圧を評価する場合に行うことが望まれる。

2 外耳道は音響共鳴管、外耳道共鳴（REUR）

　人が音をきくとき、音は外耳道を通り、鼓膜を振動させる。この音が外耳道を通るとき、外耳道の直径や容積によって、特定の周波数で共鳴が起こる。人の外耳道の場合、共鳴周波数は約2800Hz、共鳴によって増幅される量は18dB前後で、ちょうどサ行音の子音を強調するような機能が備わっている（図Ⅱ-3-1）。乳幼児の場合は外耳道の長さが短く、大人より高い周波数で共鳴が起こる。補聴器を装用すると、この自然な共鳴による増幅が失われるが、それゆえ、その失われた量を補聴器の増幅量として上乗せする必要がある。

　この外耳道共鳴による音の自然な増幅量を open ear gain と呼び、また、耳を開放している状態の鼓膜面での周波数特性を REUR（Real Ear Unaided Response：実耳裸耳特性）と呼ぶ。REUR の測定は外耳道内にプローブチューブマイクロホンを挿入した

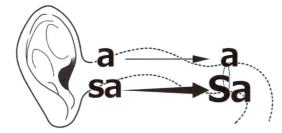

図Ⅱ-3-1　外耳道共鳴により高い周波数帯の音が増強される

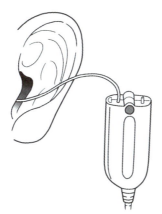

図Ⅱ-3-2　プローブチューブによる外耳道共鳴の測定

状態（図Ⅱ-3-2）で、それぞれの測定器の測定開始の操作を行えばよい。

3 実耳補聴器装用時特性・実耳補聴器挿入時利得

　補聴器を装用している場合は、補聴器によって増幅された音が、イヤモールドなどの耳栓を経由して、外耳道内に放出される。このときの出力音圧をプローブチューブマイクロホンを利用して測定する。

　補聴器を装用した状態での外耳道内音圧を測定することで、2ccカプラなどを用いた防音箱内では測ることができない様々なすべての増幅量、例えば、補聴器が音を増幅した量、イヤモールドによる音響変化量、外耳道容積による音響変化量、耳介による音響変化量など補聴器装用者の個々の状態を総合的に測定・評価できる。このすべての増幅量を測定した周波数特性をREAR（Real Ear aided Response：実耳補聴器装用時特性）と呼ぶ。

補聴器装用前は、外耳道による自然な音響的な共鳴による増幅の利益を得られていた。しかし、補聴器の装用により、その自然な音響的な共鳴効果（REUR）は失われたと考えるなら、補聴器を挿入したことによる純粋な増幅量を求めるには、REARからREURを差し引かなくてはならない。差し引いたことによって得られた増幅量をREIG（Real Ear Insertion Gain：実耳補聴器挿入時利得）と呼ぶ。

これらを式で表すと、

【実耳補聴器装用時特性－実耳裸耳特性＝実耳補聴器挿入時利得】

となり、【REAR－REUR＝REIG】とも表記できる。

4 REIGの評価

REUR、REARは、補聴器装用者の前に設置したスピーカより通常70dBSPLの音を補聴器に与えて、REURは補聴器非装用時、REARは補聴器装用時の外耳道内の音圧を測定する。音圧の測定結果であるため、単位はdBSPLであるが、REIGは補聴器非装用時と補聴器装用時の音圧差であり、補聴器を装用したことによる効果（利得）なので、単位はdBである（図Ⅱ-3-3）。

REIGは、補聴器を装用したことによる差、つまり、純粋に補聴器装用による効果であるため、裸耳聴力から推奨される補聴器の利得を定める処方式の結果と比較することが容易であり、欧米ではこの方法による補聴状態の評価法が一般的になっている。

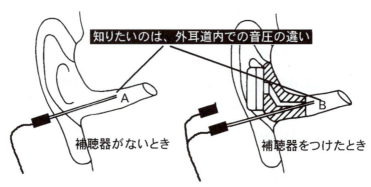

図Ⅱ-3-3　REIGが示す量（A：REUR　B：REAR　REAR－REUR＝REIG）

5 軽度・中等度難聴への応用

軽度・中等度難聴児者は、補聴器を装用していないときも、ある程度の音がきこえていることが多く、外耳道の自然な共鳴効果がある音をきいている。イヤモールドなどの耳栓の挿入によって失われた外耳道共鳴分の増幅（REUR）を超える REAR が確保され、REIG がプラスになる調整状態でなければ、補聴器の効果が表れないだけでなく、本人が違和感を訴えることもある。補聴器の常時装用が進まない場合など、その原因探査に実耳の評価が有効なことがある。

6 乳幼児への応用、RECD の利用

前述のとおり、同一の補聴器で同一の補聴器の調整状態であっても、放出される外耳道の容積によって、外耳道内音圧は大きく異なる。特に乳幼児の外耳道容積は小さく、このため、カプラによる補聴器測定による測定値とは大きく異なることとなる。

しかし、乳幼児の評価のたびに、プローブチューブを外耳道に留置し、REUR や REAR を測定するのは、困難なことが多い。そこで、一度は対象児の実耳の状態プローブを用いて測定し、カプラとの換算差（RECD：実耳カプラ差）を求めておき、以後は、大きな測定条件の変化（成長やイヤモールドの変更など）がない限り、その換算値を利用して、外耳道内音圧を計算する方法が用いられることが多い。さらに、実耳とカプラとの換算値の平均値を利用し、月齢に応じて外耳道内音圧を計算する方法も用いられている。

表Ⅱ－3－1　月齢ごとの平均 RECD 値

B. HA-2 coupler	Frequency (Hz)								
	250	500	750	1000	1500	2000	3000	4000	6000
0-12 months	5.5	9.7	9.6	11.9	11.6	10.5	16.2	19.4	17.8
13-24 months	7.4	10.1	9.5	11.5	10.9	10.2	13.8	16.3	10.9
25-48 months	4.1	8.4	8.3	10.7	10.4	9.2	13.2	14.0	10.8
49-60 months	2.9	7.9	8.1	8.7	9.1	8.7	11.7	12.8	10.2
>60 months	2.3	4.5	3.9	5.2	4.9	4.8	8.9	10.9	9.1

*Values for individuals > 60 months were derived by Seewaid, Ramji, Sinclair, Moodie, and Jamieson (1993), at The University of Westem Ontario. Values for individuals <60 months were derived by applying age group data reported by Feigin, Kopun, Stelmachowicz, and Gorga (1989) to the values of Seewaid and colleagues. HA-2 coupler values were derived by applying an HA-1 to HA-2 coupler transformation (Seewaid et al., 1993) to the HA-1 coupler values.

Bagatto, M. P., Scollie, S. D., Seewald, R. C., Moodie, K. S., Hoover, B. M., Bagatto, M. P., et al. (2002). Real-ear-to-coupler difference predictions as a function of age for two coupling procedures. Journal of the American Academy of Audiology, 13(8), 407-415.

The Pediatric Working Group: Amplification for Infants and Children with Hearing Loss, Am.J.of Aud., 5(1) 53-68, 1996.

RECD（実耳カプラ差）は、次の式で計算でき、多くの場合、プラスの値になる。

【REAR－2 ccカプラゲイン＝RECD】または【2 ccカプラゲイン＋RECD＝REAR】

RECDの値がプラスになるということは、2 ccカプラの値にRECD分、強い値が外耳道内音圧に放出されていることを示している。表Ⅱ-3-1に示されているように、月齢がより早ければ早いほど、RECDの値は大きく、2 ccカプラでの利得より強い音圧が外耳道内で放出されている。REAR、REUR、RECDの関係を図Ⅱ-3-4に示した。

ゲインだけではなく、90dB入力時のカプラ特性にRECDの値を加えて、RESR（Real Ear Saturation Response：実耳飽和特性）を評価することも忘れてはならない。乳幼児の補聴器を扱う場合は、このことに留意し、過大なゲインや強すぎる出力で音響外傷が起きないよう評価を行う必要がある。

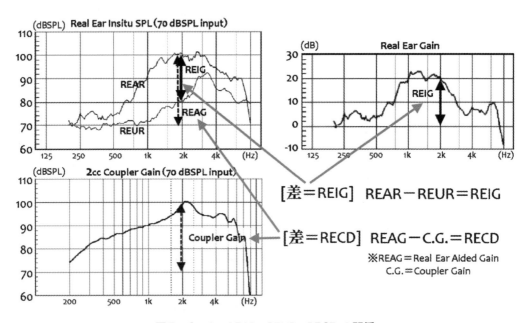

図Ⅱ-3-4　REAR、REUR、RECDの関係

7 おわりに

実耳による評価は、ファンクショナルゲインの測定や2 ccカプラの測定ではわからない外耳道内音圧を具体的に知ることができる手法として欠かすことができない。さらに、補聴器装用者の聴力と、会話音がどのように増幅されているかをSPLグラム上にライブで表示させながら、補聴器の調整を進める「ライブスピーチマッピング」（図Ⅱ-3-5）と呼ばれる調整法は、調整者にとっても装用者にとっても有効なツールである。

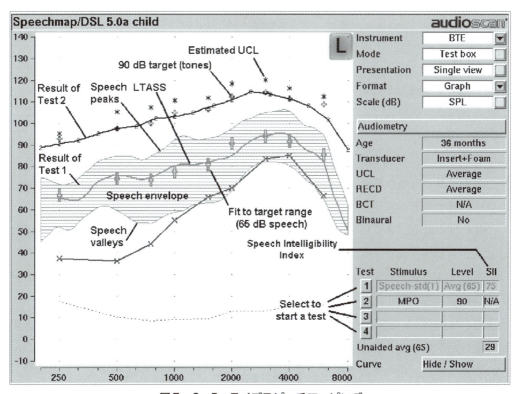

図Ⅱ-3-5　ライブスピーチマッピング
（増幅されたスピーチと閾値との関係を図示している）

〈参考文献〉

日本聴覚医学会（2010）補聴器適合検査の指針．Audilogy Japan 53, 708-726.
大沼直紀（1996）実耳測定によるフィッティングと評価．小寺一興編，補聴器の選択と評価，メジカルビュー社，90-98.

第4節 ことばのききとり評価（JANT、親族呼称、Matrix）

1 子どものきこえ方"聴能"を知ること

　聴力測定の何デシベル（dB）という数値は"聴力"を表す。ピーとかプーという検査音の強さをどれほど小さくしてもきこえるか（最小可聴閾値）を測定した結果である。聴力レベルはきこえの程度を示す一つの大事なデータである。しかし、その子どもの"きこえ方"を知ろうとするとき、"聴力"の値だけでは十分ではない。日常生活で実際に聴覚を活用する能力を表してはいないからだ。

　聴力レベルの数値のうえではかなり重度な難聴であるにもかかわらず、話をききよくわかる、環境音などをよく理解する、音楽を好んできくなど、補聴器や聴覚の活用に優れた能力を示す人がいる。またその反対に、聴力レベルは比較的よいにもかかわらず、音や音声をきく実際の場面で聴力がうまく機能しない人もいる。こうした働きを"聴能"という。聴力は変わらず同じであっても聴能は"発達する"ものである。

　一般に使われる"きく"とか"きこえる"という表現だけでは、聴能を評価する場合には大ざっぱすぎるため、音声言語を聴覚的に知覚するレベルは**表Ⅱ－4－1**のように4つに分けて考えるとよい。**表Ⅱ－4－2**に様々な語音を検査材料にした聴取評価などの例を聴覚的知覚のレベルに分けてマトリクスに位置づけて示す。

　また、**表Ⅱ－4－3**に聴能の訓練・評価の条件の分類例を示す。どのような音源・音素材を用いるか、どのような刺激・反応様式をとるか、どのような音響条件を設定するか、どのような聴能的条件を設定するかによって、課題の難易度や評価の結果に差が生じる

表Ⅱ－4－1　聴覚的知覚のレベル

①聴覚的検知能 （auditory detection）	音が存在しているか否かを知り（awareness）、音のon/offに反応する。
②聴覚的弁別能 （auditory discrimination）	ある音が他の音と同じであるか違うかを知り、音の異同をカテゴリー化する。
③聴覚的識別能 （auditory identification）	ある聴覚的情報を個体がすでに持ち得ているカテゴリーに照合して認識（recognition）し、同定する。
④聴覚的理解能 （auditory comprehension）	弁別や識別をもとに聴覚的情報のもつ意味内容を了解（understanding）する。

第4節　ことばのききとり評価（JANT、親族呼称、Matrix）

表Ⅱ-4-2　聴能評価マトリクスの課題例

	母音	子音	単語	句	文章	連続談話
検出（有・無）	①				②	③
弁別（異・同）	④	⑤	⑥	⑦	⑧	⑨
識別（同定）			⑩	⑪	⑫	⑬
理解（了解）				⑭	⑮	⑯	⑰

①声がきこえたときだけ手を挙げる。
②録音テープカードを再生し、文が録音されているものとされていないものを分類する。
③教師の物語を読んでいる声が止まったことに気づく。
④同じかちがうか：/i/－/a/
⑤同じかちがうか：/pa/－/ba/
⑥同じかちがうか：「きゅうり」－「きゅうり」－「くち」
⑦同じかちがうか：「つくえのまえ」－「つくえのかげ」
⑧同じかちがうか：「としはいくつですか」－「ときはいつですか」
⑨同じかちがうか：（男性の話）－（女性の話）
⑩「20音節明瞭度検査」
⑪「数字のきこえの検査」
⑫言ったとおりに書きなさい：「絵の具で色をぬりました」
⑬録音テープカードの話を聞いて分類する：（早口の話）－（ゆっくりした話）（怒った語調）－（しずんだ語調）
⑭反対語を言いなさい：「大きい」－（　）、「つめたい」－（　）
⑮録音されている指示どおりにテープカードを置きなさい：「右の下」「左の下」「右の上」
⑯質問に答えなさい：「このページに草かんむりの漢字はいくつありますか」
⑰短い物語をきいたあとでいろいろな質問に答える。電話で会話する。

表Ⅱ-4-3　聴能の訓練・評価の条件の分類例

音源・音素材	刺激・反応様式	音響的条件	聴能的条件
⎡純音 ⎢ウォーブルトーン ⎣バンドノイズ ⎡楽器音 ⎢環境音 ⎣電子音 ⎡音素 ⎢音節 ⎢単語 ⎢句 ⎢文 ⎣連続談話	⎡オープンセット ⎢(open set) ⎢クローズドセット ⎣(closed set) ⎡復唱 ⎢記述 ⎢ポインティング ⎢（絵カード・文字） ⎢合図 ⎣（ボタン押し・挙手） ⎡1回提示 ⎣繰り返し提示 ⎡極限法 ⎢調整法 ⎣恒常法	⎡無響室 ⎢防音室 ⎢ノイズ負荷下 ⎣通常の環境 ⎡肉声 ⎣録音再生音声 ⎡片耳 ⎣両耳	⎡最小可聴値 ⎢快適レベル ⎣不快レベル ⎡習熟音 ⎣未習熟音 ⎡既知情報 ⎣未知情報 ⎡有無検出 ⎢異同弁別 ⎢同定識別 ⎣了解理解

第Ⅱ章　聴能評価

ことを念頭に置いて実施することが大切である。

2 ことばのききとり評価法の例

聴覚特別支援学校（聾学校）などで活用されていることばのききとり評価法の例を**表Ⅱ-4-4**に示す。表中の（*）で示した評価法は音源がCD化されているが、すでに販売が中止されているものも含まれている。

ことばのききとり評価を子どもに対して実施する場合、「単語のききとり評価→文章のききとり評価や単音節のききとり評価」という流れで行う場合が多いと思われる。この中から肉声などで簡便に実施できる評価法を紹介する。

表Ⅱ-4-4　聾学校などで活用されていることばのききとり評価法の例

単音節のききとり	単語のききとり	文章のききとり	その他
67-S 語表*	67語表の20単語	TY-89日常生活文*	語音了解閾値検査
57-S 語表*	TY-89幼児用3音節単語*	聴能マトリクステスト	数唱聴取検査（JANT）
	TY-89幼児用2音節単語*	CI2004幼児用クローズドセット2語文検査*	親族呼称了解検査
	TY-89成人用3音節単語*	CI2004幼児用クローズドセット3語文検査*	6 sounds test
	TY-89成人用2音節単語*	CI2004幼児用オープンセット文検査*	スピーチトラッキング検査
	CI2004幼児用クローズドセット2音節検査*	CI2004学童用オープンセット日常生活文検査*	
	CI2004幼児用クローズドセット3音節検査*		
	CI2004幼児用オープンセット単語検査*		
実施条件の変化：（静寂下での実施）　（雑音負荷しての実施）など			

表中の*は音源がCD化されているもの

（1）67式20単語了解度検査

図Ⅱ-4-1は、1967年に日本オージオロジー学会（現　日本聴覚医学会）が作成した単語の語表である。幼児でも知っている語から構成され、絵カードと併用して肉声で評価で行うことも多い。絵カードを子どもの前に並べ、評価者の肉声を聞いて該当するカードを選択するクローズドセットによる方法や、絵カードなどを用意せず評価者の肉声を聞いて復唱するというオープンセットでの評価など、子どもの実態に応じてアレンジすることになる。

第4節　ことばのききとり評価（JANT、親族呼称、Matrix）

```
からす    さかな     はさみ    ライオン
りんご    じどうしゃ  つくえ    ピアノ
ひこーき  うさぎ     ねずみ    でんわ
めがね    えんぴつ   バナナ    すずめ
ポスト    とけい     ぼうし    てれび
```

図Ⅱ－4－1　67式20単語　語表

(2) 数唱聴取検査 (Japanese Auditory Number Test : JANT_{ジャント})

　表Ⅱ－4－4では「その他」に分類されている評価法で、子どもがどの程度ことばの韻律情報や音韻情報を手がかりとしているかを簡便に把握する評価である。評価者の肉声を用いてもできるが、オーディオテープカードを用いると便利である。オーディオテープカードは録音テープとしての機能と絵・文字カードとしての機能があるので、幼児などの聴性反応行動が現れやすく、ことばのききとり評価の刺激提示用の道具としてだけでなく自立活動場面などの多様な使い方ができる。

〈準備〉

　日本語の序数詞の数唱、1「イチ」、2「ニ」、3「サン」、4「シ」、5「ゴ」、6「ロク」の6つの数唱（1から5まででもよい。「ヒトツ」、「フタツ」、「ミッツ」、「ヨッツ」、「イツツ」、「ムッツ」でもよい）を検査語として、1語音につき約1秒のフレームで等間隔にテープカードに録音する（男声でも女声でもよい）、連続した序数詞の数唱を、「１－－－－－」、「１２－－－－」、「１２３－－－」、「１２３４－－」、「１２３４５－」、「１２３４５６」と録音したセットを「数唱音かぞえカード」と呼ぶ（図Ⅱ－4－2の(A)）。冒頭から「1」、「2」、「3」、「4」、「5」、「6」の数唱のどれか1つを録音したセットを「数唱ききわけ検査カード」と呼ぶ（図Ⅱ－4－2の(B)）。

〈実施方法〉

①子どもに装置の使い方を教え自分でカードを扱うようにさせる。

②はじめに「数唱音かぞえ検査カード」を1枚ずつランダムに再生し子どもに聴取させる。数唱の連続をききながら、それに合わせて反応指示絵カードの数字・絵を指でたどれるかを見る。数字音声の拍のon/offパターンに追従できない子どもの数唱聴取ステップは「0」とし、追従できる子どものステップは「ステップ1」とする。最初の「イチ」をきき逃し、次の数唱からずれてポインティングする場合でも追従できているとみる（図Ⅱ－4－3の左）。

③「数唱音かぞえ検査カード」の聴取に慣れたところで、次に、子どもには何の教示も与えずにこっそり「数唱ききわけ検査カード」の1枚をときどきランダムに紛れ込ま

せて提示する。それに対する反応を観察し、「イチ」以外のどの数唱を提示しても依然として音かぞえの要領のまま、「1」の反応指示カードを挿すか、あるいは、そうでない別の行動をとるかを見る（図Ⅱ-4-3の右）。

④ここの数唱の違いに気がつかない（どの数唱にも「1」を指す）子どもの数唱聴取得は、音の有無を検知するレベルにとどまっているとみて、②で得た「ステップ1」のままとする。

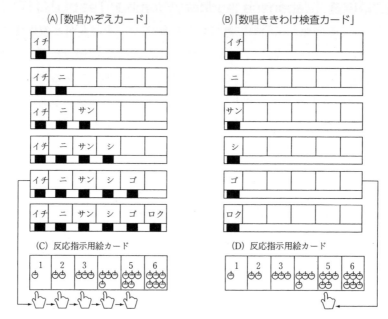

図Ⅱ-4-2　数唱聴取検査のオーディオテープカードの構成

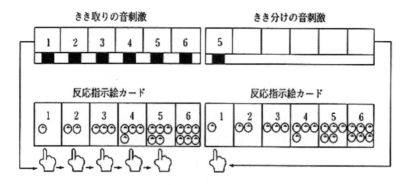

・「一音一音の音韻をきき分けている」のか
・「連続した音声の流れ（韻律）をきいている」のか

図Ⅱ-4-3　数唱聴取検査の実際

第4節　ことばのききとり評価（JANT、親族呼称、Matrix）

⑤そして、冒頭の数唱が何であるか当てられなくとも、「イチ」以外の別の数唱であることに気づいた子ども（「1」以外の数唱であることに気がつき、「2」から「6」の数字カードのどれかを指そうとするが正答ではない）には、識別・同定はできなかったが異同の弁別ができたとみて、より上位の「ステップ2」とする。

⑥皿に、冒頭の1つの数唱が何であるか識別して、数唱に合った数字のカードを挿すことができた子どもは、すでに「ステップ2」のレベルにあるとみて、正答した個々の数唱ごとにステップを上げ、「ステップ3（1個の数唱が正答）」、「ステップ4（2個の数唱が正答）」、「ステップ5（3個の数唱が正答）」、「ステップ6（4個以上の数唱が正答）」とする。

〈評価の観点〉

上記の実施結果から、**表Ⅱ-4-5**に示すような聴能を評価する観点を示すことができる。

表Ⅱ-4-5　数唱聴取検査の評価の観点

	評価の観点	今後の指導の観点
ステップ0	語音の有無に気づき、音刺激のon/offに合わせて聴覚的対応行動をとる能力が低いレベルにあると考えられる。	閾値上の十分な補聴レベルで音響事象の検知・検出ができるようになるように、基礎的な補聴器装用指導と聴覚学習プログラムが用意される必要がある。
ステップ1	連続音声の中の拍のon/offを手がかりにして聴覚的検知ができるレベルにあると考えられる。	音声の強弱・長短情報の受容を中心とした聴覚学習プログラムが用意される必要がある。
ステップ2	音声の韻律パターンの特徴的な差異に気がつき、その音響情報を手がかりに聴覚的弁別ができるレベルにあると考えられる。しかし、まだスピーチの音韻の特徴的情報を手がかりに細かなきき分けをすることは難しく、聴能の水準は超分節的な知覚レベルにあることが考えられる。	単語に含まれる音節数の把握や母音と子音の弁別などの比較的細かなきき分けについての聴覚学習プログラムが用意される必要がある。
ステップ3-4	音声スペクトラム情報など比較的細かな手がかりを使って聴覚的識別のできるレベルに発達する可能性があると考えられる。	韻律的情報を手がかりとさせながらも、音韻情報の細かなきき分けを狙った聴覚学習プログラムが用意される必要がある。
ステップ5-6	韻律情報の受容は十分にできていると考えられる。	話し手の感情、個性などの声的特徴なども併せて、聴覚を通して統合的な音声言語理解が養われるようなコミュニケーション訓練プログラムが用意される必要がある。

（3）親族呼称了解検査

　子どもがどの程度ことばの韻律情報や音韻情報を手がかりとしているかを簡便に把握する評価である。

〈実施方法〉

①表Ⅱ-4-6の10個の単語を用意する。ただし、理解できていない語は除く。
②それぞれの単語がきき分けられるか、どの単語をきき間違えるか、どの単語とどの単語の間できき違いが生ずるか、について評価する。
③はじめは普段どおりの声の大きさ・自然な早さと抑揚で、口の形を見せて話す。
④次に単語を話すときの口の動きが見えないような工夫をして、普段どおりの声の大きさ・自然な早さと抑揚で話す。繰り返しもかまわない。
⑤記録表の縦横の升目に子どもの答えや反応をメモする。

表Ⅱ-4-6　親族呼称了解検査（記録例）

刺激 \ 反応		5拍						4拍		2拍	
		おじいさん	おにいさん	おかあさん	おばあさん	おねえさん	おとおさん	おじさん	おばさん	まま	ぱぱ
5拍	おじいさん					×					
	おにいさん	×									
	おかあさん				×						
	おばあさん		×								
	おねえさん						×				
	おとおさん			×							
4拍	おじさん								×		
	おばさん							×			
2拍	まま										×
	ぱぱ									×	

親族呼称了解検査の結果（補聴器を装用してききとると誤反応は太線の枠の範囲に収まる）

第4節 ことばのききとり評価（JANT、親族呼称、Matrix）

〈評価の観点〉

表Ⅱ-4-7は評価に用いた10単語を声の特徴の違いにより分類したものである。

「横」の欄は声の"流れ"の特徴で、単語をきくときの拍、リズム、イントネーション（韻律情報）による流れの違いと、話し手の口を見るときの口の開け方や形の流れの違いを表す。「縦」の欄は、単語を構成する一つ一つの音節（母音、子音）の違い（音韻情報）を表す。

「おじいさん」と「おじさん」をきき分けるには、50音図の文字のように一つ一つの音節の違いがきき分けられなくても、リズムと声の上がり下がりが「おばあさん」「おばさん」とでは異なることを手がかりにして区別できる。しかし、「おじいさん」と「おにいさん」をきき分ける手がかりは厳しい。声の流れも口の動きを見ても同じだが、「おじいさん」の中の「じい」と「おにいさん」の中の「にい」だけが異なることから、この音節の違いを手がかりにきき分けなければならないため、聴覚障害の子どもにとってはとても難しい課題となる。実施後の具体的な評価例を表Ⅱ-4-8に示す。

表Ⅱ-4-7 親族呼称了解検査リストの構成とその識別の手がかり

韻律情報 音韻情報	中高型 5拍	平板型 4拍	頭高型 2拍	口形情報* （口形文字）
/i/ イ	オジイサン オニイサン	オジサン		
/a/ ア	オカアサン オバアサン	オバサン		
/e/ エ	オネエサン			
/o/ オ	オトオサン			
/m/ (マ)			ママ	
/p/ (パ)			パパ	

＊口形情報（口形文字）
　5つのそれぞれの母音の口形を丸や線で簡単に図式化したもの。これを基本に、舌や鼻、唇を色別（赤＝有声、青＝無声（息）、黄＝鼻音）に描き加えることで発音要領の情報を視覚的に示すことも可能。

表Ⅱ-4-8 「親族呼称了解検査」の評価

	評価の観点	評価の内容
観点1	「パパ／ママ」の２つの単語群が「他の８つの単語群」との間できき違いを生じていないか。	（きき違いがなければ）"声の流れ"の違いをきき分けて、大まかなきき方ができる聴能が育っている。
観点2	「オバサン／オバアサン／オカアサン」（２・３拍目に母音「ア」を含む）単語群と、「オジイサン／オニイサン／オジサン」の単語群（２・３拍目に母音「イ」を含む）との間できき違いすることはないか。	（きき違いがなければ）声の中の母音の特徴を手がかりにして、大まかなきき分け方ができる聴能が育っている。
観点3	「オネエサン／オトオサン／オカアサン」の単語間でのきき違いがないか。	（きき違いがなければ）「ア／エ／オ」などの母音の特徴の違いを捉えて、音声の細かなきき分けができる聴能が育っている。耳だけでは不確実な場合、口の形の差異に目を向け視覚を併用（読話）してきき分けようとする聴能が育っているかも評価できる。
観点4	「オバサン／オバアサン／オカアサン」の単語間でのきき違いがないか。	「オバサン↔オバアサン」のきき違いがなければ、長音と短音、アクセントの違いなど比較的細かな音声の特徴を手がかりにしてきき分けようとする聴能が育っている。また、「オバアサン↔オカアサン」のきき違いがなければ、子音の特徴を手がかりにしてきき分けようとする聴能が育っている。耳だけでは不確実な場合、口の形の差異に目を向け視覚を併用（読話）してきき分けようとする聴能が育っているかも評価できる。
観点5	「オジイサン／オニイサン／オジサン」の単語間できき違いがないか。	（きき違いがなければ）口の形が同じ音声であっても、音声の流れ（韻律情報）と子音の特徴（音韻情報）が混同し手がかりが少なくても、難しい細かなきき分けができる聴能が育っている。
観点6	「パパ／ママ」の単語間でのきき違いがないか。	きき違いがなければ）口の形が同じ音声であっても、短い声の中の子音の特徴を手がかりに、難しい細かなきき分けができる聴能が育っている。

（4）聴能マトリクステスト

　幼児や小学校低学年では単語のききとり評価から始め、単音節のききとり評価や文章のききとり評価を実施する場合が多いと思われる。しかし、単語よりも短い音をききとる単音節や、単語や助詞が複雑に組み合わさった文章のききとりに困難を示す子どもが少なからずいる。そのようなケースを想定して、単語のききとりから文章のききとり評価への移行時期に実施する評価法として、イラストシートを用いた「聴能マトリクステスト」が開発された。

第 4 節　ことばのききとり評価（JANT、親族呼称、Matrix）

図Ⅱ-4-4　聴能マトリクステストのイラストシート

```
聴能マトリクステスト　記録用紙　様式 A-1

名前_____　年　齢：幼・小
検査者名_____　検査日：_____

〈練習〉
      おじいさん　（が）　りんご　（を）　1つ　たべる

1.  おとこのこ　（が）　りんご　（を）　2つ　あげる　____
2.  おばあさん　（が）　くり　　（を）　4つ　たべる　____
3.  おんなのこ　（が）　もも　　（を）　1つ　きる　　____
4.  おじいさん　（が）　ばなな　（を）　3つ　かう　　____
5.  おばあさん　（が）　もも　　（を）　3つ　きる　　____
6.  おじいさん　（が）　くり　　（を）　4つ　きる　　____
7.  おんなのこ　（が）　りんご　（を）　2つ　あげる　____
8.  おとこのこ　（が）　ばなな　（を）　1つ　たべる　____
9.  おんなのこ　（が）　ばなな　（を）　3つ　たべる　____
10. おじいさん　（が）　もも　　（を）　2つ　かう　　____

        /10        /10        /10       /10

〈メモ〉
・話速（ゆっくり・ふつう・はやく）　　小　計　　／40
```

図Ⅱ-4-5　聴能マトリクステスト記録用紙

〈準備〉
　イラストシート（図Ⅱ-4-4）、記録用紙（図Ⅱ-4-5）
〈実施方法〉
①子どもに、選択用紙に描かれたイラスト（語句）の確認を行う。
②記録用紙に沿って口形を隠して肉声で一文を読み上げ、その後に該当する絵をポインティングさせる。応答方法は、ポインティング以外に子どもの実態に応じて、復唱、場合によってはおはじきなどをイラスト上に置くなどの工夫も可とする。その場合、応答方法を記録用紙に記載しておく。
③記録用紙の正答（あるいは誤答）の語をチェックする。誤答の場合、誤った語を空欄に記載しておくと、誤答傾向の把握に有効となる。
④終了後、正答語数を数え、記録する。集計は次の3種類行う。
　ア）1文ごとの正答数（全問正答4点。記録用紙の右端の下線に記入）
　イ）第1語（第2語～第4語）だけの集計（全問正答10点。記録用紙の下部の枠内に記入）
　ウ）10文全体の正答総計（全問正答40点。記録用紙の右下の下線に記入）

〈留意点〉
①実施対象児は、67式20単語了解度検査などの単語了解度検査などがほぼすべて正答となる子どもとする。
②はじめて実施する子どもの場合、必ず事前に語彙が理解されていることを確認する。
③肉声の音圧は子どもがききとりやすい音圧にすることを原則とするが、小さめや大きめなど、その音圧を可変させることも応用的に施行することが可能である（実施条件を記録する）。子どもの状態に応じて、1回の提示では困難な場合は、複数回の提示も可とする。その場合は、提示回数を記録しておくとよい。
④肉声を提示する場合のスピードは子どもがききとりやすい速さを原則とするが、「ゆっくりめ」「はやめ」等も応用的に施行することが可能である（実施条件を記録する）。
⑤正答数を論じるより、ある程度の期間をおいて実施していくことにより、子どもの「伸び」を評価することに用いる。
⑥誤答傾向あるいは検査時の様子を記録していくことにより、その時点での子ども聴能的評価を行い、指導へと結びつけていくことに役立てるようにする。
⑦これらの実施手順は一応の実施要領を示すものであり、子どもの実態に合わせて、様々な改良や工夫を加えて行うこととする。数回にわたる検査記録を積み上げていくことで、子どもの聴取能の変化だけでなく、反応様式の変容を捉え、保護者への解説や子どもへの指導に役立てるものとする。

第4節 ことばのききとり評価（JANT、親族呼称、Matrix）

〈参考文献〉

大沼直紀（1997）教師と親のための補聴器活用ガイド．コレール社．

大沼直紀・岡本途也（1994）簡易語音検査による聴覚障害児の聴能の評価．Audiology Japan 37(1)，64-73．

中瀬浩一・大沼直紀（2013）聴能マトリクステストを用いた聴覚障害児の聴能評価法の有効性の検討．Audiology Japan 56(6)，763-768．

日本聴覚医学会（2003）語音聴覚検査法（2003）の制定について．Audiology Japan 46(6)，621-637．

第5節 聴覚情報処理障害：Auditory Processing Disorder（APD）

1 聴覚情報処理障害とは

聴覚情報処理障害（APD：Auditory Processing Disorder）に関連する報告は、Myklebust（1954）[1]やBoccaら（1954）[2]によるものから始まる。その後、アメリカを中心に研究が進められてきた。APDの定義としてASHA（1996）[3]は、「5つの聴覚情報処理能力のうち一つ以上の聴覚情報処理に困難さを生じた状態である」とした。その他、イギリス、ドイツなどでも定義づけされているが、統一されたものはない。

（1）聴覚情報処理ときこえとの関係

私たちは、日常生活の中で、様々な音（音声や身の回りの音）をきいているが、特に意識することなく、必要な音を選択的にきいている。例えば、騒がしい場所での会話では、静かな場所に比べるときこえにくくはなるものの、相手の顔を見て（口元を見て）、相手の声に意識を集中させ、何とか会話を成立させることができる。また、後から呼びかけられれば、「右かな？　左かな？　後ろかな？」と考えることなく、声のする方向を見ることができる。

カクテルパーティー効果で有名であるが、雑音などの必要のない情報は抑制して、必要な情報をきくしくみをもっているのである。これが、聴覚情報処理能力（機能）である。APDは、聴覚情報処理機能に何らかの問題があるために、きこえにくさ、きこえの困難さを訴えると考えられる。

APDの症状および行動特性は、表Ⅱ-5-1のとおりである。これらの項目の中には、私たちも経験したことがあるものもあるのではないだろうか。ただ、きこえにくさの程度については個人差が大きく、日常生活、言語習得、学習などに影響を及ぼすこともある。

※APDに関する表記としては、国外の文献では、CAPD（Central Auditory Processing Disorder）と表記される場合もある。AAA（American Academy of Audiology）等の最近の文献では、（C）APDと表記されることが多いが、本節では、APDと表記する。

第5節 聴覚情報処理障害：Auditory Processing Disorder（APD）

表Ⅱ-5-1 APDの症状および行動特性

- 大人数での会話や雑音が大きい場所でのききとりが難しい
- 反響が大きい場所では、きき違いが多くなる
- 電話での会話が難しい
- 会話の内容にそぐわない、不適切な応答が多い
- 早口だと会話についていくのが難しい
- もう一回言ってと繰り返し尋ねる
- しばしば「何？」「は？」と言ってきき直す
- 外国語や新しい音声素材を学ぶことが難しい
- 長い会話場面では、音声へ集中することが難しい
- 音声での複雑な指示に従うことが難しい
- 方向感覚が鈍い
- 歌を覚えることが難しい（音楽が苦手）

（ASHA 2005、AAA 2010）

（2）聴覚情報処理能力について

ASHA（2005）[4]によれば、聴覚情報処理能力を①音源定位・頭内定位、②聴覚的識別能、③時間情報処理、④競合音（雑音）下での聴取能、⑤低冗長音下での聴取能の5つの能力と説明している（表Ⅱ-5-2）。

※ASHA：American Speech-Language-Hearing Association

表Ⅱ-5-2 聴覚情報処理能力の概要

①音源定位・頭内定位
どの方向からきこえたかという方向感（音源定位）をいう。頭内定位とは、ヘッドホンなどを使用して音の強さの変化によって方向の変化を認知すること。
②聴覚的識別能
音声（母音・子音）をきき分けたり、音の高低（ピッチ）、長短、リズム（テンポ）の変化などを識別する力。
③時間情報処理能
音の長短、Gap（無音区間）の検出のように、ごく短い時間における音の変化を認識する。子音の弁別などにも必要とされる能力。
④競合音（雑音）下での聴取能
雑音下や左右違う音が聞こえる状況での音声をききとる力。
⑤低冗長音下での聴取能
音が響くような反響の多い場所での会話や早口など、低音質の音や情報が少ない条件下で会話音等をききとる力。

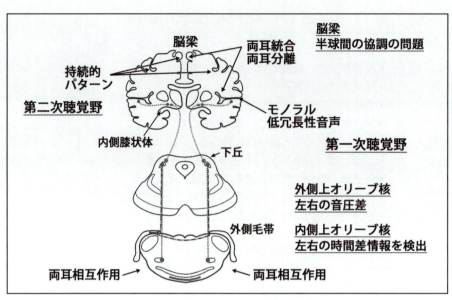

図Ⅱ-5-1　中枢聴覚神経系における聴覚情報処理機能の関連部位

（3）聴覚情報処理機能と中枢聴覚神経系における関連部位

　聴覚情報処理は、中枢聴覚神経系において行われている。聴覚情報処理は、図Ⅱ-5-1の中枢聴覚神経系のそれぞれの関連部位の機能不全に起因する「障害（きこえにくさ）」である。中耳や内耳といった末梢部分には問題がないため、一般的に行われる聴力測定や語音聴力測定では、正常あるいはごく軽い難聴という結果になることが多く、「聴覚には問題はありません」と診断されているケースも散見される。

（4）APDの出現率および類似した症状

　APDの出現率については、英語圏では、Chermack & Musiek（1997）[5]が2～3％、Bamiouら（2001）[6]は7％と報告している。日本では、小川（2007）[7]が0.35％と報告しており、言語圏によって出現率が異なる可能性も示唆されている。

　また、小渕ら（2012）[8]は、APDが疑われる成人32例の診断結果について、APD 6％、ADD 51％、PDD 31％、睡眠障害6％、精神障害3％、LD 4％であったと報告している。発達障害が疑われるケースの中にもAPDに類似した症状を訴えることがある。オーディトリーニューロパシー（ANSD：Auditory Neuropathy Spectrum Disorder）の場合もAPDの症状と類似しているが、他覚的聴覚検査を実施することで、鑑別が可能である。的確な支援を行うためにも、APD症状の原因が何なのか、他の障害と鑑別する必要がある。

第5節　聴覚情報処理障害：Auditory Processing Disorder（APD）

2 評価方法

　APDの評価を行う場合、聴力測定と聴覚以外の言語力、視覚的情報処理能力、知的能力、認知機能など総合的に評価していく。評価の手順としては、スクリーニング（選別検査）を行い、APDが疑われるケースについてはより詳細な鑑別を実施する。アメリカでは、多くの質問紙や聴覚情報処理機能検査（APT：Auditory Processing Test）が開発されている。日本においても、米国での研究を参考に質問紙やAPTの研究開発が進められていることから、本節では日本語版APTを中心に紹介する。

(1) スクリーニング

　スクリーニングでは、質問紙、APTが利用される。

①チェックリスト
- フィッシャー聴覚情報処理チェックリスト（日本語版）
- CHAPPS（チャップス）（日本語版）：Children's Auditory Processing Performance Scale

②スクリーニング用APT
- SCAN-C（日本語版）、SCAN-3（日本語版）など

(2) 聴覚の評価

　聴覚測定として、標準純音聴力測定、語音聴力測定を行う。末梢聴覚神経系の問題ではないことから、基本的に聴力は正常範囲と考えられる。

　APT（表Ⅱ-5-3）は、①両耳聴検査、②低冗長性検査、③時間情報処理検査、④両耳融合聴検査、⑤聴覚識別検査の5つの領域から構成されている。どの領域に処理能力の弱さがあるか知るために、5つの検査領域をすべて行う必要がある（ASHA　2005、AAA　2010）[4), 9)]。

　なお、言語音を使用したAPTの場合、多くのAPTが7歳ないし8歳以上を対象として作成されていることに留意する必要がある。7歳未満であれば、非言語音を使用したAPTが有効であると考えられる。

　他覚的聴覚検査として、ティンパノメトリー検査、OAE（耳音響放射）検査、電気生理学的検査としては、ABR（聴性脳幹反応検査）やMLR（中間潜時反応検査）、P300、画像診断として、fMRI等を行うことが推奨されている。APDの症状論で判断しないためにも必要な手順だとされている。

表Ⅱ-5-3　聴覚情報処理機能検査（APT）に関する聴覚心理学的評価

①**両耳聴検査：Dichotic Tests**
刺激音：数字、単音節（子音、母音）、単語、文章等 　　左右のレシーバから、異なる音声が同時に呈示される。左右耳別々に答える両耳分離聴課題と、一つの音として統合して聞く両耳統合聴課題がある。きこえた音声を復唱させ、評価を行っていく。
②**低冗長性検査（単耳聴）：Monaural Low Redundancy Speech Tests**
刺激音：単音節、単語 　　高音域（主に子音部分）の周波数成分にフィルタをかけた語音、呈示時間を圧縮した語音、騒音下でのききとりなど、手がかりを少なくした条件下での検査。ききとりについては、左右耳それぞれ片耳ずつ検査を行う。
③**時間情報処理検査：Temporal Processing Tests**
刺激音：非言語音　純音、ノイズ、クリック音 　　周波数（ピッチ）の変化や時間の長短の時間的変化などをききとる検査である。非言語音を使用することで、各国の言語の違いによる検査結果への影響が少なく、言語音を使用した検査と比べて、低年齢児への適応が可能である。
④**両耳融合聴検査：Binaural Interaction Tests**
刺激音：単語、文章 　　両耳分離聴検査は、左右で異なる音をきかせたが、両耳融合聴検査では、同じ単語にハイパスフィルタ（HP）、反対側にローパスフィルタ（LP）をかけた音声をきかせ、一つの音にしてききとる検査。両耳交互聴検査では、一文を一定時間ごとに切り取り、左右交互に配置した音声を、一文としてききとらせる検査。
⑤**聴覚識別検査：Auditory Discrimination Tests**
音声を使用した検査では、単語の子音部分の周波数特性の違い（例：/コップ/vs/モップ/）を識別できるかどうかを検査する。強さ（アクセント）の違いを識別したり、時間的違い（清音か促音か）を識別したりさせる。非言語音を使用したものも利用される。

(3) 日本語版 APT

①**中枢聴覚機能検査**　（小渕・原島，2003）[10]

　検査項目：①単耳聴・両耳分離聴検査、②圧縮語音聴取検査、③騒音下の語音聴取検査、④両耳交互聴検査、⑤ギャップ検出閾値検査

②**日本語版 SCAN-C テスト**（八田・太田，2006）[11]

　低冗長性検査、雑音下語音聴取、両耳分離聴（単音・文章）の以下の4つの下位検査から構成される。① Filtered Words Subtest（FW）、② Auditory Figure-Ground Subtest（AFG）、③ Competing Words Subtest（CW）、④ Competing Sentences Subtest（CS）

③**適応型 Gap Detection Test**　（八田・太田・原島・小渕，2012）[12]

　ギャップ検出閾値検査であるが、被験者本人が PC を操作しながら行い、ギャップ検出閾値及び施行回数が自動計算される。

④日本語版 SCAN 3　立入（2011）[13]
Gap Detection、AFG、CW 課題で構成される。

（4）聴覚以外の評価

　APD とは、聴覚的な情報処理機能に起因する障害であると考えられるが、より上位レベルの言語面や認知面などにも影響することがある。そのため聴覚以外の評価として、プロフィール分析（発達歴）や知的発達、言語発達、視覚的な情報処理能力、注意、記憶といった認知面について総合的に評価していく必要がある。

3　APD への支援の在り方

　APD への支援としては、基本的には軽中等度難聴児への支援と共通する部分が多い。支援内容としては、環境調整、聴覚トレーニング、代替機能の適応である。

　きこえの困難さの程度の個人差があることから、困難さの程度に応じて支援していく必要がある。また、APD と類似した症状を呈していたとしても、主障害が ASD や ADHD といった場合は、聴覚のみへの対応ではなく、主障害への支援を中心に行っていく必要がある。

（1）環境調整

　音環境については、物的、人的双方に対する調整が必要である。物的環境としては、教室内の座席の位置や騒音、反響を減らすことが挙げられる。文部科学省（2009）[14]によれば、「窓を閉じた状態：LAeq 50dB 以下、窓を開けた状態：LAeq 55dB 以下」と教室環境について提言されている。しかし、ANSI S12.60-2002 では、騒音だけでなく、残響時間や教師声の大きさまで提言されるなど、より音環境に配慮した内容であることから、わが国においても詳細な配慮を検討していく必要がある。

　FM・デジタルワイヤレス、赤外線を利用した個人用補聴援助システム、音場増幅システムなどの補聴援助システムによる SN 比の改善が有効である。

　人的な音環境の改善方法としては、「ゆっくりと明瞭に話す」「内容を確認しながら区切って話す」というように、物理的な改善だけでなく、教師の話し方を工夫することによって効果が上がるといえる。

（2）聴覚トレーニング

　聴覚情報処理能力を改善していく訓練的なアプローチの仕方も考案されている。トレーニングでは、APT の結果に基づき、聴覚情報処理の困難な課題に対して行われる。

APTで使用される検査音を加工し、音の強さ、高さの弁別・同定、ノイズ下での語音の聴取、両耳聴などを使用する。訓練方法としては、PCやタブレット端末などのデバイスを用いて行われるものも多く開発されている。

(3) 代替機能の適応

　APDの場合、視覚情報処理には問題がないと考えられることから、聴覚情報だけでなく、視覚情報や言語（文字情報）を利用することで補うことが有効である。また、メタ認知によって、トップダウン方式で自分のきこえや学習、思考などをモニターすることで、聴覚的な苦手さに対処していくことも有効である。

　日本では、APD研究は始まったばかりであるが、今後もAPT、支援方法等に関する研究開発が進められることが期待される。

〈引用文献〉

1）Myklebust, H.R.（1954）Auditory disorders in children: A manual for differential diagnosis. New York, NY: Grune & Stratton.
2）Bocca, E., Calearo, C., & Cassinari, V.（1954）A new method for testing hearing in temporal lobe tumors: Preliminary report. Acta Otolaryngology, 44(3), 219-221.
3）American Speech-Language Hearing Association. Task Force on Central Auditory Processing Consensus Development（1996）Central auditory processing: current status of research and implications for clinical practice. American Journal of Audiology, 5(2), 41-54.
4）American Speech-Language-Hearing Association（2005b）(Central) auditory processing disorders [Technical Report]. Retrieved from www.asha.org/policy/TR2005-00043/.
5）Chermak, G.D. & Musiek, F.E.（1997）Central auditory processing disorders: New perspectives. Singular Publishing Group, San Diego, California, 1-22.
6）D-E Bamiou et al.（2001）Aetiology and clinical presentations of auditory processing disorders — a review Archives of Disease in Childhood; 85: 361-365.
7）小川征利・加藤登美子・小渕千絵・原島恒夫・堅田明義（2007）聴覚処理障害（Auditory Processing Disorders：APD）の実態に関する調査．日本特殊教育学会第45回発表論文集，794.
8）小渕千絵・原島恒夫・八田徳高・虞田栄子（2012）聴覚情報処理障害（APD）の症状を抱える小児例における聴覚情報処理特性と活動・参加における問題点．コミュニケーション障害学，29，122-129.
9）小渕千絵・原島恒夫（2003）学習障害児に対する適応型評価・訓練プログラムの適用．平成11年度～平成14年度科学研究費補助金（基盤研究B報告書）学習障害児の適応型聴覚学習プログラムの開発（代表 吉野公喜）．23・34.
10）American Academy of Audiology（2010）Diagnosis, treatment and management of children and adults with central auditory processing disorder [Clinical Practice Guidelines]. Retrieved from www.audiology.org/publications-resources/document-library/central-auditory-processing-disorder.
11）八田徳高・太田富雄（2006）APD（聴覚情報処理障害）への教育オーディオロジーからのアプローチ．聴覚障害．61，29-35.
12）八田徳高・太田富雄・原島恒夫・小渕千絵（2012）適応型Gap Detection Testの作成と臨床応用について．教育オーディオロジー研究，5，34-42.

第5節　聴覚情報処理障害：Auditory Processing Disorder（APD）

13) 立入哉（2011）ギャップ検出を用いた聴覚情報処理障害の判別診断法の開発．平成23年度〜平成25年度科学研究費助成事業研究成果報告書 https://kaken.nii.ac.jp/pdf/2013/seika/CFZ19_9/16301/23531298seika.pdf.
14) 文部科学省告示（2009）学校環境衛生基準
　　http://www.mext.go.jp/component/b_menu/other/_icsFiles/afieldfile/2009/04/01/1236264_9.pdf.

第Ⅲ章
指導・支援

第1節　早期発見・早期教育

1　徳島県立徳島聴覚支援学校の早期教育のシステム化

　1977年、徳島県立徳島聴覚支援学校（以下、本校）の安川宏は「聴覚障害の子どもたちが言語を獲得し、情緒的に豊かに社会適応できるよう育っていくためには、早期教育のシステム化、すなわち、早期発見と早期教育の条件設備が必要である」[1]とし、そのために必要な事項を次のように記している。①0歳からの早期発見を地域社会に働きかける機関としての性格を持つ。②発見された乳幼児の教育ができるように組織と体制を整え、責任を持って早期教育ができるようにする。③幼児の主体的な活動の場で、両親に対し適切な援助ができるように、施設・設備を整え、また、担当教師を配置する。

　本校は、この実践目標を念頭に置き、時勢に合わせ、医療機関や保健福祉機関等と連携を取りながら、早期発見と早期教育を行ってきた。

　この節では、聴覚障害児の早期発見活動として本校が30年近く実施している1歳半健診時の聴力スクリーニング（以下、1.6スクリーニング）を紹介するとともに、徳島県の聴覚障害児の早期発見の状況と課題を述べる。

2　1歳6か月児健康診査時の聴力スクリーニング

（1）実施に至る経緯

　1985年、徳島県障害児教育指導員であった竹内菊世は、啓発活動の一つとして市町村の保健師に早期発見・早期教育の重要性を説く巡回を行った。市町村の健康診査の見学を通し、聴覚障害児の早期発見ができるはずだと考え、「きこえに関する問診」を作成し、

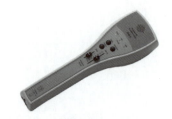

図Ⅲ-1-1　新生児用オージオメータの例
PA5（インターアコースティクス社）

1歳6か月児健康診査時に保護者に記入してもらうよう全市町村保健師に依頼した。そして、この問診結果より聴覚障害リスク児をピックアップし、10市町村で新生児用オージオメータを用いた聴力チェックを行った。しかし、親に頼っている問診は信頼性も低く、万全の策であるとは言いがたい。そこで、リスク児のみならず健診受診児全員に聴力スクリーニングを実施しようと、保健師より実施承諾の得られた市町村で新生児用オージオメータ（図Ⅲ-1-1）を使用した聴力スクリーニングを開始した[2]。

（2）実施方法

現在、1.6スクリーニングは①健診時に各家庭で記入した問診や自己検査の結果から選び出されたリスク児及び希望児を対象とする場合と、②1歳6か月児健康診査受診児全員を対象とする場合の2つの方法で実施されている。

1.6スクリーニングには、音を出す検査者と子どもの聴性反応を見る観察者の2人一組であたる。比較的静かな部屋に親子一組を呼び、子どもを親の膝に抱かせ、観察者に対面するように座らせる。観察者は絵本を見せながら、子どもが絵本を注視するようなことばをかける。検査者は一側耳の後方より音を出し、観察者が反応を見る。スクリーニング音種は1kHzと4kHzのウォーブルトーン（検査環境により25／30dBを選択）、

表Ⅲ-1-1　1.6スクリーニング時の子どもの反応と対応

反応／発語ともあり（問診結果確認済み） 反応はあるが発語がない場合は、保健師の経過観察	➡	終了
発語ありだが、反応曖昧（泣いている・機嫌が悪い等）	➡	次回／当日内再検査
発語あり・反応曖昧（風邪／中耳炎既往あり等）	➡	耳鼻科受診後再検査
反応なし、音圧を上げると驚いたような反応がある等	➡	精査機関紹介（受診）

指こすり、囁き声での呼名の4種を使用し、それぞれの音に対する一側耳ごとの聴性反応を観察する。この反応には再現性があり、音種を変えても同一の反応が繰り返し現れることが多い。これらの音への反応が見られにくい子どもには、あらかじめ音響分析をしたセロファンや玩具（距離と周波数・音圧を記載）などを用い、音がきこえにくいのか、音に対する興味が無いのかを確認する。反応の様態から結果を親に伝え、精査機関を受診するよう勧める。精査機関で聴覚障害であると診断された場合、本校での教育が開始される。

(3) 実施状況と成果

1.6スクリーニングへの参画は本校耳鼻科校医の診療所にも広がり、2015年現在は、県下24市町村のうち、13市町村で実施されている。『聴覚障害発見の最後の砦に』を合い言葉に始まった1.6スクリーニングでは、実施より29年間で20名の聴覚障害児が発見され、うち19名が本校での教育開始に至っている。

1.6スクリーニングを実施する市町村の保健師との連携は密なものとなってきており、聴覚障害児の早期発見・早期教育の研修や実習はもちろん、健診時の問診票作成に関するアドバイスなども行っている。電話相談や1.6スクリーニングの機会を利用してのきこえの相談や聴力測定も要請に応じ実施しており、保健師からの相談をきっかけに聴覚障害の発見につながることも時折ある。

1.6スクリーニングについて本県の大学病院小児難聴外来担当医師（本校校医）の宇高二良は「徳島県では日本耳鼻咽喉科学会の『難聴を見逃さないために』に基づき、保護者に聴こえの自己検査の用紙を配布し、ささやき声によるチェックを勧めている。しかし、我々の研究で、1.6健診時の自己検査は保護者が実施するため、正しく実施できている保護者は約2割にすぎず、偽陰性が多いことが明らかになった。スクリーニングは制度化されていないが、新スク未受診児では、スクリーニングが非常に重要である」[3]と述べている。

3 新生児聴覚スクリーニング

(1) 1-3-6ルール

米国のJoint Committee on Infant Hearingは聴覚障害児の早期発見・早期教育のガイドラインとして、生後1か月までにはスクリーニングの過程を終え、生後3か月までに精密診断を実施し、生後6か月までに支援を開始する「1-3-6ルール」を出した[4]。新生児聴覚スクリーニング（以下、新スク）の普及により、この1-3-6ルールはほぼ現実的なものとなってきている。

（2）徳島県の現状

　本県の年間出生数はここ数年6,000人を切っており、分娩取扱機関医療施設（以下、分娩施設）は減少し、分娩施設がない市町村も複数ある。2015年は分娩施設18施設のうち17施設（出生数やハイリスク分娩の多い分娩施設はすべて）で新スクが実施されている。

　徳島県内には新スクの精査機関が4施設あり、精査の結果で聴覚障害が疑われる場合には精査機関の一つである大学病院に集約される。新スクで聴覚障害が発見され、本校での教育に結びついた子どもは32名（2015年12月時点）おり、聴覚障害の診断を受けた児は、医療が優先される等の特別なケースを除き、聴力の程度にかかわらず、ほぼ全員が生後6か月以内に本校に紹介されるシステムとなっている。図Ⅲ－1－2のうち、来校年齢が生後7か月以降となった理由を表Ⅲ－1－2に挙げる。

　なお、この本校への紹介の時期は、確定診断を行う医師が、養育者の様子を見計らって勧めているが、養育者の不安が非常に大きく、より早い時期の本校紹介が必要であると考えた場合、相談の目的で生後6か月の聴覚障害の確定前に本校の乳幼児教育相談の来校を勧めることもある。確定前の不安な心を支えてくれる場所がある、複雑な心情を吐露できる場がある、もし聴覚障害であると確定されてもここに来れば一人ではないと、気持ちが揺れ動く養育者を支える場としても本校の乳幼児教育相談は機能している。

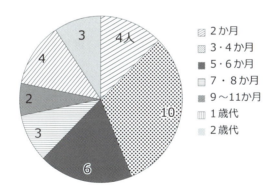

図Ⅲ－1－2　新スクにより聴覚障害が診断された児の来校年齢

表Ⅲ－1－2　来校年齢が7か月以降となった理由

7か月～1歳	一次精査で時間を要した。複数の科での検査や治療に時間を要した
1歳代	重篤な中耳炎治療に時間を要した。他科での医療を優先した
2歳代	早産による低体重で発育を待っていた。他科での医療的ケアが優先した聴覚障害診断直後に本県に転入したため、どうすればよいかわからなかった

4 教育開始年齢と聴覚障害発見の契機の推移

　図Ⅲ-1-3は、本校で幼稚部に5歳児学級が開設された1963年度から2014年度までの、本校で補聴器装用を開始し、在籍または乳幼児教育相談で定期的に指導を行った児の教育開始年齢を表したものである。聴覚障害診断時に幼稚園や小学校に在籍しており、本校で補聴器の装用指導や教育支援のみを受けた軽中度難聴児は除いている。

　この50年間の動向より、教育開始は1960年代の5歳以降から、2010年代には0歳代に近い年齢へと進んできたことがわかる。特に1987年の1.6スクリーニング実施以降は、70dB以上のほとんどの聴覚障害児の教育開始が2歳までに行われるようになっている。そして、産科での新スク実施が2000年より始まると、70dB未満児も0歳代に本校での教育が開始されている。

　1999～2000年度に0歳代の子どもが多く見受けられるが、この中の複数名は、1999年8月下旬に全国紙一面を飾った「新生児に聴覚検査」の新スクを紹介する記事を読んだことが、児を連れ耳鼻科に足を運んだきっかけとなっている。

　一方、1.6スクリーニングを実施していない市町村（他県も含む）の1歳6か月児健康診査の聴覚／言語項目の問診やきこえの自己検査でひっかかったが、他障害を疑われ耳鼻科受診が遅れたり、経過観察中に本県へ転入してきた児（図Ⅲ-1-3の*）や、新スクでpassと判定であったが、その後に聴力低下を起こし、本校での教育に至った児（図Ⅲ-1-3の**）もいる。また、新生児聴覚スクリーニングマニュアルに挙げられている「pass例への対応」にもあるように、遅発性難聴等の新スクでは発見できない聴覚障害もあることを考えると、1.6スクリーニングの実施や保健師への聴覚障害児の早期発見の啓発は必至である。

5 医療機関による先天性難聴の遺伝子診断

　重度の聴覚障害児は、出生1,000人に1人の割合で生まれてくるとされており、その重度の聴覚障害児の少なくとも50％は遺伝子が関与し、さらにそのうちの70％は聴覚障害のみが症候する非症候群性の聴覚障害である。少子化により聴覚障害の孤発例も多く、遺伝学的検査なしでは遺伝性かどうかの診断が困難な場合が多い。

　2009年に厚生労働省より「難聴遺伝子検査」が先進医療として認可され、2012年に「先天性難聴の遺伝子診断」が保険診療として収載された。この難聴の遺伝子診断により、聴覚障害の正確な診断、適切な治療法の選択、聴覚障害の進行や変動等の予測や再発率の推測、甲状腺腫、めまい等の随伴症状の予測が可能となるといわれている[5]。今後、難聴の遺伝子診断がさらに進み、聴覚障害の説明時に遺伝カウンセリングも行われるよ

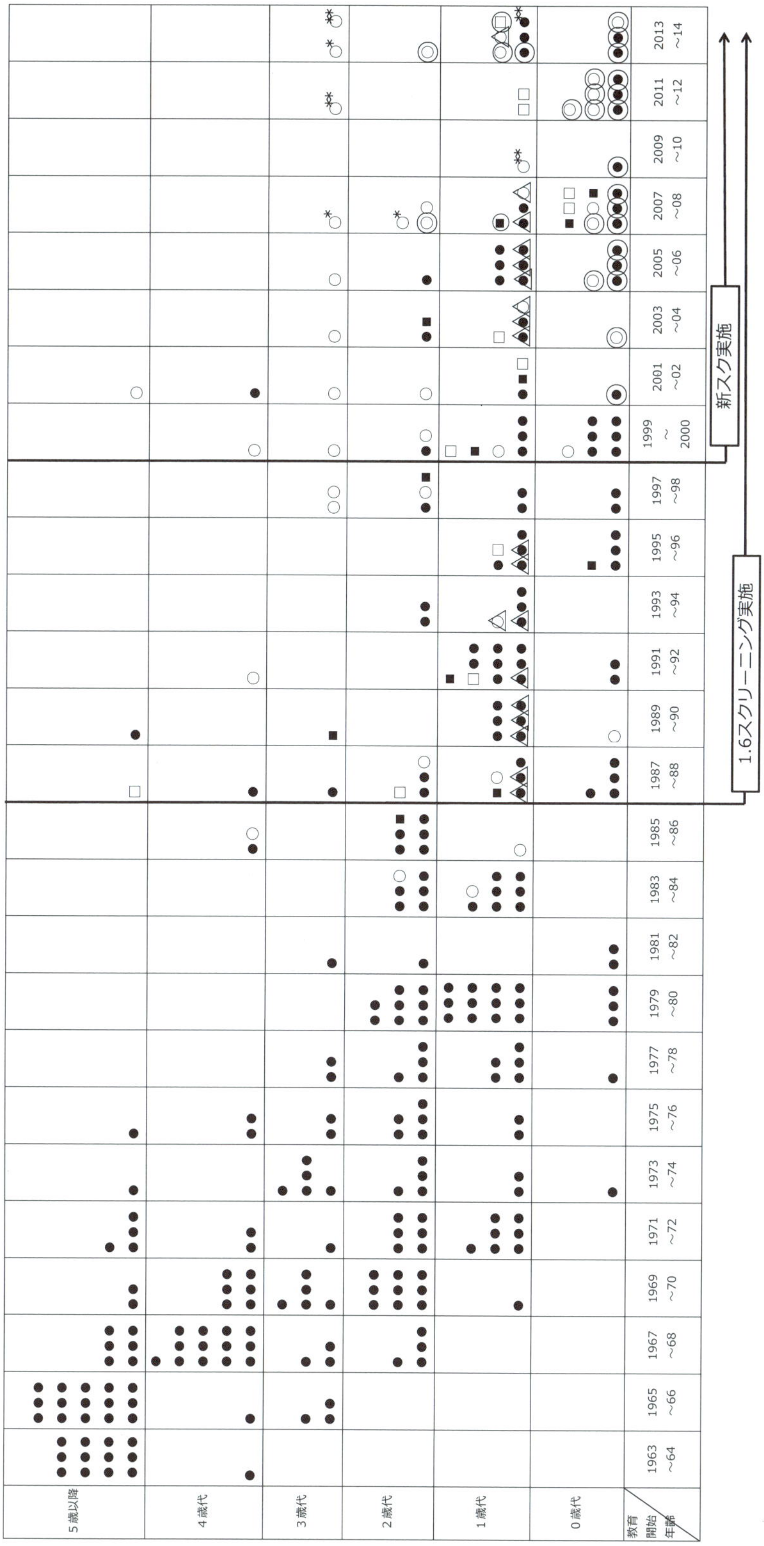

第1節　早期発見・早期教育

図Ⅲ-1-3　教育開始年齢の推移

● 良聴耳が70dB以上の聴覚障害児　　○ 良聴耳が70dB未満の聴覚障害児
■ 良聴耳が70dB以上の重複障害のある聴覚障害児　　□ 良聴耳が70dB未満の重複障害のある聴覚障害児
上記を△囲みは1.6スクリーニングで発見した児　　上記を◯囲みは新スクで発見した児
＊ 1.6スクリーニング未実施の市町村の1歳半健診で経過観察等になっていた児
＊＊ 新スク pass 後に聴力低下を起こしたと思われる児

第Ⅲ章　指導・支援

◆ 新スクreferで聴覚障害が発見された児の保護者の手記 ◆

「再検査になっても、みんな正常と診断されるんですよ。だから、あまり心配せずに行ってください」。新生児スクリーニングを産院で受けたあと、耳鼻科での精密検査を勧められました。

『きっと大丈夫だろうけど、早めに行っておこう』。そんな軽い気持ちで病院に向かったのです。やっとの思いで寝かしつけ、検査を見守っていると、検査担当者の険しい表情や、何度も繰り返される検査に、次第に不安が大きくなっていきました。診察室に呼ばれたとき、嫌な予感が当たることを確信し、いたたまれなくなりました。「先天性高度難聴です」。医師の言葉に呆然となりました。「治らないんですか？」との問いに「今の医学では、治療の方法がありません」という返答。もう絶望するしかありませんでした。ただ「親として私がしっかりしなければ…」、その思いだけが私を支えていました。出張から帰った夫に事実を告げたとき「いけるよ。こんなに元気なんだから、何とかなる」、その言葉に、初めて思いっきり泣くことができました。

前向きにいこう。いくら吹っ切ったつもりでも、授乳のときに、「お腹すいたねぇ」と、つい声をかけては『聞こえていないのに、私一人で何を言ってるのだろう……』と、涙が溢れる。スーパーで、「ママ」と呼ぶ男の子を見ては『この子が、ママと呼んでくれる日は来ないんだ』と考えては辛くなる。自分の耳をふさいでは「この子の世界はどんなだろう」と、理解できない自分がもどかしくてしかたありませんでした。今考えると、何の知識も情報もなく、ただ不安で、一番辛い時期でした。

その後、聾学校の先生に会えることになり、藁にもすがる想いで門をくぐりました。「笑顔がいいなぁ。食欲旺盛やなぁ」、赤ちゃんへのよくあるほめ言葉なのに、耳が聞こえないだけがこの子のすべてではないのだと、嬉しかったのを覚えています。聞こえにくいからこそ顔を見せながら、しっかり話しかける必要があること等、今何をすればよいのかを教えていただき、実践することで、今はこれでいいのだと、本当に安心することができました。また、人工内耳があることも知り、輝いて生きる聾の先輩にも会わせていただき、将来への希望がもてるようになりました。聾学校に行くたびに心が軽くなり、相談日が待ち遠しくてしかたありませんでした。生後3か月で初めて補聴器をつけたとき、音に反応する我が子を見て、これで私の声も届くのだと、本当に嬉しかったことを、昨日のことのように思い出します。

あれから早8年。言語獲得のためにいろいろな体験を積ませること、毎日の日記を欠かさないこと、生活の中でも新しい言葉を意識して使い文字で見せること等々。人から見ると大変だと思われるかもしれないけれど、強がりでもなんでもなく、本当にそう思わないから不思議です。むしろ「様々な体験や会話を通して、子どものたくさんの笑顔を見ることができる」「成長を感じられる」「ちょっと私がんばってるな、と自己満足もできる」、そんな楽しい子育て真っ最中というのが実感です。

息子の存在が、私の世界を広げてくれ、家族の絆を深めてくれました。多くの人に出逢い、支えられて今の私達があります。「これからも、いろいろな試練や壁があるだろうけど、大丈夫！」そう思える強さと愛情をたくさんくれたすべての人に、心から感謝したいと思います。表情豊かに、それは楽しそうに話す息子を見ていると、うちひしがれていたあの日のことを思い出すときがあります。そんなとき、かつての自分にこう声をかけます。「大丈夫だよ」。

（徳島市在住　保護者）

うになれば、子どもの日常生活への配慮も含めた聴力の継続的評価や聴力変動の予後を見据えた補聴器選択、コミュニケーションモードの選択などを教育オーディオロジーの立場から考えることが不可欠になるだろう。そして、これは、従来から経験的に感じていた子どもの聴力型や聴力変動の様態などの裏付けとなるかもしれない。

　聴覚障害の原因に基づく治療及び教育という新しい流れの中で、さらにいっそう医療機関との連携が必要となってくると考えられる。

〈引用文献〉
1）安川宏ら（1977）幼児が好ましく育つ聾学校幼稚部の教育．徳島県立聾学校．
2）徳島県立聾学校編（1992）音遊びの聴覚学習．学苑社．
3）宇高二良ら（2009）1歳6か月児および3歳児健康診査における聴覚スクリーニングの現状と問題点の検討．Audiology Japan, 52, 188-194.
4）三科潤ら（2007）新生児聴覚スクリーニングマニュアル．日本産婦人科医会．
5）宇佐美真一編（2015）改訂第2版　きこえと遺伝子　難聴の遺伝子診断とその社会的貢献．金原出版．
6）朝日新聞（1999）新生児に聴覚検査．朝日新聞1999年8月28日．

第2節　幼児期の聴覚学習

1　聴覚活用の基盤づくりとかかわり

　幼児期は、乳児期からの「聴力把握」「補聴器・人工内耳の適合や評価」「装用習慣の確立」といった聴覚活用の基盤づくりを継続しながら、きこえとことばを育てるかかわりをさらに深めていく時期である。

　聴覚学習は、生活の中で音とのかかわりを楽しみ、傾聴の態度を育てることから始まる。子どもは音に気づき、耳を傾ける。興味・関心が高まり、集中して繰り返しきくことで音のイメージが形成されていく。その際、一緒に耳を傾け、音のイメージを共有・共感してくれる養育者や支援者の存在がとても重要となる。養育者や支援者は、共感と楽しいやりとりによって音と子どもをつなぎ、子どものきこえは、人とのかかわりを通して育っていく。

2　聴覚学習の取組

　聴覚障害乳幼児の聴覚学習は、日々の生活経験をもとに、コミュニケーションの力を育てながら聴覚活用の力を高めていく「言語ベースのアプローチ」が基本である。このことは家庭でも学校（療育機関）でもかわらない。

　しかし、子どもの言語力や聴覚活用の状態を評価し、個々の実態に即して言語や聴覚活用を高めるための取り立てた指導・支援も重要である。聴覚障害乳幼児が通う多くの聴覚特別支援学校では、こうした指導・支援を行うために、グループ活動や個別指導の場を設けて聴覚学習に取り組んでいる。

3　聴能評価と聴覚学習の関係

　聴覚学習を行う指導者は、まず対象となる子どもの聴覚活用の状況を把握し、適切なねらいを設定し、それを達成するための支援プログラムを作成する。幼児の聴能評価については、第Ⅱ章第4節の「ことばのききとり評価」を参照いただきたい。

　聴覚学習のプログラムの作成においては、図Ⅲ-2-1の「聴能評価と聴覚学習との関係」[1]で示すように、「音声の強弱や長短情報などの韻律情報の受容を中心とした大まかなききとり」と、「音節などの音韻情報の受容を中心とした細かなききわけ」に大別し、そ

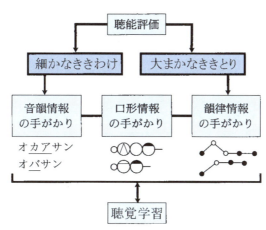

図Ⅲ-2-1　聴能評価と聴覚学習との関係

れぞれごとに、易しいものから難しいものへと聴能課題を配列しプログラムを構成していく。

　子どもの聴能評価が得られたら、「大まかなききとり」か「細かなききわけ」か、さらにはプログラムのどの段階からの指導が適切か、視覚的手がかりの必要性なども考慮して聴覚学習をすすめていく。

　ここでは、言語音を中心に述べているが、聴覚学習の音素材としては、楽器音や生活環境音、音楽などもある。子どもの興味や関心、聴能課題に合わせて個別指導の際に、また音遊びや保育場面で取り上げ、バランスのとれた体験や学習となるように聴覚学習をすすめていく。

4 主体的で楽しい聴覚学習

　聴能教育は、要素的・系統的に指導を行う「聴能訓練」から、子どもの生活経験と主体性を大切にする「聴覚学習」へと考え方が変わってきた。このことは非常に重要である。しかし、取り立てた指導・支援としての「聴覚学習」では、指導者の要素的・系統的な視点も重要である。大切なことは、同じねらいであっても活動の組み方で、「聴能訓練」となったり「聴覚学習」にもなるということである。

　聴覚学習は、子どもの「ききたい」「わかりたい」という意欲を育て、傾聴の態度を育成することにある。傾聴態度は人から強要されてできるものではない。能動的・主体的なものである。そのためには楽しい活動が必要で、活動を楽しむために「聴く」という設定が大切だ。聴覚学習のねらいは、子どもと指導者との共感関係を軸に、遊びやコミュニケーションを楽しみ、競ったり考えたりする主体的で楽しい活動を通して達成される。

5 きこえない立場を尊重した聴覚学習

　聴覚学習をすすめる上で大事にしたいことがある。それは、「きこえない立場を尊重する」という視点である。自分では合っているのか間違っているのかよくわからないのに試される経験はつらいものである。その上、間違ったときに、「ちがう、もう一回」と言われたら楽しいはずがない。子どもが嫌がる原因は、「自分ではよくわからないことを試され、『ちがう』と言われること」なのだという認識を持ちたい。
　「ちがう」と言わないで指導するための工夫として、例えばカード取りの場合、読み札と取り札のカードを2組用意する。子どもが選んだ取り札のカードと読み札のカードとを照合すれば、子ども自身で確認できるので、指導者は「ちがう」と言わなくてすむ。このように、子どもが自己確認できる工夫をすることで「ちがう」という回数を減らすことができる。そして、「ちがう」と言わないための工夫や配慮によって指導者のスキルは高まり活動が楽しくなる。

6 聴覚学習（個別）の配慮とポイント

　聴覚学習における配慮と指導のポイントをまとめると次のようになる。

> ①子どもの興味や関心のあることを題材とし、楽しみながら展開できる工夫をする。
> ②訓練してできるようにするのではなく、生活経験の中で培ってきたものを整理し強化する活動として行う。
> ③自己確認できるような教材を準備し、できるだけ「ちがう」と言わずに指導できる工夫をする。
> ④いつも受け身とならないように、役割交替をうまく取り入れていく。
> ⑤スモールステップの課題を準備する。
> ⑥できることを繰り返しながら、次のステップの芽生えを待つ。芽生えをとらえて次のステップに移る。

7 聴覚学習（個別）のすすめ方と実践例

（1）「大まかなききとり」の指導

　「大まかなききとり」の場合、まずは声の検出や長短の違い、いくつきこえたか、「アッ、アーーー、アッ、アッ」などのパターン情報を手がかりとした遊びや課題から始める。
　次に単語のきき分け課題に入るのだが、まずは「メ、ママ、バナナ」のように音節数

の異なる単語の組み合わせから始める。徐々に選択肢を増やすことで同音節数の単語も含まれるようになり、韻律情報だけではなく母音の違いなども手がかりにできる力を育てていく。そして、動物、食べ物、色、乗り物、友だちの名前などのように、グループごとにカードを増やし、楽しくできるような工夫をしながら、単語のきき分け課題をすすめていく。

こうした活動で、動物のカード10枚でもきき分けられる、色のカード10枚でもきき分けられる、食べ物のカードでも、乗り物のカードでも、というようになってきた段階で、できるようになったカードとカードとを組み合わせて2語文のきき分け課題にすすめていく。

(2) 実践例（さいころゲーム）

単語を組み合わせて、2つの要素を聴取したり伝えたりする活動と、衝立越しのやりとりのために、場の状況を手がかりに、相手の反応や返事の内容を理解し、音声のみでの双方向のやりとりをねらいとした実践例（**図Ⅲ-2-2**）である。

準備物：さいころ（あか、きいろ、みどりの3色）、衝立、紙と鉛筆

課題：色（あか、きいろ、みどり）＋数字（1～6）の2語文の聴取課題
　　　開始や確認、質問、完成などの内容を聴取したり伝える。

活動：①指導者と子どもが向かい合ってすわる。間に衝立を置き相手の様子が見えないようにする。指導者がさいころを振って伝える役をする。

　　　②指導者が開始の合図を衝立越しに子どもに伝え、子どもが返事をする。
　　　　　Ｔ：もういいかい？　Ｃ：もういいよ
　　　③指導者がさいころを振り、さいころの色と出た目を「あかは3」「きいろは6」「みどりは1」と衝立越しに伝える。子どもは伝えられた内容を紙に書く（紙には、赤、

図Ⅲ-2-2　さいころゲーム

黄色、緑の色が塗ってあり、その下に数字を書き込む)。伝えられた内容がわからなかった場合、子どもは、「もういっかい いって」「あかはなに？」と要請や質問をする。指導者が要請や質問に答える。例えば「あかは3」ともう一度言う。
④指導者ができたかどうか確認する。
　　T：できた？　あけてもいいかな？　C：かいたよ。あけてもいいよ。
⑤衝立をあけて、子どもの答えが合っているかどうか確認し丸をつける。
⑥役割交代し、子どもがさいころを振る役、指導者がきき役になる。

　この遊びは、さいころの色と出た目を相手に伝える遊びだが、それを成立させるためには、相手の様子をうかがい、相手の反応や返事の内容を理解し、必要に応じて質問したり要請したりする必要が生じるため、トップダウンの聴覚活用が必要となる遊びである。衝立越し・音声のみでのやりとりとなり難しさもあるが、この遊びは隠すから面白いのである。
　図Ⅲ-2-3 は、上記のさいころゲームと同様に、衝立越しに色と動物という2つの要素を相手に伝える遊びである。指示する内容以外に、確認や質問をして衝立越しのやりとりを行う。指導者側、子ども側にも同じ教材を2組用意し、衝立をあけたら合っているかどうかが確認できる。

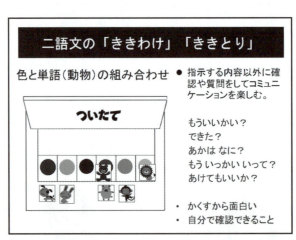

図Ⅲ-2-3　色と単語の組み合わせ

(3)「細かなききわけ」の指導

　「細かなききわけ」の場合は、音韻情報を手がかりとした活動ではあるが、語音の受聴明瞭度を高めることをねらいとした聴覚学習と、歪んだり欠落した情報を言語力や推測力によって補い聴くトップダウンの聴覚学習との2方向のアプローチが必要である。

（4）実践例（母音部が同じで子音部が異なる単語のきき分け課題）

　単音節の聴取課題は、子どもにとって難しい課題である。そのため、**図Ⅲ-2-4**のような母音部が同じで子音部の異なる2音節の単語を使用し、衝立越しに色と単語を組み合わせて文として伝え、音韻の細かなちがいをきき分けることをねらいとした実践例（**図Ⅲ-2-5**）である。

準備物：**図Ⅲ-2-3**の色台紙、単語カード、衝立

課題：色＋単語（母音部が同じで子音部が異なる2音節単語）を組み合わせた二語文の聴取課題

　　　開始や確認、質問、完成などの内容を聴取したり伝える

活動：※衝立越しのやりとりは「さいころゲーム」と同じ要領。

　①図Ⅲ-2-5のように、指導者が衝立越しに、「あかは　かば」「きいろは　かさ」「みどりは　はな」などの内容を伝える。

　②子どもは指示されたとおりに色台紙の上にカードを並べる。

　③できたら衝立をあけて合っているか確認する。

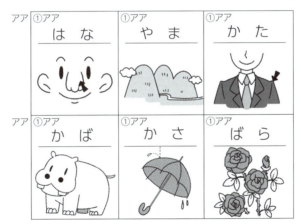

図Ⅲ-2-4　同母音で子音部が異なる単語

図Ⅲ-2-5　子音部の聴取課題

8 まとめ

　「聴く」ための活動を考えるのは指導者である。活動するために「聴く」のは子どもである。子どもの活動の基本は「遊び」である。聴覚学習の時間を終えて子どもは達成感を感じ、「ああ、楽しかった。また遊ぼうね」と帰って行き、指導者は「しめしめ、ねらいが達成された」と思うのがよい聴覚学習である。指導者のねらいをむき出しにした活動（例えばカード取り）は、子どもにとっては意味のない場合もある。ねらいは同じきき分け課題ではあるが、どのような遊びに組み込むのか、子どもが「聴く」ことによって達成感を感じ、人との関わりやコミュニケーションを楽しむことが大切なのである。

　集団での音遊びについては触れることができなかったが、『音遊びの聴覚学習』（徳島県立聾学校編）としてまとまっている。この考え方や実践をモデルに、自分の学校の生活や子どもの実態に合った「音遊び」を考えてほしい。

〈参考文献〉
1）大沼直紀（1997）教師と親のための補聴器活用ガイド．コレール社．
2）中井弘征（2005）幼稚部における聴覚学習，聴覚障害，60(3)，12-19．
3）中村公枝・城間将江・鈴木恵子編（2015）標準言語聴覚障害学　聴覚障害学．医学書院．
4）徳島県立聾学校編（1998）音遊びの聴覚学習，学苑社．

第3節 聴覚障害幼児の発達と指導

1 はじめに ―幼児期とはどんな時期か―

　発達心理学では、幼児期を歩行が自由になった時期から就学前までとする（岡本,2005)[1] というのが一般的であるが、ここでは、学年歴で考え、幼児期を年少、年中、年長の3～5歳児とする。この時期は「生涯にわたる人格形成の基礎」（文部科学省,2008)[2] が培われる時期といわれる。生涯を8つの発達段階に区分したエリクソン（Erik Homburger Erikson, 1902-1994）は、この時期の主な心理社会的課題を「自主性」の獲得であるとした。また、ピアジェ（Jean Piaget, 1896-1980）は、認知・思考面の発達段階として2～7歳を「前操作期」と位置付け、象徴的思考段階から直感的思考段階へ進むとした。さらに、言語発達の側面では、「一次的ことば」（岡本, 2005)[1] であるやりとりのことばが一応の完成をみるとされる。こうした幼児期の発達は、本質的には聴覚障害の有無によらずすすむが、聴覚障害があると、聴覚活用の状態によって様々な影響を受け、とくにことばやコミュニケーションの面で発達の遅れが見られることが多くなる。ここでは、聴覚障害のある子どもの幼児期の発達について、聴覚特別支援学校（以下、聾学校）幼稚部で見られる姿を大まかに述べつつ、主な指導法を紹介する。

2 聾学校で見られる聴覚障害幼児の発達の姿と指導

（1）3歳児

　最初は、新しい環境、初めて出会う教師などに慣れることが目標になる。そこで、椅子に座って行う活動はごく短時間にして、自由遊びを多く設定するようにする。また、日課の活動をルーティン化し、慣れていく様子を見ながら徐々に活動を増やしたり変化させたりする。数か月ほど経つと学校の環境にも慣れ、活動の中で教師が示す様々なものに注目したり動作を真似てみたりするようになる。教師が話を始めると教師を注視して内容の一部を理解することができたり、口声模倣を誘うとそれらしく真似たりすることも増える。表出面でも、ことばや身振り、行動などで自分の思いを表現することが多くなる。とくに3歳児の前半は、様々な学習の態勢の基礎を形成する時期として重要になるが、学習態勢ができてくると、音声や手話だけでなく、声、表情、身振り、動作、行動などを含め、様々な方法での表現がますます活発になってくる。それらが受け止

られ、応じられ、適宜教師によってふさわしいことばに置き換えられ、それが蓄積されて徐々に言葉による表現が育っていく。

3歳児の時期は、人とのかかわり、環境への適応など多くの発達領域で変化が著しい。しかし、毎日繰り返される活動と初めて参加する行事などでは現れる姿に大きな差があるなど3歳児特有の幼さも見える。このことに加え、語彙や発音の問題、質問と応答の問題、全般的なコミュニケーションの問題など、難聴があることによって起こると思われる状態も顕著になることが多い。

(2) 4歳児

4歳児になると、補聴器や人工内耳の装着を自分で行えるようになるなど、それまで大人に頼っていた様々なことが自分でできるようになってくる。また、遊びも自分の好きなことを積極的に行うようになる。友達同士の関係では、同じ場で同じ遊びをしたり、簡単なやりとりを行ったりする姿が多く見られるようになる。

ことばの発達では、経験したことを報告しようという姿勢が育ってくる。「えにっき」（絵日記）の内容を記憶し、翌日、教師に絵を見せながら大まかに報告できるようになる。この中で、少しずつ「なに」「だれ」「どこ」などの疑問詞を使ったやりとりに慣れていく。また、文字に対する興味が育ち、自分や友達の名前がわかったり、同じ形の文字を見つけることができたりする。「話し合い活動」では、教師が話題のキーとなることばをひらがなで板書するとそれを理解したり読もうとしたりする。言語指導の学習にも慣れてきて、二語文以上の口声模倣を繰り返したり、長い文章を暗記しようと頑張ったりする姿も見られるようになる。

一方、順調に伸びてはいくが、語彙や発音などの課題が大きく、コミュニケーションの場面では、相手の話を理解しないまま自分なりの思い込みで応えたり行動したりしてしまうこともあり、誤解や失敗も多い。教師は様々な活動の中で、具体物や絵、写真などの手がかりを使って意味を明確にし、日常のことばのやりとりでも丁寧な確認を繰り返すことが不可欠である。また、4歳児は、発音や文法を正しく話すための指導のウェイトが大きくなり、二語文以上の文の口声模倣を何度も繰り返すような練習場面も多くなる時期である。

(3) 5歳児

5歳児になると、ことばを使ったやりとりがますます活発になってくる。経験を伝え合う中で、「どうしてだろう」と理由を考えたり、自分と他人との経験や考えの違いに気づいたりすることが多くなる。また、ことばで注意されたことを守ろうという意識が

出てきたり、「Aをしてから、Bをし、Cをする」などという説明を理解し、そのとおりに行動したりすることが上手になる。友達とのかかわりでは、大人の手助けがなくても、役割分担をしてままごと遊びを行ったり、鬼ごっこなどのルールのある遊びを行ったりすることができて、友達とイメージを共有して遊ぶことが増えてくる。

　ことばの発達では、ことばの使い方が上手になり表現力がついてくる。音韻の意識が徐々に育ち、しりとり遊びなどの簡単なことば遊びができるようになる。また、個人差はあるが文字に対する興味が大きくなり、5歳児の後半になると自分で経験を綴り、日記を書き始めるようなこともある。一方、慣れた相手との日常会話はスムーズになるが、同じパターンのことばばかり使用して語彙や言い回しがなかなか広がらないということが課題になることも多くある。概念を整理しつつ、新しい語彙や言いまわしを扱うなど指導に工夫が必要である。「話し合い活動」でも、科学的なことや社会的なことなども話題として取り上げ、その中で、いろいろなことばを口声模倣させたい。また、経験を詳しく話す、ことばをことばで説明する、理由をことばで話すといった練習を重ねていく。これらを通して「二次的ことば」（岡本，2005)[1]の発達につなげていく。

3　聾学校の幼稚部で行われる活動について

（1）教育課程の編成

　幼児期の教育は、幼稚園教育要領（文部科学省，2008)[2]と特別支援学校幼稚部教育要領（文部科学省，2009)[3]に基づいて行われる。特別支援学校幼稚部教育要領では、幼児期の教育は「幼児期の特性を踏まえ、環境を通して行うもの」であり、「教師は幼児との信頼関係を十分に築き、幼児と共によりよい教育環境を創造する」ことが必要だとしている。教育課程は、聴覚障害の特性に配慮して編成されなければならないが、言語やコミュニケーションの指導に偏らず総合的な観点が必要となる。

（2）遊びの活動

　幼児期の活動の中心は、遊びの活動である。自由遊びでも設定遊びでも、幼児の実態に即して目標やねらいを設定し、それを達成するために、意図的に時間や空間の枠を設定する。設定遊びでは計画時から教師の意図が前面に強く出やすいが、活動の主体は個々の幼児であることを忘れてはならない。例えば、教師があらかじめ作成した指導案の展開に固執し、その場の幼児の自由な発想を妨げてしまうといったこともまま起こるので注意が必要である。また、遊びの中で子どもの気持ちの動きを捉えてことばの指導に結びつけていくことが重要であるが、あくまでも「ことばを教えるための遊び」ではなく、「遊びに必要なことば」と考えていくようにする。チーム・ティーチングで介入する場

合は、それぞれの教師の役割を明確にしておく。

(3) 話しかけ

　ことばの発達の問題に対する指導では、言語環境を豊かにすることが必要となる。そのため、教師や保護者による幼児に対する話しかけが大切である。幼児期の話しかけは、大きく分けて、①毎日日課の中で同じように繰り返されるもの、②その時々の幼児の気持ちの動きに応じて行われるもの、の2通りある（佐藤，1981)[4]。①は、日課で行われる活動に添えられるため、意味が理解しやすい。そのため実際の幼児の力に比べると少し難しい語なども用いることができ、それが毎日繰り返されることによって徐々に自分の語となっていく面がある。②は、「子どもが今、何を見ているか」「何を言いたがっているか」「何をしたがっているか」など、幼児の思いを捉え、ことばに置き換えるものである。また、ある程度のことばの発達を遂げている幼児に対しては、ことばを広げていくために拡充模倣による話しかけが必要になる。これは、単語や単文は二語文に、二語文は三語文に、というように語を一つ加えるような話しかけである。このとき、幼児が自ら使用した語や語順を尊重して自然に拡充して話しかけるようにする。

(4) 口声模倣

　口声模倣は、教師がモデルを示し、それを幼児に模倣させて音声言語を習得させる方法である。だいたい3歳児入学前後の段階で徐々に導入するが、はじめは全体発達に配慮し無理なく行う。とくに、教師との信頼関係、共同注意、目と手の協応や因果関係理解などの発達の状態を見極め、無理なく進めるようにする。例えば、大きな動作模倣から始め、発声から単音、単音から2音へ、などとスモールステップで進めることが基本である。

　発達の状態によっては入学時にすでに多語文を話している幼児もいるが、口声模倣は、教師の意図が強く出る学習方法であるため、そのような幼児でも単語や単文から開始し、課題を複雑にしないように注意することが必要である。単語の模倣も、簡単なものから始めるようにする。2音節単語が上手に模倣できるようになれば3音節、3音節が上手になれば4音節へ、というように徐々に音節数を増やし、習慣化をねらいながら模倣力を高めていく。

　口声模倣では、声、口形、音節数、リズム等の正確性を扱うが、導入期には正確性は強く求めない。また、二語文以上の文の模倣は、口声模倣の習慣がある程度形成された段階で開始するようにする。口声模倣の対象となることばの選択は、個々の思いを的確に置き換えたことばや必然性の高いものとする。そのため、前述した話しかけや幼児の

気持ちが高まる遊びの活動との連動が重要である。教師があらかじめ用意した単語を、絵カードで提示しながら、機械的、訓練的に繰り返し言わせるようなことばの指導も個別指導等で行われるが、そのような方法は、幼児期の中心的な方法とはならない。子どもの気持ちが中心となって展開される「話し合い活動」や子どもが主体となる遊びの活動の中で、ことばが扱われることが重要で、口声模倣もこうした基本の中で進められる必要がある。なお、口声模倣と関係の深い発音指導についても、個別指導などで計画的に実施していく。

(5)「話し合い活動」

「話し合い活動」は、グループ活動の一つで、その時々の幼児の興味や関心に沿って話題が選択され、コミュニケーションが展開される活動である。①話題、②展開、③ことばのおさえの3つの要素（庄司, 2010）[5]を持ち、コミュニケーションの問題を直接、コミュニケーションの場で扱うという聾学校幼稚部で古くから発展した言語活動である。この活動は、椅子に着席した形で進む言語指導の活動であるが、子どもの興味・関心が中心に据えられるため、遊びの活動との共通性も高い。教師は、幼児と共に活動の一員として参加するほか、展開をリードし、幼児同士のやりとりを援助し、適宜、ことばをおさえるなど、意図的に指導を行う。この活動の展開は自由で、幼児の気持ちの動きによって様々な遊びに移ったり、ことばの練習場面になったりする。あらかじめ展開を予想できない面が強く、その場での教師の判断力が強く求められる活動である。

(6)「えにっき」（絵日記）

言語発達には身近な人との経験の共有が必要であるが、聴覚障害があって言語発達が遅れていると、ことばで記憶したり想起したりしにくく、共感体験が積み重ねられにくい面がある。「えにっき」は、このような問題に対して、まず親子間での共感体験を保障し、蓄積しようという方法の一つである。「えにっき」は、各地の聾学校で実践が発展したため、学校や地域ごとに目的や方法が若干異なることもあるが、基本的には、親子で話し合い、親側がリードをとって作成するようにする。ただし、大人が子どもに教えたい事柄を描くのではなく、子ども自身が面白がったこと、気持ちが大きく動いたことを描くようにする。保護者には、①できるだけ毎日描く、②家庭生活での経験を描く、という2点をお願いする。これは、幼児の経験は毎日塗り替えられるように新しくなるためであり、また、内容を教師に報告することによってことばの使用を高めることをねらうためである。なお、保護者の負担には十分に配慮し、「えにっき」が親子にとって楽しいものになるように、工夫を重ねる。

4 保護者支援 ―基本的な考え方―

　聾学校では、古くから保護者支援が重視されてきた。とくに早期の保護者支援では、障害の診断による保護者のショックや悲しみに添いながら、再起に至る障害受容や障害理解などに関する支援を行い、そのノウハウを蓄積してきた。また、保護者が直面する子どもの言語発達やコミュニケーションの問題に対しても、教育的見地から専門的援助を行ってきた。筆者は、聾学校幼稚部の3年保育における保護者支援の実践（庄司，1995）[6]等から、幼児期の保護者支援の具体的な内容を、①日常の経験を捉え方や扱い方、②日本語の習得や拡充方法、③コミュニケーションの方法、④生活習慣の育成やしつけ、⑤家庭環境、⑥人との関係、⑦障害受容、⑧今後の進路と考えてきたが、現在、子どもが育つ家庭環境への援助という側面も重要な要素と考えられており、家族支援という考え方の中で展開されようとしていると言える。保護者と学校は、パートナーとして相互に共通理解を図り、協力し合うことが必要である。

〈引用文献〉
1）岡本夏木（2005）幼児期―子どもは世界をどうつかむか―．岩波新書．
2）文部科学省（2008）幼稚園教育要領．文部科学省ホームページ．
3）文部科学省（2009）特別支援学校幼稚部教育要領．文部科学省ホームページ．
4）佐藤忠道（1981）幼稚部1、2年目における母親の話しかけに関する一考察．筑波大学附属聾学校紀要3．67-82．
5）庄司和史（2010）聾学校幼稚部における「話し合い」活動．教職研究，Vol.3，25-34，信州大学．
6）庄司和史（1995）学級便りの発行を通した母親援助．筑波大学附属聾学校幼稚部編，3歳児の指導，聾教育研究会，173-194．

〈参考文献〉
鎌原雅彦他（2015）やさしい教育心理学．有斐閣．

第4節　学童期の指導・支援

　学童期の目標は、学年に応じた学習内容の獲得である。聴覚活用の程度やコミュニケーション手段によってコミュニケーションの様相は様々であるが、どのようなコミュニケーション手段を用いても、重要なのは、個々の聴覚障害児が自分から意欲をもって学習内容を獲得しようとすることである。そのためには、学習中に先生や友達と積極的にコミュニケーションをとる必要がある。しかし、聴覚障害があると情報不足になりやすいため、不安をもちながら活動や会話をすることがあると思われる。そこで、安心して周囲の人とかかわるためには、きこえなかったところやわからなかったところを修復できる力を身に付ける必要がある。

　情報不足のときに会話を継続させるためのコミュニケーションスキルとして訂正方略（repair strategy）[1]がある。きき返しや繰り返し、確認等の不足した情報を得たり確かめたりする方法のことである。

　学童期には保護者の手を離れ、子ども自身の活動の場を広げるが、難聴を配慮した場だけではないため、状況に応じて情報を得やすいように相手への依頼や環境を調整できる力を養う必要がある。また、学習場面では教科の特性や内容に配慮した支援が必要である。

　そこで、まず、コミュニケーション指導として訂正方略の指導についてまとめる。また、情報を得やすくするための環境調整、教科内容に配慮した支援について述べる。

1 コミュニケーション指導　—訂正方略の活用—

（1）「わからない」を伝える—わからないという表情を褒める—

　子どもの「わかった」という反応は褒められるが、「わからなかった」という反応に大人は落胆しがちである。その結果、曖昧なわかったふりをすることを助長してしまう。「わからない」反応は自らが情報を得ようとした結果であるため、落胆したり叱ったりするのではなく、「わからなかったって、よく言ったね」と褒め、わからないことを伝えることは必要なことだと学ばせる必要がある。

　聴覚障害者と聴者の会話において聴者が話した内容は聴覚障害者が興味を示したときには伝わるが、そうでないときには伝わりにくいという報告がある[2]。聴覚障害児がわ

からないことを相手に伝えた際には、知りたいという気持ちの表れであると考え、「よくきいていたから、わからないことに気づいたね」という捉え方をすべきである。

〈活動例：へんな文のききとり〉

　通常から考えると"へんな文"を提示する。子どもに「おかしいよ」と言わせ、その表情やジェスチャーをさせる（例：誕生日はおまんじゅうを食べる。と大人が提示し、子どもには、「おかしいよ」と言いながら首を振らせる。その後、どうしておかしいのか、自分の誕生日は何を食べているのかといった話題に広げる）。

（参考教材：和田秀樹・村上裕成（2006）きくきくドリル2．8-11，文英堂．）

(2)「わかった」ところを伝える―ことばの繰り返し―

　相手の発話を繰り返すことも訂正方略の一つである。ことばでもその一部分でもわかった部分を繰り返すことは、相手に何がわかって何がわからなかったかを伝えることになり、会話の継続を助ける。また、繰り返しは子どものことばの表出を促すとされており[3]、ことばを繰り返し言っている間に次に何を言うかを考えていると推察されている。

〈活動例：ことば作り〉

　語音の順番を入れ替えてことばを提示し、何のことばか考える（例：勉強に関係することばです。「サ・ス・ウ・ン」何でしょう？　組み合わせを変えて考えてください。答え：さんすう）。

　この活動では、わかった部分を繰り返すよう促す。音声に指文字や文字を伴って提示し、繰り返させてもよい。活動の中で子ども自身が聞き誤る音に気づくようになる。
　また、視覚的な手段の必要性や有効性にも自然に気づき、相手に要求することができるようになる。

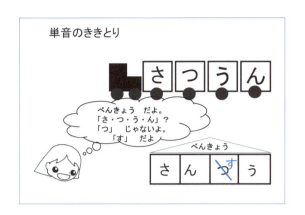

(3) 発話内容を確認する―わかったことや考えたことを伝える―

　確認（相手の発話からわかったことや推測したことを伝える）も訂正方略の一つであり、会話継続を最も確実にする手段である。確認することによって、相手が何を補えばよいかがよくわかるため、不足した情報が補いやすくなるからである。この確認には、音情報からわかったことを伝えるもの（例：「ニ○イ」と真ん中の音が不明瞭にきこえたときに、「にかい？」や「にあい？」と確認するもの）と意味情報からわかったことを伝えるもの（例：「ニ○イ」と聞いて、「回数の2回のこと？」と確認するもの）がある。通常は、会話継続のために両方を併用することになる。この確認方略について、聴覚障害児と聴児での表出数を自由会話で比較したところ、聴覚障害児の表出数が聴児よりも有意に少なかった[4,5]。聴児は先ほどの例では、「ニカイ、あ、学校の前の道をずうっと行くと、茶色いマンションがある。僕の家、そこの2階だよ。」と自分が推測したことを伝えていた。聴覚障害児が推測したことを伝えると、何が伝わったのかを相手に確実に知らせることができ、理解している内容のずれや不足を相手が補うことができる。

　この確認方略の活用がどのような力と関係するか調べたところ、ことばを連想する能力と関係することがわかった[6]。相手の発話を理解するには、相手の発話から内容を連想するためである。

〈活動例：連想ゲーム〉

　絵を見て、子どもに指導者と交互にことばを連想させる。絵の内容から外れないようにする。もし、外れたと思われたときにはどうして連想したのか理由を尋ねる。相手が連想したことばを繰り返したのちに、自分が連想したことを言わせる（例：ウサギの絵を見て、「ウサギ？　しろい」「しろい？　長い耳」「「長い耳？　丸いしっぽ」）。できるようになれば、絵から連想した3つのことばを提示し、何の絵か当てさせる（例：「しろい、長い耳、丸いしっぽ、何？」「答えは、うさぎ」）。

〈活動例:同音異義語の確かめ〉
　「はし、あめ、かき、のり」のような同音異義語をもつことばを提示し、確かめさせる(例:「ハシがあったよ。」という文を提示し、「ハシって、食べるときに使うほうですか?」のように確かめさせる)。

(4) 場面に応じた確認
　確かめる内容は、場面によって異なる。例えば、買い物では支払い金額を確かめる必要があるし、何かの活動の説明では、いつ、どこで、何をするのかを確かめる必要がある。バスの乗車中では降りる場所や乗り換えについて説明がある。まず、子どもたちは経験を通してこのような説明がなされていることを知る必要がある。そして、誰に確かめればよいかや、何を確かめるのかを知っておく必要がある。バス車内での放送場面を用いた学習プリントを示した。

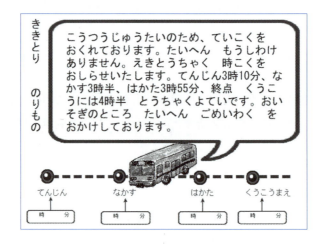

2 情報を得やすくする環境の調整

補聴器や人工内耳を装用していても雑音の多い場所での聴取は困難である。静かな場所への移動や相手に声を大きくしてもらう等、ききやすくする工夫が必要である（表Ⅲ－4－1）。それには、自分ができることと相手に依頼しなければならないことがある。

表Ⅲ－4－1　情報を得やすくする工夫

	相手に自分ができること	相手に依頼しなければならないこと
話し方	・わからないことを伝える。 ・尋ねたり確かめたりする。 ・話をきく前に準備（予習）する。	・ゆっくり、はっきり、大きい声で、と頼む。 ・もう一度言ってもらう。 ・別の言い方、要点をしぼった話し方をしてもらう。 ・書いてもらう。 ・一斉に話さず一人ずつ話す。 ・誰が話すかわかるように手を挙げてもらう。
環　境	・騒音の少ない場所に移動する。 ・顔が見える位置に移動する。 ・話者の近くに移動する。	・静かな場所に移動してもらう。 ・顔の見える位置に座ってもらう。 ・騒音を減らすよう頼む。
補聴器・人工内耳	・ボリュームや騒音抑制機能などを調整してききやすくする。	・マイクやＦＭシステムを使ってもらう。

3 教科の特性に配慮した支援

きこえの状況やその聴覚活用には個人差があるため、個々人に合わせた配慮を考える必要があるが、筆者が通常学級に在籍する聴覚障害児の指導体験から得た配慮について、以下にまとめる。

〈学校生活全般〉
○教室での座席位置は、前から1～2列目あたりの中央席が、教師の声がよく届き、最

前列の友達の様子を目で確認できた。
○守るべきクラスのルールや、遊びのルールは、書いて貼っておく。
○授業中の話し方は、次のような話し方がわかりやすかった。

- 子どもたちの方を向いて話す。黒板に向かって話さない。
- 「日曜日のことだけど」のように、まず「題名」から話し始める。
- 内容を確認しながら、区切って話す。
- ききとりにくい語は、別の語に言い換える。
- 新出単語や話題が変わったときには、キーワードを板書する。
- 課題や指示を出す際に、(簡単でよいから) 個別に伝える。
- 発表する人を、「○○さんです。」と手で指し示した後に、発表させる。
- FMシステムでの発話では、対象児以外に対する発話のときは、スイッチを切るかミュートにする。

○校内放送
- 『放送があったときは、その日の日直が内容を板書する』などのクラスのルールを作り、誰もが確認できるようにする。
- 避難訓練の放送は、どこで何が起こったかがわからない。災害時にどうすべきかを事前に伝えておく。周囲にいる人(先生・友達)がどのように手助けするのかも併せて教えておく。

○集会や見学では、説明する人の口元がよく見える位置で聞く。FM補聴器を使用する。話の内容がわかるように事前に資料やパンフレットをもらう。できれば、そばにいる人が、話の内容をノートなどにメモをする。

〈体育〉
○多くの補聴器や人工内耳は水に弱い(防水タイプもある。水泳の授業では、教室で補聴器をはずしてプールに行くため、移動前の教室で何をするのかを予告する。プールでは小型のホワイトボードに書いて指示を伝える。
拡声器は口元を隠すため、わかりにくいことがある。
○スタートの合図の笛とともに手を下ろしたり、旗を使ったりして合図する。運動場では白旗は見えにくいので、色つきの旗がよい。
○ダンスや体操など、友達の動きが参考にできるよう友達がよく見える位置にする。

〈音楽〉
○きこえの程度によって、音程のとりにくさがあり、歌いづらいことがある。音がずれることで、周りの子どもから、からかわれたりすることがないよう学級の理解が必要である。
○リコーダーは、向かい合わせで練習すると、指使いを真似て音程がとれる。
○合奏は、演奏し始めるタイミングがわかる位置にする。
○合唱は、低いパートが音程の変化が少なく、音をききとれることもあるので参加しやすい。

〈家庭科〉
○ガスの火が点いている音や湯が沸騰した音がきこえないため、目で確認させる。

〈引用文献〉
1）NancyTye-Murray（2004）Fundations of Aural Rehabilitation：Communication Strategies and Conversational Styles, 45-67.
2）Crysta L. Gibson, Rachel Caissie F M（1994）The Effectiveness of Repair Strategy Intervention with a Hearing-Impaired Adult. JSLPA18: 14-23.
3）Venegiano E., Sinclair H., Berthoud I.（1990）From one word to Two words: Repetition patterns on the way to structured speech. Journal of Child Language, 17: 633-650.
4）平島ユイ子・城間将江（2012）中等度難聴児の自由会話におけるコミュニケーションブレイクダウンと訂正方略．言語聴覚研究，9，22-29.
5）平島ユイ子・城間将江（2012）人工内耳装用児の自由会話における沈黙及びミニマル反応の出現と訂正方略の活用．Audiology Japan，55，48-55.
6）平島ユイ子・村上健・塚原恵・城間将江（2015）音声会話における人工内耳装用児の訂正方略に関係する言語要因の検討．音声言語医学，56，30-36.

イラスト：田中遥夏

第5節 音楽科の指導と聴覚活用

1 はじめに

　小学校学習指導要領における音楽科の目標は、表現（歌唱、器楽、身体表現）や鑑賞の活動を通して、音楽のよさや楽しさを感じるとともに、音楽活動の基礎的な能力を培い、音楽と生活とのかかわりに関心をもち、音楽に親しむ態度を育むことである。
　聴覚特別支援学校（聾学校）小学部での音楽科の学習においても、この目標を念頭に置きながら指導していくことが重要である。
　聴覚に障害があっても、子どもたちの発達段階を踏まえ、音楽の授業の中で様々な配慮や工夫をし、学習を積み重ねていくことで、そのねらいを達成することができると考えている。そのためには内容の連続性に配慮し、段階を追った学習活動を継続することが大切である。
　近年、補聴器の性能は格段に向上し、人工内耳を装用している子どもも増加している。重度の聴覚障害があっても、以前に比べると聴覚を活用できる子どもが増えていることは、音楽の授業においても実感している。
　例えば、教師が歌って聴かせた声は、普通の話し声とは違うことを聴き取ることができたり、自分なりに教師の歌声を真似て、普段の話し声とは違う高い声で発声し、その声をフィードバックして自分で聴いて楽しんでいる子どもの姿を目にすることが多くなったように感じる。
　音楽の三要素であるメロディー、ハーモニー、リズムで考えてみると、音の高低の動きであるメロディーを聴き取ったり、音の重なりであるハーモニーの違いや響きを感じ取ったりすることは、補聴機器の進歩があっても困難な場合が多い。しかし、リズムに関しては、聴力が厳しい子どもでも、学習を積むことで音符や休符の長さを理解し、聴き分けたり歌や楽器で表現したりすることができるようになる。

2 聾学校小学部の子どもの実態

　音楽科の指導を進める上での、聾学校小学部の子どもの実態について、以下に述べる。

（1）ことばの実態

　小学部に入学してくる子どもたちのことばの力をみると、教科指導が十分に行えるだ

けのことばを身に付けている子どもは少ないようである。なかには、簡単なやりとりのレベルであっても、ことばだけでは自分が言いたいことが十分に伝えられなかったり、相手から言われたことが伝わらない子どももいる。

そのため、聾学校の小学部では、どの教科でも、教科指導を支えるためのことばの指導が必要である。したがって、音楽科の学習のなかでも、ことばの指導を念頭に置き、授業を展開していく必要がある。

また、教科学習を行う授業中のみにとどまらず、学校生活のあらゆる場面がことばの指導場面であると考え、学校生活のあらゆる機会を捉えてことばの指導を行っている。

(2) 聴覚障害児のリズムの捉え方

小学校学習指導要領解説音楽編では「拍の流れを感じ取りながら音楽に合わせて歌ったり、演奏したりする。」と明記されている。音楽は、拍が一定の時間的間隔をもって刻まれている。

聴児の場合、生活の中で音楽が耳に入り、無意識に音楽から拍を感じ取っている。乳幼児であっても、リズミカルな曲やききなれた音楽がきこえてくると、拍に合わせ身体をゆすったりする姿が見られる。

ところが、聴覚障害児の場合、音としてはきこえていても、きこえた音から音楽として拍が一定の時間的感覚をもって刻まれていることを捉えることは難しい。そのため、意図的に拍の存在を教え、リズムの土台となる拍の意識を育てることが必要である。

3 音楽科の授業をするにあたっての留意点

子どもたちは一人一人違った聴こえ方や聴き取り方をしている。聴力レベルが同じであっても、失聴時期や成育歴、補聴器や人工内耳をつけはじめた時期などによって個人差がある。子どものきこえの個人差に十分配慮して学習を進めることが、それぞれの子どものやる気を喚起することにもつながる。

音楽の指導をするにあたって聴覚活用はとても重要であるが、それだけでは十分ではない。きこえを補うため、視覚的な情報、身体的な活動などの感覚も取り入れながら指導を行う。また、譜面に書かれている音楽記号などを理解させることも大切である。音や声の情報（きこえ）と音符や休符との関係を結び付け理解させたり、楽譜と照らし合わせながら、歌詞や音楽の流れを感じ取らせたりすることは、楽譜を読む力へとつながる。聴覚障害児にとって、「楽譜」という視覚情報は、曲の構成を理解したり、歌唱や器楽奏、そして鑑賞をする際にも大きな手がかりとなる。

4 聴覚活用に配慮した授業の実際

　ここでは、聴覚活用に配慮した音楽科学習の導入時、小学部低学年段階における指導について述べる。この段階での指導がこれから先の指導の土台になるばかりでなく、子どもたちが聴覚を活用して音楽をきくための基本にもなるからである。

　音楽の授業を通して、音をしっかり聴こうとする気持ちと、聴き取ろうとする習慣、そして音を聞く楽しさを育んでいきたいと考えている。

　音楽の授業では、聴覚の活用と合わせて、視覚や触感覚も活用するとともに、身体活動なども取り入れている。視覚などの情報を通してきこえを補い、理解させたり考えさせたりすることで、聴覚を活用する力も伸びていくことを実感している。以下、指導の例を述べる。

- 始めの挨拶はオルガン系の音で行う。ピアノの音は減衰してしまうが、オルガン系の音は鍵盤を押していれば音は持続するからである。小さな音からだんだん大きくしていき、子どもは自分が聴こえたところで礼をする、頭を上げる等の活動を行っている。このとき、人の動きをまねるのではなく、「自分で聴くことが大切」ということを繰り返し伝えるようにしている。この活動は、教師にとって個々の子どものきこえる音量や音域を自然なかたちで把握できる方法でもある。
- 歌唱では歌い始めをわかりやすくするために、前奏の最後の音をやや大きな音で弾く、長めに弾くなどのルールづくりをする。指導者の合図や友達の反応を見て歌い始めるのではなく、音楽は前奏から始まっていることを意識づけていく。自分の耳

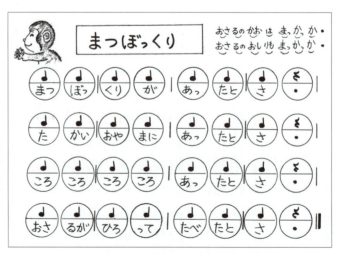

図Ⅲ-5-1　拍を○で囲んだ教材例

で前奏をしっかり聴き取り歌い始める学習を繰り返すことで、前奏の拍の流れをききとり、提示したテンポに合わせ歌い始めることができるようになっていく。

・拍感を育てるためには、歌を教える際に歌詞を拍の○で囲み、視覚的にわかるようにする。○を手がかりにして手を叩きながら1拍ずつ歌う。まず、拍のまとまりで表現することに慣れさせる。そして、拍のつながり、流れへと進み、拍子の規則性へとつなげていく（図Ⅲ-5-1）。小節の一拍目でボールをつく、手合わせをしながら歌うなども拍感を楽しく身に付けさせる有効な方法である（図Ⅲ-5-2）。拍の意識が育つことで音楽の流れを感じ取れるようになる。子ども自身が拍を手がかりとして、教師の伴奏や指揮、友達と歌や器楽奏が、合っているかどうかを認知したりできるようになり、音楽を合わせる楽しさへと発展していく。

・初めての楽器を扱うときは、その音をしっかり聴かせる。集団補聴器のマイクや個人の補聴器・人工内耳を通して、まず音を聴かせ、その楽器の音が聴こえたという実感をもたせる。子どもが聴こえないときには、その原因が何かを考えることが大切である。音量の問題であるのか、音域の問題であるのかを見極める。音量である場合には、電子オルガンであれば音量を上げ、鈴などの場合は、複数の鈴を用いて聴かせる。音域であれば、その楽器の音が聴こえる音域を探っていく。子ども自身が、自分でその楽器の音が聴こえたという実感が得られれば、主体的にその楽器の学習に臨むことができるようになる。

・低学年ではタンブリンや太鼓などを思い切り強くバンバンと叩いてしまう傾向がある。強く叩きすぎると「嫌な音になる」ことを伝える。その子が叩いている強さで体を叩いてあげ、次に良い音が出る強さで叩いてあげ比較させる。ただ「大きすぎる」「強すぎる」とことばで伝えるのではなく、感じ取らせるとともに音の大きさにも意識を向けさせる。

図Ⅲ-5-2　1拍目にボールをつく

- ある程度拍にのって歌唱できる段階に達したら、音楽性を高めるために、強弱をつけた表現へとステップアップしていきたい。声の大きさのコントロールの導入として、歌詞の情景と結び付けて、適切な声の大きさを考えさせる。例えば、「おなかのへるうた」では、「母ちゃん、母ちゃん」と呼びかける部分は、どんな気持ちなのか、そのときはどんな声で言うのかを子どもに考えさせる。子どもの生活経験と密着させながら歌詞を考えさせることで、自然に「大きな声で言う」という発言を引き出すようにする。「大きな声で言う」必然性を子どもが納得できたところで、楽譜の記号フォルテ（f）に注目させ、声や音を大きくするところは、この記号を用いることや、次の強弱記号が出てくるまで同じ大きさで表現することなどを教える。
- 音の高低を聴覚のみで捉えることは難しい。そのため、階名が音の高低を表していることを示すための手段として、階名を手の高さの位置と結び付けて表すハンドサイン（図Ⅲ-5-3）を使用し、きこえにくさを補うとともに、楽しみながら階名に親しませていく。
- 木琴、鉄琴の指導では、聴児は楽器を叩いているうちに、どこを叩けば良い音がするか経験的に気づき、無意識に良い音色が出る位置を叩いている場合が多い。しかし、聴覚障害児は自分で気づくことは難しい。単に鍵盤打面の真ん中を叩くと良い音が出ることをことばで伝えるだけでなく、実際に木琴やグロッケンを裏返して見せたり、触らせたりする。打面の裏の中央部のくぼみや、薄く削られたりしていることを視覚的に見せ認識させる。このひと手間をかけることで、音色にも気をつけて演奏しようとする気持ちを育てることができる。
- マリンバやビブラフォーンであれば、打盤の下に付いている金属の響き管の真上を叩くと良い音が出ることを具体的に教える。そして、実際に叩く位置を変えて音を聴かせて比較させ、自分でも叩かせ、音の違いをそれぞれの子どもなりに感じとらせ、確認させる。

図Ⅲ-5-3　ハンドサインの例

- 鍵盤打楽器は、低い音は打盤が長く、高い音になるに従って短くなっていく。また、打盤の下の響き管も同様になっている。ここに目を向けさせた上で音の高低の比較をさせることで、高学年であれば、そこからグランドピアノがなぜあのような形状になっているかということにも結び付け考えさせる学習にもなる。
- リズムの違いを教えるために、その部分だけを取り出して指導する。リズムカード（♫♪ ♪♫）を提示し、カードと聴こえてくるリズムを対応させて、違いを理解させていく。始めはコンガ、ボンゴなどを叩き、手の動きを視覚的に見せながら聴かせていく。リズムの違いを感じ取れるようになってから、電子オルガンなどで音のみで提示する。また、歌や曲のなかで繰り返し聴かせて、自然に違いを感じ取れるようにしていく。リズムを聴き分けられるようになったからといって、それを歌唱や器楽ですぐに表現できるようになるわけではない。
- 音楽科特有の語彙やことばの表現がある。聴児は音の長さ、音の高さ、音の強さを生活のなかで自然に習得し、経験的に意味や使い方を理解していく。しかし、それらは音を耳からきいて認知するものなので、その表現が意味する事柄を具体的に教える必要がある。（高学年では）音色や音の感じをあらわす常套句も指導していきたい。

このような学習活動を続けていくなかで、聴力レベルが厳しい児童であっても、自分が聴きやすい音域を選んで、オルガンやピアノを弾いたり、「こっちの方（高い音域）はよく聴こえない」と自分が聴き取りやすい音域や音の種類に目を向けることができるようになり、主体的な学習へとなっていく。個人差に配慮しつつ、粘り強くきめ細かな指導の継続が欠かせない。

① 音の長さ

音符を提示しオルガンなど音が減衰せず一定の音量を保てる楽器で、音の長さ（提示してある音符）と聴こえる時間とを結び付けていく。音の長さは相対的なものなので、1拍の長さの四分音符と2拍の長さの二分音符のカードを黒板に貼って音を聴かせ、聴こえている時間を比較させながら教えていく。学習を積み重ねていくと、曲のテンポに関わりなく相対的な1拍の長さとして捉えられるようになっていく。

② 音の高低

ピアノの鍵盤を使って、まず極端に高い音・低い音を聴かせて、音の高低の響きの感覚を感じ取らせ、鍵盤の位置と対応することで認知させる。目に見えないきこえとしての音を、高い低いと表現することも、意図的に指導していかなければ理解し使えるよう

にはならない言い方である。

③音の強弱

　「音が大きい、小さい」という言い方は、日常生活に即している言い方で、子どもたちは経験と結び付けて知っている。「音を強く、弱く」という表現の仕方は知らないことが多いため、音楽用語として、フォルテ（f）やピアノ（p）などの強弱記号と照らし合わせて、やはり意図的に扱っていくことが必要である。

5　おわりに

　小学部における音楽の授業は、聴覚障害がある子どもたちに音楽の世界への扉を開く第一歩である。聴覚以外の感覚も活用しながら学習することで、子どもにとって無理な

楽器上達への近道　Ｇｏ！

1．曲名を覚える。

2．楽譜の構成を見る。
　　リズムや階名が同じかたまり（小節）はないかな。
　　メロディーが同じ所があったら、ちょっとトクした気分ですね。だって…

3．拍子の確認をする（何分の何拍子かな）。

4．メロディーをリズム打ちしてみよう。4小節ずつ。
　　ウーン、ちょっと難しいなと思ったら、1小節や2小節ずつでもいいよ）
　　むずかしいところは、抜き出して練習しよう。速くならないようにね。
　　分からないところは…

5．リズム打ちをしながら階名でうたおう。
　　（手はリズム、口は階名）

6．指揮をしながら階名でうたおう。
　　もう一度、拍子の確認をお忘れなく！

7．♯（シャープ）や♭（フラット）がついているかな。
　　何の音に着いているかな。

木琴・鉄琴　　いよいよ叩いてみよう。
　　バチの持ち方、持つ位置は大じょうぶ？
　　エーッと、たたいた時にいい音が出る位置は…どこかな。

鍵盤ハーモニカ・キーボード・電子オルガン　　ひく前に…！！
①階名でうたいながら、ももの上や、机の上で、弾く真似をしよう。
　　指番号はと―――――っても大切です。ぜったいに守りましょう。
　　指くぐり、指ひろげ、指のひっこし、気をつけてね。
②さあ、準備は整った。鍵盤でひいてみよう。
　　そこでチョット…、手の形、あひるの玉子持っていますか。
　　手がつぶれたり、広がったりすると…、大変！！
　　玉子がわれて、服が…☆

図Ⅲ－5－4　高学年向けプリント

く課題を達成できるとともに、楽譜を目で追いながら聴くことができるようになる。また、聴覚障害児にとって音楽という抽象的な情報を視覚化した「楽譜」は、音楽を理解し、楽しむための、とても有効な手がかりとなることも忘れてはならない。子どもたちが自分なりのきこえを大切にし、楽しく、確実に音楽の基礎的な力を身に付けられるよう指導していきたい。

　高学年に対しては、器楽奏などではパートにより譜面が異なり、個に対応した学習の割合が増える。そのため、子どもの自発的な学習の手立てとなるよう、小さなステップで学習のめあてを提示した図Ⅲ-5-4のようなプリントを配布している。小さな目標を達成するなかで、友達と合わせる喜びや音楽を共有する楽しさ、達成感を実感させたいと考えている。

　音楽室から歌や音楽が飛び出し、子どもたちの生活のなかに根差していくこと願っている。

図Ⅲ-5-5　高学年による器楽奏

〈参考文献〉

筑波大学聴覚支援学校小学部編著（2011）確かな学力をつける教科指導を目指して―聴覚障害児の生きる力の育成のために―.

山本カヨ子（2014）音楽はどのようなことに配慮すればよいのでしょうか．きこえのQ＆A．千葉県聴覚障害者教育ネットワーク推進連絡協議会（通称うさぎネット），

山本カヨ子（2012）小学部における音楽科教育の実践―音楽の基礎的な力をつけるために―〈教科指導〉．第46回全日本聾教育大会．

山本カヨ子（2010）小学部6年生における鼓隊演奏までの道のり―拍感、リズム感を育てるために―．聴覚障害7月号，712号．

第6節 中学・高校生への指導（自立活動）

1 自立活動とは

　特別支援学校小学部・中学部学習指導要領には、「自立活動」の目標として「個々の児童又は生徒が自立を目指し、障害による学習上又は生活上の困難を主体的に改善・克服するために必要な知識、技能、態度及び習慣を養い、もって心身の調和的発達の基盤を培う。」とある。また、学習指導要領の解説では、「自立」と「調和的発達の基盤を培う」について、次のように書かれてある。ここでいう「自立」とは、幼児児童生徒がそれぞれの障害の状態や発達段階に応じて、主体的に自己の力を可能な限り発揮し、よりよく生きていこうとする姿を指している。また、「調和的発達の基盤を培う」とは、幼児児童生徒の個々の発達の遅れや、個人内に生じている発達の不均衡（個人内差＝障害に由来する、できることとできないことの差）を改善したり、発達の進んでいる側面をさらに伸ばすことによって遅れている側面の発達を促すようにしたりすること等によって、全人的な発達を促進することをねらいとしている。

　香川県立聾学校（以下、本校とする）では、個別の指導計画を作成する際に参考とする「指導の手引書」を独自に製作し、これをもとに個別の指導計画を立てている。手引書においては、指導要領に定められた六区分26項目での表記ではなく、図Ⅲ-6-1のように内容を大きく4つの項目に分類し、個別の指導計画を作成している。

> 1　言語
> 　　言語概念の形成、日本語（読み・書き）、手指メディア
> 2　発音・発語
> 　　息や声の出し方・使い方、日本語の発音、話し方
> 3　聴覚活用
> 　　環境音・言語音のきき分け、補聴器の取り扱い
> 4　障害認識
> 　　きこえ、情報保障、社会性、コミュニケーション態度、人間関係、マナー

図Ⅲ-6-1　香川県立聾学校の自立活動の区分と主な内容

2 「自立活動の指導」と特設された「自立活動の時間の指導」

　学校における自立活動の指導は、学校の教育活動全体を通じて適切に行うものとされている。つまり、自立活動の指導は、特設された自立活動の時間はもちろん、各教科、道徳、外国語活動、総合的な学習の時間及び特別活動の指導を通じても適切に行わなければならない。また、自立活動の指導は、学校の教育活動全体を通じて行うものであるため、自立活動の時間における指導は、その一部であることを理解する必要がある。

3 特設された「自立活動の時間の指導」について

（1）聾学校中学部・高等部での指導の現状

　他の学校では、週にどれくらい自立活動の時間を設けているだろうか。学習指導要領には「各学年における自立活動の時間に充てる授業時数は、生徒の障害の状態に応じて、適切に定めるものとする。」とある。本校では、いわゆる単一障害のクラスは中学部で週に2時間、高等部で1時間である。重複障害の生徒のクラスでは、障害の状態に応じて柔軟に設定している。

　また、他の学校では、誰が自立活動の時間を担当して、授業を行っているだろうか。学習指導要領には「自立活動の時間における指導は、専門的な知識や技能を有する教師を中心として、全教師の協力の下に効果的に行われるようにするものとする。」とされている。本校では自立活動専科の教員と担任とが連携をとり、生徒の実態把握を基に指導計画を作成し、授業を行っている。

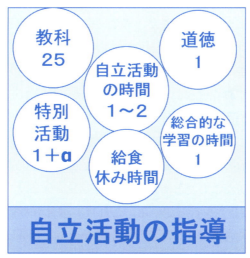

図Ⅲ－6－2　聾学校中学部における自立活動の指導イメージ
（数字は授業時間数）

(2) 聾学校中学部・高等部段階での指導のねらい

　佐伯（2014）[1)]は「自立活動は『自分を知る』ことが核になる」と述べている。このことは、障害のある自分も含めた自分のことを理解することであり、自分の可能性を探ることだと考える。「きこえないからできない」ではなく、「きこえない自分にしかできない生き方」を見つけることが、この段階で行う自立活動のねらいだと考えている。

　具体的には、これまでに学習してきた聴覚活用や発音・発語、言語、障害認識に関する力をさらに高めることが必要である。それと同時に、卒業後の社会で求められる力を身に付けるために、これまで学習してきた内容をどのように活用し実践できるかといった、現実的に対応できる力を育てることがねらいだと考える。

(3) 自分の障害の状態について理解し、きこえの限界と可能性を知る力を育てるための取組例

①自分の障害を理解する授業

　生徒の発達段階に応じて、耳の構造や自己の障害についての十分な理解を図ることを目的に授業を行っている。例えば、耳の構造を示す図を用いて、音がきこえるしくみや各器官の名称理解、感音性難聴・伝音性難聴を引き起こす原因等について説明し、理解を深めている。

②自分のきこえの特徴を知る授業

　本校では、毎学期のはじめや補聴器の買い換え・調整を行ったとき、または聴力の低下が疑われた際に聴力測定を行っている。聴力測定の結果はオージオグラムに示されるが、その表示された内容を理解し、自分の平均聴力を知る授業を行っている。授業内容としては、オージオグラムの見方を知り、きこえの特徴を客観的に把握する、平均聴力の求め方を知り実際に計算して求める、である。特に、自分の平均聴力を記憶し、尋ねられたときに答えられることは、身長や体重を答えることと同じように、自分の体の特徴の一つとして把握しておくべきことだと考える。

③きこえの限界を知る授業

　生徒の中には、自分にきこえる音が世の中にあるすべての音だと思っている者がいる。このことは至極当たり前のことであるが、生徒にとって自分のきこえを客観的に知ることは難しく、しかし大切なことだと考える。

　授業としては、「音探し」を行っている。これは、騒音計を使って校舎内外の様々な環境音を測定し、音の大きさと存在を調べる学習である。自分にきこえている音がどの程度の大きさであり、きこえない音がどの程度の大きさなのか、目には見えない音を見える方法で知る学習である。現実にはきこえない音の存在や大きさを知ることで、自分

の行動を調整することへとつなげている。
④自分の可能性を知る授業
　きこえに限界があることは自分の特徴の一つであることを認識し、きこえに限界がありつつも様々なことにチャレンジする気持ちを育てることを目的に「職業調べ」の授業を行っている。これは、聴覚に障害があり、社会で活躍している人を書籍やインターネットで調べる学習である。導入として、聴覚障害があるプロ野球選手のビデオを視聴するが、決して有名な人物であることが大切なのではなく、自分の可能性の深さと様々な職業に就くことができる可能性の幅を理解することが目的である。

　また、全日本ろうあ連盟の創立60周年を記念して製作された映画「ゆずり葉」の視聴を通して、欠格条項の撤廃に関する学習を行っている。

　その他にも、卒業生による講演会を実施し、働くうえで必要な力や問題の解決方法を知るといった取組も行っている。

(4) 周囲に自分の障害の状態を説明し、必要な支援方法を依頼できる力を育てるための取組例
①コミュニケーション力を伸ばす授業
　中・高等部の生徒たちは、経験上、どのようなコミュニケーション手段があるかは知識として理解できている。しかし、その手段を意図的に用いたり、場面や相手に応じて選択したりする経験が不足しており、それぞれの手段の質を高めることと併せ、実際に企業等でコミュニケーションを行ってみる経験が必要である。具体的な取組としては、介護等体験で来校した大学生とあらかじめ準備した質問項目にそって、タブレット端末や身振り、読話を用いて会話を行う授業や、職場体験や現場実習等の機会に企業で働く体験を行い、自分の障害を説明する機会を設け、周囲の人の話を理解し、作業内容等を報告する取組を行っている。実際の場面を意図的に設定し行うことが必要であり、効果的である。

②自分の障害について説明する授業
　聾学校を卒業する生徒を対象に、入社する職場や進学する学校において、自己紹介の文章を考える授業を行っている。これまでに学習した自分の障害のことやきこえの特徴、どのような支援を必要としているかを文章にまとめ、実際に発表するようにしている。さらに、前田（2013）[2]は自己紹介カードを作成して、進学先で配付する取組を行っている。カードに書かれてある内容は、自分の似顔絵、聴力（きこえ方、方向）、ききとりやすい音、望ましい話し方、ノートテイクの方法等である。そして、最後に「よろしくおねがいします」の一文が頭を下げている似顔絵と一緒に書かれてある。こうした謙

虚な態度も同時に育てていかなければならない力の一つである。
③自分にとって必要な支援方法を知る授業
　障害の説明と併せて、どのような支援が必要かを説明し、依頼する力を身に付けることが必要である。授業ではまず、自分が利用可能なコミュニケーション手段について考え、どういった支援内容が適切で依頼が可能かを場面ごとに考えていく。例えば、会話をするときに筆談を依頼する、朝礼時に口形が見えやすい場所に移動し、発言内容を要約してもらう、電話の代わりに電子メールでの連絡を依頼する、会議では記録者の横に座らせてもらう、事前に会議や報告書等の資料を渡してもらうようにお願いする等である。そして、職場体験や現場実習等の事前打ち合わせのときや働いているときに、実際にお願いする場面を設定する。状況によっては、筆談をお願いしても紙やペンを持ち歩けないことがあったり、マスク着用が義務づけられている職場では、読話が難しいので他の手段をお願いしたりしなければならないことも考えられる。自立活動の時間等での事前学習－実習での経験－事後学習といった、評価も含めた計画的な取組が望まれる。
④自分にとって必要な支援機器を知る授業
　学校を卒業した生徒の中には、寮やアパートで一人暮らしを始める者もいる。これまでは自宅や寄宿舎で家族や指導員から助けてもらいながら生活していたが、一人暮らしになると起床や食事の準備、移動、通院と生活範囲も広がり、しかも一人で対応しなければならなくなる。そうしたときに、日常生活を支援してくれる機器を有効に活用することで暮らしやすくなる。授業の中では、バイブレーション付きの目覚まし時計や病院や公共施設での呼び出しベル、スマートフォンで利用できる様々なアプリケーション等を紹介し、実際に家庭や寄宿舎で利用できるように貸し出しを行っている。

(5) 支援制度がない場合でも、地道に理解を求めて活動する意欲と行動力を育てるための取組例

○自分にとって必要な支援方法を考え、依頼する
　過去に、漢字検定を受検する際、自分に必要な情報保障について検定を実施している協会へ手紙を書き、依頼した生徒がいた。これは、自立活動の授業で行ったわけではないが、これまでの授業の積み重ねの結果であると考える。この依頼には、これまで述べてきたすべての力が関係している。まずは、過去の経験から自分にとって必要な情報、つまりきこえないことによって不足している情報を理解していることである。そして、協会に対し、自分の聴覚障害のことや必要な支援方法（座席の位置、説明文の文字化）を説明し、依頼していることである。こうした力は就労した後でも、職場において説明したり、依頼したりする力につながるであろう。さらには、次に職場に入ってくる聴覚

障害のある後輩のことを考えて、手話の講習会を開催する、筆談ボードを設置する等の行動につながる可能性を持っている。

4 今後の課題

(1) 中学部・高等部から入学してきた生徒に対しての授業の在り方

近年、本校中学部・高等部へ進学する生徒数に対して、地域の小学校・中学校の難聴特別支援学級等で学んだ児童生徒の割合が増えている。そのため、入学した生徒一人ひとりの自立活動の指導に関する知識や経験が違うことから、個々の生徒の実態に差が見られ、授業内容の設定に苦慮している。さらに、生徒数減少の現状もあり、グループ分けを行うことも難しく、題材の設定やコミュニケーション方法等に工夫が求められる。

(2) 指導者の育成（学校の体制、専科の設置）

本校では、自立活動の指導の手引きは作成しているが、具体的な自立活動の時間の指導プログラムは作成していない。現在は、自立活動専科や担任が年度のはじめに生徒に行ったアンケートをもとに計画を立て、授業を行っている。

今後は、これら自立活動専科や担任が作成した教材を持ち寄り、今後の授業において使いやすいように事例集を作成したり、指導目標と併せ、発達段階に応じた指導プログラムを作成したりすることで、より生徒のニーズに合った授業づくりが期待できる。併せて、自立活動専科と担任が一緒に授業を行うことで、自立活動の授業のノウハウを校内に広めるなどして、これからの自立活動の指導を担う指導者の育成を行っていかなければならない。

〈引用文献〉
1）佐伯秋浩（2014）四国教育オーディオロジー研究協議会　第11回夏の研修会講座資料．愛媛県立松山聾学校．
2）前田浩（2013）聴覚障害児の障害認識と教育．平成25年度第二期特別支援教育専門研修（聴覚障害教育専修プログラム）講義資料．大阪市立聴覚特別支援学校．

〈参考文献〉
筑波大学附属聴覚特別支援学校（2009）社会で自立する力を育てる―科目「社会生活」のテキストと指導の実際―．聾教育研究会．
中園秀喜編（2011）難聴者、自立を―難聴に関するガイドブック補聴器・周辺機器編―．NPO法人ベターコミュニケーション研究会（BCS）．
全国聴覚障害教職員協議会編（2011）365日のワークシート―手話、日本語、そして障害認識―．全国聴覚障害教職員協議会．
脇中起余子（2009）聴覚障害教育これまでとこれから―コミュニケーション論争・9歳の壁・障害認識を中心に―．北大路書房．
全国聾学校長会専門性充実部会編（2011）聾学校における専門性を高めるための教員研修テキスト．
白井一夫・小網輝夫・佐藤弥生（2009）難聴児・生徒理解ハンドブック―通常の学級で教える先生へ―．学苑社．

第7節 高等教育機関での支援

1 高等教育機関における聴覚障害学生

　近年、大学等高等教育機関に在籍する聴覚障害学生の人数は増加傾向にあり、日本学生支援機構（2016）[1]の調査によれば、平成27年度の聴覚障害学生数は1,626人（うち聾と答えた学生は569人、難聴と答えた学生は1,001人）を数える。それらの聴覚障害学生に対する教育支援は、パソコン文字通訳、手話通訳等の視覚による情報保障が中心となるが、学生の聴覚障害の程度ならびにコミュニケーションの状況によっては、補聴器の活用支援、ＦＭ（デジタルワイヤレス）補聴システムにかかわる補聴環境整備も聴覚障害学生の教育支援の一つとして位置づけられる。また、聴覚障害学生といっても生来性ならびに幼少時の失聴の学生のみではない。大学入学後に何らかの理由での中途失聴し聴覚障害となった学生、高校までは特に何の支援もなく修学してきたが、大学に入ると学修内容の変化により何らかの支援が必要となった軽度難聴の学生も含まれる。さらには、聴力レベルにおける閾値上昇（聴力の低下）はみられないが、聴覚過敏のある学生ならびに発達障害における聴覚的選択的注意の困難な学生も支援の対象となってくる。本節では、大学における聴覚障害学生の教育支援にかかわる教育オーディオロジーの役割について、聴覚障害学生の補聴相談、補聴援助機器を活用した教育支援の観点から論ずる。

2 聴覚障害学生の補聴相談・聴覚的支援

（1）高等教育機関における補聴相談

　高等教育機関における聴覚障害学生の補聴相談は、特別支援学校もしくは難聴特別支援学級・難聴通級指導教室のように専任の教員・職員が常駐していないため、まずは障害学生支援担当職員等のスタッフがインテークを行う。その後、必要に応じて耳鼻科医、補聴器の専門職につなげることがある。このような聴覚障害学生の補聴相談は、きこえと補聴器・人工内耳の理解、補聴援助機器の効果的な活用がほとんどで、カウンセリングの意味も含めて障害学生支援担当職員が担うことが多い。この項では、きこえと補聴器・人工内耳理解、補聴援助機器の効果的な活用について記すとともに、最近、相談事項として取り上げられることの多い中途失聴学生、軽度難聴学生、聴覚過敏及び発達障

害のある学生に対する聴覚的支援について取り上げてみたい。

(2) きこえと補聴器・人工内耳理解

　聴覚障害学生が、大学等高等教育機関で講義・演習などを受講する際、行う必要があることは、講義・演習を担当する教員に対して自身のきこえについて伝え、協力をお願いすることである。佐藤・石原（2014）[2]の調査によれば、これには、①きこえないことを話す、②コミュニケーションの状態から話す、③きこえやすい音声、きこえにくい音声について話すというように、3つの説明の仕方がみられた。

①きこえないことを話す
- 片側は全くきこえていない状態なので、きこえない側から話しかけても全くわからない。
- 音の違いの程度はわかるが、自分自身の音声はよくわからない。
- 大きな音がしたということがわかる程度である。

②コミュニケーションの状態から話す
- 騒がしい部屋で3人以上の会話となった場合、話し手が誰かはわかるが、内容は理解することができない。
- 口が見えていないときは、音はわかるが何を言っているのかわからない状態である。

③きこえやすい音声、きこえにくい音声について話す
- どちらかと言えば、女性の声はききづらくて男性の声はききやすい。早口の人はやはりきこえづらい。

　ここでは、きこえにくいコミュニケーション環境を話すとともに、実際にきこえないと話すこと、また、きこえない・きこえにくい音声を具体的に話すことが多い。

　一方、補聴器・人工内耳を装用したときのきこえ及び補聴器・人工内耳の説明に関するものについては、以下のような説明の仕方がみられた。

①補聴器・人工内耳を装用したときのきこえについて
- 補聴器・人工内耳をつけると発音はきれいになるが、ききとれているわけではない。
- 補聴器をつけ始めたとはいえ、よくきこえるようになったわけではないので今後もきき直すこともある。

②補聴器・人工内耳の説明
- 補聴器・人工内耳は音声を拾う役割を持っているが、言葉がわかるようになるわけではなく、コミュニケーションできない。
- 補聴器・人工内耳は静かな環境ではある程度、ききとれることがあるが、周囲に騒音がある場合は、そこにあるすべての音を拾ってしまい、ききとりにくくなる。

これらの説明の仕方より、補聴器はあくまでも音声を大きくするのみであり、コミュニケーションすべてを担うものではないことを伝える必要のあることがうかがえる。その背景には補聴器が一般的に補聴器を装用すれば、何の配慮もいらないという誤解がある。また、説明をしても補聴器・人工内耳を装用して、発音がきれいだからきこえている、何の配慮もいらないという誤解も見受けられ、これについては補聴器・人工内耳で音声など聴覚情報を完全に網羅できないことを確実に伝える必要がある。

　聴覚障害学生の中には、ここにみられる自分自身のきこえ、補聴器・人工内耳について円滑な説明が困難な場合があり、障害学生支援担当職員によるカウンセリングの中で、教育支援の面より助言することも考えられる。

（3）中途失聴学生への聴覚的支援

　入学時には、何の配慮も必要なかった学生が、突発性難聴や、疾病治療に伴う薬の副作用など何らかの理由で急激な聴力低下に陥る場合がある。

　突発性難聴にて中途失聴した学生の例では、大学側が何とか支援したいと思い、手話通訳やノートテイクを手配したことがあった。しかし、それまできこえていたその学生はもちろん手話は理解できず、聴力が急激に低下したことの戸惑いが大きい中では、手話通訳やノートテイクの情報保障支援の効果はほとんど見られなかった。カウンセリングする中で学生の本人の気持ちをきいたところ、「きこえていたときと同じようにききながら自分でノートを書きたい」という思いが強いことがわかった。すでに補聴器を装用していたため、これにFM（デジタルワイヤレス）補聴システムを導入し、講義・演習時に講師など話し手の音声が学生本人にとってストレスなく直接伝わるように補聴環境の整備を行った。

　また、別の例では、もともと一側耳はほとんどきこえず、もう片方の耳の聴力が正常範囲から高度難聴に低下しつつあるという状況で手話が中心的なコミュニケーション手段になりつつあった。とはいえ、その学生本人は教育実習（通常の小学校）における児童とのコミュニケーションに不安を抱えていたため、FM（デジタルワイヤレス）補聴システムの利用を勧めたところ、久しくきくことのなかった鳥の声まで耳に入ってきて、その効果に驚いた様子であった。教育実習中は、児童たちもFM補聴システムに興味を持ち、協力的であったとのことであった。

　いずれの場合でも、失聴直後は支援に対して積極的に応じられないことが多いので、周囲が効果があると支援方法を提案しても本人が主体的に選択し活用することは難しい。まずは、本人の気持ちを丁寧にきくことに徹し、本人からの要望を引き出せるような信頼関係を築くことが肝要である。そのような基盤ができてはじめて補聴環境整備を含め

た効果的な支援体制が構築されよう。

(4) 軽度・中等度難聴学生の聴覚的支援

　WHOの分類では26～40dBHLを軽度、41～60dBHLを中等度としているが、ここでは身体障害者手帳の給付対象外である平均聴力レベルが70dBHL未満を「軽度・中等度難聴」と考えて記す。

　一般的に、補聴器装用を推奨されるのは両耳の平均聴力レベルが41dBHL以上とされている。25dBHL未満であればほぼききとれているといわれているが、中には25dBHLや30dBHLでも周囲の環境（騒音など）によってはきこえにくいというケースもある。また、70dBHL以上の聴力レベルの学生ほどきこえにくくはなく、ある程度ききとれる場合、隣にもしくは前方に支援者がいることへの抵抗が拭いきれないなどの理由で、ノートテイク等による情報保障支援よりもFM（デジタルワイヤレス）補聴システムが有効だと訴える学生もいる。最近では、このような身体障害者手帳の給付の対象にならない70dBHL未満でも、18歳未満であれば補聴器購入のための費用の一部を助成する自治体が増えてきているが、18歳以上の学生のように助成を受けられない場合、補聴器の購入が経済的に困難なため、必要と思われても購入せず、講義などの受講に難儀している学生も少なくない。

　軽度・中等度難聴の場合、「話せる（発声発話がきれい）」、「きちんときこえるときがあるという」という特性から、特に配慮しなくても大丈夫と思われがちである。しかし、1対1ではよく通じても、3人以上のコミュニケーションとなると、会話の流れ、内容がつかめず、コミュニケーションに入っていけないことが多い。また、周囲の状況によってはある程度きこえることもあるため、「きこえないのは自分が悪い」と思い込みやすくなり、精神的にもストレスを感じやすい状況となってしまう。

　一方では、話の内容がわからない場合、確認の意味を込めて「もう一度言ってください」と言うこともあるが、これは「ききとれなかったことを曖昧なままにしておきたくない」という本人の心の訴えと思って、しっかりと受け留めてほしい。軽度であっても自分のききたい音声が入ってこなければきこえないことには変わりなく、「きこえているはず」と決めつけることがないよう、また、聴力レベルの数値だけで判断しない。

　このような軽度・中等度難聴の学生の聴覚的支援としては、自分自身の聴力レベルのみではなく、自分の「きこえ」を説明し得るための知識に関する情報を集める必要がある。そのためには、同じような軽度・中等度難聴の人と情報交換するなどして、軽度・中等度難聴におけるロールモデルを得ることが効果的である。また、支援する側としては本人がきこえない・きこえにくいがゆえに、どのようなことで困っているかを整理し

ていくこと、その際に補聴器・補聴システムの活用を積極的に勧めていくのではなく、まず試しに活用してみてはどうかという観点で緩やかにアプローチしていくことが大切である。

(5) 聴覚過敏―発達障害のある学生の聴覚的支援―

聴覚過敏及び発達障害の聴覚的支援に共通するのは、聴覚障害とは異なり音を増幅する部分がなく、周囲の環境を整備することが中心となる。前者は、多くの人が十分に我慢できる音に対する苦痛を伴う異常な大きさの経験である（Baguley and Anderson, 2007）[3]。後者は特に自閉症スペクトラム（アスペルガー症候群）にみられるが、周囲の音がすべて耳に入ってきてしまい選択的注意ができず、相手の声に集中できないなど、不必要な情報にフィルタをかけるのが困難である（加藤, 2009）[4]。これらの状態にある学生には、ノイズキャンセリングヘッドホンまたは耳栓が考えられるが、聴力レベルからみれば補聴器等による音声増幅の必要がないため、FM（デジタルワイヤレス）補聴システムに（例えばモニタ用のFM（デジタルワイヤレス）受信機）を活用した周囲の補聴環境の整備が必要となる。

3 補聴システムの活用支援

大学等高等教育機関における補聴環境整備は、FM（デジタルワイヤレス）補聴システムの整備が多く選択されている。これらのシステムは近年活用場面に応じた送信機が開発されており、また送信機にあっては多種多様となってきている。

これらの機器の使用場面は、大学での講義、演習、教育実習、インターンシップ及び医療関係の実習などである。大学での講義では、最も基本的な形で送信機及び受信機が活用されているが、ゼミナール形式の授業、教育実習などにおいては、ディスカッション等が多いため、話し手に送信機を回して話すという方法は効率的ではなく、補助マイクロホンの併用か、またはデスクトップスタイルでマイクロホンの指向性を替えながら音声を採ることができるシステムが有効である。

しかしながら、これらの機器の活用場面においても、2人以上が同時に発言しない、発言には必ず所属、氏名等を発言し誰が発言しているのかわかるようにする等の協力を得る必要がある。

さらには、体育実技で体育館を使う授業においては、話し手から離れてしまうことが多いので、これらの音声等を伝えるためには音が直線的に届く線状スピーカの活用が考えられよう。

4 障害学生支援担当職員が担うこと

　障害学生支援担当職員が補聴相談を行い、補聴器・人工内耳の活用を前提とした支援としては、次のことが考えられる。

　まず、講義担当など関係する教員に対しては、補聴器・人工内耳のみでは講義内容等の情報を完全に保障することは困難であり、そのためにはＦＭ補聴システムの活用、状況によってはノートテイクを併用することを伝える必要がある。さらには、補聴援助機器を利用する際、当該の講義を受講する他の学生にも教員を通じて理解・協力を依頼することも必要である。

　また、補聴援助機器の利用だけでは情報保障が十分ではなく、併せてノートテイクをつけるかどうか判断できない場合がある。そうした聴覚障害学生に対しては、補聴援助機器のみの場合と、機器に加えてノートテイクを併用した場合とでどちらが情報を確実に得られやすいのかを体験させてみるといった支援も考えられる。

※本節の 2 (3)(4) は、次の文献に掲載されたものに修正を加えた。
　佐藤正幸（2014）[2] 中途失聴・軽度難聴学生への対応（ミニセミナー講演録）．第10回日本聴覚障害学生支援ネットワークシンポジウム報告書，日本聴覚障害学生高等教育支援ネットワーク（PEP-Net Japan）．

〈引用文献〉

1) 日本学生支援機構（2016）平成27年度（2015年度）大学、短期大学及び高等専門学校における障害のある学生の修学支援に関する実態調査結果報告書．独立行政法人日本学生支援機構．
2) 佐藤正幸・石原保志（2014）高等教育機関（大学）における補聴器理解に関する調査．日本特殊教育学会第52回大会論文集，P1-A-8.
3) Baguley, D. M. & Anderson, G.（2007）Hyperacusis: Mechanism, Diagnosis, and Therapies. Plural Publishing.（中川辰雄訳（2012）聴覚過敏，仕組みと診断そして治療法．海文堂出版）．
4) 加藤進昌（2009）ささっとわかる「大人のアスペルガー症候群」との接し方．講談社．

〈参考文献〉

梶山妙子・河﨑佳子（2008）軽・中等度難聴者の心理．村瀬嘉代子・河﨑佳子編著，聴覚障害者の心理臨床2，日本評論社．

第8節 聴覚活用と発音・発語学習

1 発音・発語学習における聴覚活用の意義

　発音・発語学習において、聴覚活用は重要な役割を果たす。聴覚活用の意義は多岐にわたるが、ここでは2点を述べる。

(1) 「発見」のための手段となる

　発音・発語学習は、子どもにとっては文字通り「学習」である。学習活動には、子どもが自分自身で法則を発見し、練習に取り組み、正誤を自分自身で判断する過程が不可欠である。聴覚活用は、子ども自身が音の発音要領を発見したり、正誤をフィードバックしたりするための、一つの大きな手段となる。ある音の発音要領（発音の仕方）を学習し、定着しかかった段階では、子どもが課題音を自分から言い直すことがある。このときに、理由を尋ねると、「違ってきこえたから」「変な音だったから」と答えてくれることが多い。発音・発語学習において聴覚活用は、たとえそれが不十分なきこえであっても、子ども自らが発見する学習活動を展開する手助けとなり、自己フィードバックにも役立てることができる。

(2) 聴覚活用を通じて、日本語の感覚を磨くことができる

　発音・発語学習では、発音の明瞭性を高めるだけでなく、音韻意識を高めたり、リズムよく話したりする活動を通して、日本語の感覚を磨き、正しい書きことばにつなげることも大切なねらいとなる。筋感覚や口腔内の感覚と合わせて、音のイメージを聴覚活用によって捉えることは、日本語の感覚を磨くことにつながる。

2 発音・発語学習における聴覚活用の留意点

(1) 一人一人の聴力の状況を把握する

　裸耳聴力・装用閾値・補聴状況・語音了解度の測定の結果などを把握し、どの程度までを聴覚活用で狙えるかを予測し、指導にあたることが必要である。

(2) 一人一人の聴覚活用の状況を把握しながら学習活動を展開する

　例えば「ア」と「タ」の２音の違いを聴き分けることができれば、発音・発語学習の上では、聴覚活用をベースとした学習活動が展開できることが多い。諸々の測定結果を踏まえながらも、日々の学習活動の中での聴覚活用の様子を常に観察していくと、学習活動に生かせることが多い。声の大きさの違いをきき分けることができるか、高さの違いが理解できるか、息と声の違いをきき分けることができるか、母音と課題音のきき分けができるか、課題音と他の音のきき分けができるか等を常に観察し、評価しながら学習活動を展開できることが望ましい。

(3) 一人一人の聴覚活用の伸びを把握する

　課題音を練習しているとき、最初のうちは正誤の違いが判断できなくても、次第にきき分けができるようになるケースは珍しいことではない。聴覚活用の小さな変化に注意を払い、学習活動に生かしていくことが大切である。

(4) 補聴の状況を把握する

　補聴器の器種や調整が変わったり、人工内耳の調整が変わったりすると、発音に変化がみられることがある。日頃より、校内の聴能担当者や担任と連絡をとりあい、補聴の状況について把握するとともに、発音に変化がみられたときには補聴担当者にフィードバックできる連携ができていることが望ましい。

3 学習活動の展開

　筑波大学附属聴覚特別支援学校小学部では、６年間をかけて、日本語100音節の発音要領について学ぶ。現在では、早期からの聴覚活用や小学部入学までの指導により、明瞭に言えている音が多い児童も少なくないが、基本的には母音から学習を行っていく。音によっては、聴覚によるフィードバックに頼れない場合があるため、明瞭に出ている音のうちに、口形や舌位置をしっかりと意識させ、意識して口形や舌を正しく動かして発音できる力を育てていくことが必要である。学習においては、聴覚活用と並行して、視覚や触感覚、味覚も使い、複数の感覚で自己フィードバックしながら、正しい音を意識して自分で出せるように心がけている。

　音の指導の順序は、通常母音→パ・バ・マ行→タ・テ・ト→チ・ツ→ハ行→カ行→ナ行→サ行→ラ行→直音全般の復習→ヤ行→ワ→ダ・デ・ド→ンの区別→ザ・ガ（カ°）行→イの段の復習→ヤ行→拗音（キャ・シャ・ヒャ・チャ・ニャ・ミャ・ピャ・ビャ・リャ・ジャ・ギャ（キ°ャ））の順で行う。この順序は、児童の実態によって変更するこ

表Ⅲ-8-1 各音の指導の流れ

発音要領の学習	・課題音の発音要領について学習する。口形、舌の動かし方、有声・無声・鼻音の区別、子音と母音の渉りなどについて学習・練習をする。
連続音での学習	・母音を先行させる、似た発音容量の音と組み合わせるなど、無意味音節で正しく発音できるように練習する。 ・最初はゆっくりした速度で練習を行い、徐々に一音の長さで言えるように練習していく。
ことば・文レベルでの練習	・課題音が入ったことば（今までに学習した音のみで構成されている）の絵を見て、発音に気をつけながらことばを言い、当てはまる文を作って言う練習を行う。文作りでは、児童の言いたいことを適切に表しているかや、包括動詞（やる・する等）が用いられていないかを確認し、場合によっては適切な言い方を指導してから練習を行う。
課題音が入った詩の練習	・課題音が多く使われている詩を音読する練習を行う。担当の後について読んだり、交互に読んだりすることを通して、最終的には暗唱できるようになるまで練習することが多い。
まとめのうた	・課題音が入った「まとめのうた」を練習する。すべてのうたが同じリズムになるように作成してある。

ともある。

　以下、各音の練習の流れを**表Ⅲ-8-1**に示し、指導の流れについて述べる。

（1）発音要領の学習

　「『カ』はどのように言えばよいのか」など、各音の発音要領（発音の仕方）について確認する。指導前から明瞭に言えている場合には、発音要領について児童自身のことばで説明させる。子どもは意識せずに発音している場合があり、明瞭に発音できていても、例えば「『カ』は、舌の先を下の歯につけて言う。舌は上につかない」（実際には奥舌を上顎につける）と言ったりする場合がある。このときに、担当者の「ア」と「カ」を聴き分けられる児童であれば、担当者が口の中を懐中電灯で照らし、舌が上顎に触らないことを示しながら「ア、ア、ア」と言って、「カ」と言えないことを示した後、蜂蜜を軟口蓋につけて「カ」と言い、奥舌がつくことを確認していくと、子どもの心に残りやすく、学習の定着が期待できる。

（2）母音先行法や連続音での学習

　「アーカーカーカー」や「パタカ」などの連続音の練習をして、課題音が確実に言えるように練習を行っていく。ある程度練習が進んだら、正しく言えたかどうかを子ども自身に判断させ、その理由も尋ねるようにしていくと、自然に聴覚も活用して正誤を判

断できるようになることが多い。聴覚活用だけでは難しい場合には、口形が前後で同じになるように確認する、のどの響きを確認し、先行する母音と後続母音で同じ響きが得られるように練習するなど、児童に合った自己フィードバックの方法を探っていく。

児童によっては、自分の誤り音はまだきき分けられなくても、担当の誤り音はきき分けられる場合がある。この場合、担当が正しい音と誤り音をよくきかせ、比較させるなかで、耳作りを行う活動が有効である。

(3) ことば・文レベルでの練習

ことばの中で、課題音を正しく言えるように練習を行っていく。ことばや文のレベルでは、課題音を明瞭に言うだけでなく、リズムよく言えているか、既習音は明瞭に言えているか、特殊音節（撥音・長音・促音）を正しく言えているかも確認し、追従模倣、同時模倣ができるかを確認する。

文単位になると、意味のまとまりで区切ってしまう場合があるため、二音一拍のリズムを基本として、手でリズムをとりながら確認する場合もある。子どもの実態によっては、より長い単位をひとまとまりとして練習する場合もある。

(4) 文字での確認

今までに扱ったことば（絵）を文字のプリントで示し、確認する。このとき、聴覚活用や読話の練習も兼ねて、まず文字を子どもに見せずに担当者が言い、対応する絵を指さしさせる方法もある。子どもの様子を観察しながら行うことで、子どもが読話しながら絵を指しているのか、聴覚活用で指しているのかを知ることができる。よくききとれる子どもであっても、その子どもにとっての難語句や新出語句は一回できこれる場合が多い。様子によっては、一回できこれなかったことばの意味について確認することもある。

(5) 課題音が入った詩の練習

課題音が多く含まれている詩の教材を準備し、音読する練習を行う。通常、まず絵を見ながらどんな情景かを話し合い、次に字を見せずに担当が暗唱し、それを復唱する活動を行っている。最初から覚えることは難しくても、徐々にききとれる（読みとれる）単語が増えていくことで、楽しみながら学習活動を行うことができる児童も多い。復唱できたところで、文字を見せて確認し、「一行ずつくり返し読み→交代読み→担当者と一緒に全文読み→一人で全文読み」と練習を進め、最後にビデオに撮って担当者と一緒に見る。そして、リズムや発音、口形など、担当者が観点を示しながら映像を振り返り、

良かったところや、改善するとよいところを確認している。場合によっては撮り直しをして、再度確認することもある。

4 韻律情報の活用

　聴力レベルが重い補聴器装用児であっても、声の大小をきき分けたり、声の高さをきき分けたりしているケースが少なくない。ことばのアクセントが逆になる場合には、アクセント辞典をひき、アクセントの高低を確認してから、手で高さを示しながら練習を行う。このとき、担当者のアクセントの高低がきき分けられる場合には、正しいアクセントと、児童のアクセントをきき比べさせる方法もある。

5 学級における発音の配慮

　聴覚からのフィードバックが効きにくく、自分では正誤の判断が難しいことがある。発音・発語学習の場は一対一での静かな環境の中で行われるため、聴覚を頼りにして発音の正誤を判断することができても、学級や家庭生活ではなかなか般化しないことがある。般化が難しいことを知った上で、子どもにとって無理のないステップで般化を目指していく。

　学級では、課題音が「気をつければ出せる」ようになった段階で、あいさつや音読のときに課題音に気をつけるように声をかけたり、上手に言えたときに褒めたりすると、効果的である。日頃から、担任との密な連携をとることが望ましい。

　また、どの教科でも音読を大切にすることが必要である。このとき、必ず教師が範読し、リズムや声の調子に気をつけながら読ませることが重要である。書きことばと発音は、必ずしも一致しない。日々の学習活動において、一つ一つを取り立てて指導することは難しいが、リズムよく読む中で、音声言語のルールを自然に見つけ、正しい音読ができるようになることが多い。それは、音韻意識の獲得や、さらに書きことばへつながる大切なステップになると考える。

6 おわりに

　発音・発語学習にとって、聴覚活用は欠かせないものであるが、聴覚のみで学習を進めていくと、ザ行などの難発音になったときに、舌や口形を意識的に動かすことが難しい。聴覚活用を大切にしながらも、初期のうちから視覚や触感覚、味覚も使い、子どもが自分自身で発音要領を意識し、意欲的に取り組むことができるようになることが望ましいと考える。

第9節 聴覚活用と手話

1 聴覚活用と手話

　聴覚障害児のニーズは多様である。聴覚活用が主となる子どももいれば、手話が主となる子どももいる。聴覚活用と手話は、異なるモードと言語であるため対立的に扱われることも多いが、どちらも大切なコミュニケーション手段であり言語である。

　ただし、どちらの方法をとるとしても、子どもの言語力、コミュニケーションにおける課題はある。万能なコミュニケーション方法や教育方法はない。そのことをよく理解した上で、個々のニーズにあわせて「聴覚」と「手話」を有効に「活用」する姿勢が大切である。そして「相乗効果」が発揮できるような教育実践が望まれる。

2 手話と日本語の二言語教育と聴覚活用

　手話と聴覚活用について考える上で、参考になるデータがある。筆者が勤めていた奈良県立ろう学校幼稚部では、1971年からキュード・スピーチを、1995年からは手話を用いた教育を行っている。手話導入後10年ほど経って、手話の有効性と課題について調べる目的で、1984年度から実施していたITPA（ITPA言語学習能力診断検査）やWIPPSI（WPPSI知能診断検査）を使ってキュー群（72人）と手話群（55人）に分けて比較・分析を行った（中井ら，2008）[1]。

　その結果では、ITPAとWIPPSIのどちらもキュー群に比べ手話群の方が日本語の力が高まっていることが示されたのだが、その中でも注意すべきは、日本語の力が伸びている子どもたちの大半は聴力障害が軽い子どもたちだという点である。これは、手話を使って概念化がすすみ、なおかつ聴力も活用できる子どもたちは、不明瞭とはいえ日本語の音韻を聴覚から受容できることで日本語の音韻形成がすすみ、プラス・プラスの関係で手話と日本語を身に付けることができるからだと考えられる。つまり、手話も使いながら聴覚も使うということは、日本語の習得に非常に有利だということである。手話と聴覚活用の「相乗効果」である。

　一方で、聴覚が十分活用できない子どもたちの日本語習得については、手話で育った概念と日本語とをていねいに結びつけ、聴覚に依存しないで日本語の習得をすすめる指導・支援のプログラムや体制が必要で、これからの重要な課題となっている。

3 育てる言語と教える言語

　手話と日本語の二言語教育をすすめていく場合、二つの言語の学び方の違いを整理しておく必要がある。手話が共通のコミュニケーション手段となった場合、コミュニケーションを通して育つのは手話である。手話と同時に音声言語も使われる環境では、聴覚が活用できる子どもたちは、聴覚を通して手話と日本語を身に付けていくことも可能である。しかし、聴覚から情報が入りにくい子どもたちの場合は、手話で育った概念と日本語とをつなぐかかわりが必要となる。手話はコミュニケーションを通して育てる（育つ）言語であるのに対し、日本語はもととなる言語と結びつけながら教える（教わる）言語となる。特に聴覚からの情報が入りにくい場合には、日本語を教えるかかわりが重要である。

4 手話をもとにした日本語習得のモデル

　鳥越（2001）[2]は、岡本（1985）[3]の言語発達の考え方をもとに、きこえる子どもの話し言葉は、「一次的ことば」から「二次的ことば」へ成長し「書きことば」へとつながっていくように、手話も同様に「一次的ことば」から「二次的ことば」へと高めていくことが、日本語の書きことばを学ぶ上で大切であるという考えを示した。

　図Ⅲ-9-1は、鳥越の考え方をもとに、手話と日本語とを結びつける活動について筆者の考えを示したものである。日本語という括りは、書記日本語と音声日本語に分けた方が、文字・指文字、聴覚・音声の活用によって日本語の音韻形成をすすめている様子

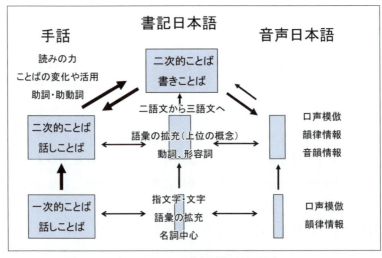

図Ⅲ-9-1　日本語習得のモデル
鳥越（2001）の図をもとに筆者作成

がわかりやすくなると考えた。

　実際の活動場面では、手話を共通の言語としながら、「一次的ことば」から「二次的ことば」へと言語を発達させる活動と、その一方では、その時期の課題にあわせて、手話と共に口声模倣を促したり、指文字で音韻を綴る、文字でも確認する、文字から意味をつかむ、というような「日本語を学ぶ活動」を共にすすめていく必要がある。

5 口声模倣と発音

　口声模倣は、聴力障害が重度になるにつれて習慣化することは難しさを伴うが、大切にしたい。

　手話を導入した頃のことである。手話でのコミュニケーションにウエイトが置かれ、口声模倣がおろそかになるにつれて音韻意識が薄れ、日本語がなかなか身に付かない、記憶してもすぐに忘れてしまう子どもが増えてしまった。指文字や文字も大事であるが、口声模倣や発音が音韻意識の形成に果たす役割は大きい。

　発音指導は語音の明瞭さを高める指導ではあるが、何もそのことだけが目標ではない。四日市（1996）[4]は、聴覚障害児と発音について、「聴覚障害児が、日本語という言語を習得するための1つの方法」「他の人が聞き取るには不明瞭な発音であっても、発音することによって、聴覚障害児本人が日本語の音韻や音声の構造を意識できればよい」「健聴者のためではなく、聴覚障害者自身のための発音指導」と述べている。

　音読も大事である。図Ⅲ-9-2は幼稚部で使っている助詞や動詞の活用を意識し、使えることをねらいとした教材である。普段の生活でやりとりしている内容ばかりである。

図Ⅲ-9-2　音読の教材

幼児に助詞や動詞の活用のルールを理屈で教えることはできない。しかし、自然にはなかなか身に付かない。できる方法としては、このような音読の教材が有効であると考えて指導している。何回も音読することでその仕組みを覚えて自動化をはかる。口声模倣や音読は、日本語の仕組みを覚え、身に付けていくための大事なツールなのである。

6 指導・支援の実際

　手話をベースにした日本語指導では、初期の段階では要素法的に指導していく必要があるが、ある程度語彙が育ってくると、手話で培った力を利用しながらトップダウンアプローチが行えるようになってくる。また、手話と日本語の形態の違いに着目して言葉の学習をするなど、メタ言語能力を活用した指導も可能になる。こうした手法を有効に活用し、手話と日本語を相互に高めていくことが大切である。

(1) 語彙の拡充（名詞を中心に）

　手話では、自分の思いや経験したことを話せる子どもであっても、日本語の音韻形成はまだ初歩の段階。しかし、この音韻形成は、日本語を学んでいく上で何としても超えなければならない。楽しくなるような工夫は必要だが、カードを使ったりドリル的な扱いも必要である。

(2) 文の初期指導

　語彙指導で覚えた既習のことばをつないで文を作ったり、簡単な文章を読んで理解するような活動にすすむ。

　まだ文字は書けない段階なので、色を塗る、線で結ぶ、切り貼りを楽しむなど、図Ⅲ－9－3のような遊びの要素を入れたプリント教材を作成し、家庭でも取り組んでもらう。子どもが主体的に取り組める内容で、単語の意味がわからないとできない、文を理解しないとできないような学習教材の研究・開発が必要である。

(3) 意味ネットワークの拡充

　聴覚障害児の言語獲得の課題として意味ネットワークの狭さがある。こうした意味ネットワークの拡充では、手話会話から知識を広めたり深めていくことが有効だ。こうして学んだ知識や概念を、日本語と結びつけながら整理し強化していく。「ことば絵じてん」を作ったり、遊びでは、スリーヒントゲームや古今東西などがある。

第9節　聴覚活用と手話

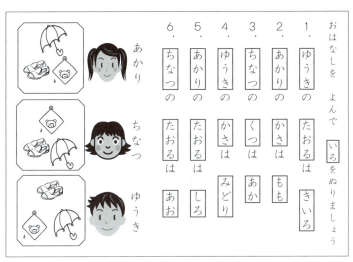

図Ⅲ－9－3　読みのプリント（色塗り）

（4）語彙の拡充（動詞・形容詞）

　手話導入後の目立った変化は、動詞や形容詞は手話だけのコミュニケーションとなり、日本語との結びつきが弱くなることである。聴覚が活用できる場合は、聴覚から日本語を覚えていけるが、そうではない場合は、動詞や形容詞の取り立てた指導が必要である。
　図Ⅲ－9－4は動詞の学習のための教材プリントである。形容詞は、まず手話で「反対ことば」を考える遊びから日本語に結びつけていくと楽しく学習できる。

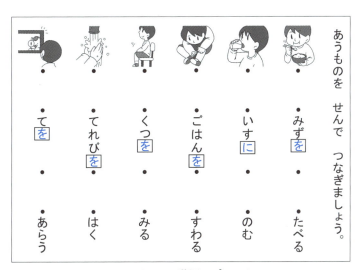

図Ⅲ－9－4　動詞のプリント

(5) 文づくり

語彙が増えてくると、文づくりを楽しめるようになる。

表Ⅲ-9-5は、テーマに沿って、子どもと一緒に「おはなし」を考える遊びの例である。順番にテーマに合う「おはなし」を考えて、紙に書いていく。まず、①手話でテーマに合った「おはなし」が作れる、そして、②考えた手話文を日本語に変換できるということをねらいとした、手話から日本語へのトップダウン式の指導である。

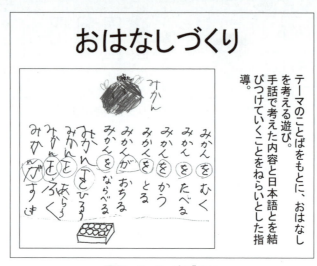

図Ⅲ-9-5　文づくり

(6) 文の読みの指導

簡単な文を読んだり作ったりする段階から、次の段階に入ると、いろいろなことばの言い回しや助詞や動詞の活用などが課題となってくる。

図Ⅲ-9-6は、簡単な質問文を使って読みの力を高める指導例で、普段の会話の内容をなぞなぞ風の質問文にして「読みの教材」としたものである。「~のとき」「~のもの」「ところ」など、文字になって初めて知ったり、読みも、ぽつぽつと拾い読みで、自分ではなかなか意味がつかめない段階である。

指導のポイントは、読んでわからなかったら、手話をつけて読んでもらい、意味をつかんでから読みに戻るという「手話と日本語を行き来する」ことでことばの意味を捉えさせるのである。こうした読みの力を高めながら質問-応答の力も高めていく。キュード・スピーチの頃は知らないことばがあると、そこで行き詰まってしまうことがあったが、手話がベースにあると、手話と結びつけながら日本語の指導ができ、抽象的な内容も説明しやすくなった。

図Ⅲ-9-6　読みの指導

7　まとめ

　「聞く－聴く－訊く」。かけだしの頃、「聴能教育のねらい」として教わった。はじめの二文字は「耳偏」で「耳」に関係する言葉だが、最後の「訊く」は、「耳偏」から「言偏」に変わる。それはどうしてなのか。

　「訊く」という言葉には、「承認する」「受け容れる」という意味があり、「訊く」という聴能の段階は、「相手の立場を理解して受け容れる」ことを意味している。聴いて内容がわかればいいのではない。相手の立場を理解し尊重して話ができるようになること、ここに至っては、聴覚だ、手話だというのはナンセンスである。山に登る方法はこちら側から登る方法も、反対側から登る方法だってある。しかし、目指すべき頂上は同じである。聴覚活用も手話も、結局目指すところは同じなのではないだろうか。

〈引用・参考文献〉
1）中井弘征・中森礼美・安田美佐子・広中嘉隆（2008）奈良県立ろう学校における手話の活用と日本語獲得のアプローチ．ろう教育科学，50(1)，1-29.
2）鳥越隆士（2001）手話・ことば・ろう教育．全日本ろうあ連盟日本手話研究所．
3）岡本夏木（1985）ことばと発達．岩波新書．
4）吉岡博英・四日市章・立入哉（1996）聴覚障害教育情報ガイド．コレール社，91．
5）中井弘征（2006）手話の活用と日本語の習得について．聴覚障害，61(9)，26-34.

第10節 発達障害と教室環境

1 発達障害とは

　発達障害者支援法第2条において『「発達障害」とは、自閉症、アスペルガー症候群その他の広汎性発達障害、学習障害、注意欠陥多動障害その他これに類する脳機能の障害であってその症状が通常低年齢において発現するものとして政令で定めるものをいう。』と定義されている。発達障害の診断に用いられるDSM-5[1]では、自閉症やアスペルガー症候群、広汎性発達障害については自閉症スペクトラム障害（ASD）と分類されており、本稿においてもASDとして扱う。

2 発達障害ときこえの困難

　ASDは、話しかけてもきいていないかのように感じられる、耳を塞ぎたくなるような大きな音に対して平気な様子を見せる、誰も気づかないような小さな音に気づき耳を塞ぐ等といった聴覚に関する特徴が多くの臨床家によって指摘されてきた。騒音の中で話し手に注意を向けるような場面でのききとりに困難を示すことにつながるような、注意の問題[2]や言語音に対する注意の向け方の特異性[3]に関する報告もある。語用論的問題があることも知られており、遠回しな言い方の理解が難しい、話し手の表情が読めず話されたことのウラにある意図が読めないなどのコミュニケーション上の障害を示す[4]。筆者が経験した事例では、他者や他者の呈示する話題への興味・関心が弱くぼんやりきいてしまう、共同注意の弱さから何を指して言われているのかわからない、自分が関心のあることに注意が逸れてきき逃す、自分の興味・関心のある分野のことときき間違える、会話の文脈の維持ができず会話の内容を理解できない等といった困難を示していた。

　学習障害（LD）は、近く（個別）で言われれば理解しやすいが遠く（集団）だと理解しにくい、きき漏らしがある、相手の話をきいていないと感じられることがある、きき間違いが多い、話しことばにおける音のきき分けが難しい[5]などといった行動特徴を示すことがある。また、読みに困難を示すものの中には、聴覚情報や音韻の処理に問題を示すものがある[6]。幼少期のきこえの問題により、誤った音韻表象や不明瞭な音韻表象が形成され、きき間違い等の要因となる場合がある。聴覚的な識別能力の影響は、ひらがなの読みの習得等が発達することで影響力が小さくなり[6]目立たなくなるが、聴取

環境によっては顕在化することもある。

　注意欠陥多動性障害（ADHD）は、話しかけられているのにきいていないように見える、最後まできき続けることができない、きき続けることに苦痛や疲れを感じる等の行動特徴を示す。筆者が経験した事例では、教室の外からきこえてくる騒音に注意が逸らされ、そのときに話されていたことをきき逃したり、教師の話を最後まできき通すことができないために話が理解できなかったりするなど、注意の転動性や持続性に起因するものが多い。周囲から話し声がきこえてくる環境で、きくべき話し手の声に注意が向けられないといった注意の選択性に起因すると思われるものもいる。ぼんやりしてきき逃す不注意型を示すものも少なくない。不注意優勢型 ADHD には、二次的障害として心因性難聴を呈したと推察される事例も報告されている[7]。筆者も、不注意の傾向がある機能性難聴の事例を経験している。注意の問題と関連してワーキングメモリの弱さも指摘されている[8]。ワーキングメモリの弱さから、話をきき覚えることが難しく、口頭の指示が理解できずきき返したり、指示に従えなかったりするような問題もある。

3 「スペクトラム」「グレーゾーン」「静かに苦戦している子」

　スペクトラムとは連続体という意味である。前述のとおり、DSM-5 では、自閉症はスペクトラムとして捉えられている。読み書き障害も、特異的言語発達遅滞とディスレキシアは異なる障害ではなく重症度というスペクトラム上にある2点と捉えられる[9]。普段、学習や生活に困難を示す子どもたちとかかわっていると、ASD や読み書き障害に限らず「スペクトラム」という言葉が実感されることが多い。知的障害を併せ有する重度の障害から知的障害を有さない軽度の障害、あるいは発達障害の特徴が強く表れているケースからマイルドで慎重に観察しないと気づかれないケースまで「スペクトラム」である。

　発達障害は「スペクトラム」であるがゆえに、診断には至らない、いわゆる「グレーゾーン」の子どもが、通常の学級等に在籍していると思われる。文部科学省の調査によれば、約6.5％在籍しているとされている[10]。これらの子どもは多動や衝動的な行動、学習の不振などの行動面で気づかれることが多い。しかし、行動面では気づかれにくく「静かに苦戦している子」がいることにも留意する必要がある。「静かに苦戦している子」は、次のような苦戦＝困難を訴えることが多い。「先生の話がききとれない」「先生の話が長いと途中からわからなくなる」「友達の話をよくきき間違える」「話の途中で他のことに注意が逸れる」「ザワザワした教室できこうとするととても疲れる」「給食時の放送が大きくて苦痛」「『それ』と言われて、どれのことか考えているうちにわからなくなる」など。このような子どもたちにも支援の手をさしのべる必要がある。

4 教室環境ときこえの困難

「静かに苦戦している子」は、どんな場面においても常に困難があるわけではない。どのような場面に困難があるのかを把握することが支援につながる。きこえの困難を把握し、支援につなげるための質問紙に「きこえの困難さ検出用チェックリスト」[11]がある。この質問紙は、子どもをよく知る保護者や担任教師などが実施する。質問文にある行動が、同年齢の子どもと比べて非常に多く見られる場合には3、多い場合には2、やや多い場合には1、同程度か問題がない場合には0と回答する。

表Ⅲ-10-1は、不注意の傾向が見られたA児に対する回答の一部で、きき間違いやきき返しが目立つというケースである。A児の内省によれば、「教室のように周りがうるさいところでは友達の話や先生の話がききとれなくて困っている」「同時的に複数の友達が話し始めると混乱する」とのことであった。

表Ⅲ-10-2は、ASDと聴覚過敏の傾向があるB児に対するものである。B児は就学前にテレビから流れる突然の笑い声や、乳児の泣き声、幼児園での運動会のBGM等に

表Ⅲ-10-1　きこえの困難さ検出用チェックリスト　回答例（不注意傾向のある児）

質問	回答
ザワザワしたところや音が響くところでは、話し手に注意を向けることが難しい。	0
ザワザワしたところや音が響くところでは、話に注意を向けていてもききとり理解することが難しい。	1
ザワザワしたところや音が響くところでは、話に注意を向けていてもきき間違えたり、きき返したりすることが多い。	1
静かなところで、話し手に注意を向けることが難しい。	0
静かなところで、話に注意を向けていても、ききとり理解することが難しい。	0
静かなところで、話に注意を向けていても、きき間違えたり、きき返したりすることが多い。	0

表Ⅲ-10-2　きこえの困難さ検出用チェックリスト　回答例（ASD傾向のある児）

質問	回答
ザワザワしたところや音が響くところでは、話し手に注意を向けることが難しい。	3
ザワザワしたところや音が響くところでは、話に注意を向けていてもききとり理解することが難しい。	3
ザワザワしたところや音が響くところでは、話に注意を向けていてもきき間違えたり、きき返したりすることが多い。	2
静かなところで、話し手に注意を向けることが難しい。	2
静かなところで、話に注意を向けていても、ききとり理解することが難しい。	1
静かなところで、話に注意を向けていても、きき間違えたり、きき返したりすることが多い。	2

対し不安感や不快感を強く表していた。小学校入学後に「先生の話がきこえない。きこえてもわからない」と訴えていた。

どちらの事例も家庭では困難が少なく、ザワザワとした教室での困難が顕著であり、質問紙にもそれが現れている。

ところで、教室内の騒音については、授業中の笑い声は80dB(A)、挙手のときに上げる声は90dB(A)、自習中のざわめきは60dB(A)であるといわれている[12]。教師の声の大きさは教室内の騒音に相関して大きくなり、騒音のレベルとほぼ同レベルの大きさ[13]といわれている。筆者が、B児の教室に訪問したとき、教室内の騒音は80dB(A)を超えており、教師は声を張り上げるように授業を行っていた。これでは、教師の話をきこうと思っていても、聴覚過敏の傾向がある耳では騒音にじっと耐えるしかない。一方で、騒音の影響はその大きさに限らないようである。ASD傾向のある青年は、「講義のとき、話に注意を集中していても、ふと気がつくと他の音に気を取られていることがある。小さな音に気を取られることも多い」と話していた。

また、「『あれ』『それ』など指示語が多いとわからない」「『〜から、〜から』等と文が長いとわからなくなる」「黒板の方を向いてぼそぼそ話す先生の話はききとれない」「教室内を歩きながら話す先生の話は聞くのが疲れる」などと訴える子どももいる。教室の騒音だけでなく、教師の話し方も見直す必要がある。

5 教室内におけるきこえへの支援

基本的には聴覚障害児が在籍する教室での支援と同様の方法が効果的である。

まずは、教室内の騒音をできる限り少なくすることである。フローリングの教室で椅子や机を引きずるときに生じる騒音は不快なものだが、脚の部分にテニスボールやカーペットの切れ端を貼り付けることでかなり防ぐことができる。採光の面から難しいかもしれないが、厚手のカーテンを閉めることで音の反響をいくらか抑えることができる。

子どもたちには、発言は一人ずつ、きき手に顔が見えるように話し、他は静かに耳を傾けるよう指導する。グループに分かれての話し合い活動は、グループ内のメンバーがききとれるだけの大きさで話すよう指導する。

教師は、次のことに配慮する。

- 簡潔で明瞭に適切な速さで話すよう常に心がける
- 「あれ」「それ」などの指示語はできる限り使わない
- 最初に結論や概論を話す
- どんな順番で話すか見出しに当たる内容をあらかじめ示す
- 子どもの反応を確認しながら話す

・重要なことばや子どもになじみのないことばは板書をする
・子どもに身近な語句を用いて話す
・アイコンタクトなどを用いて注意を喚起した後に話す
・カードや写真、絵などの視覚教材を効果的に用いる

学習内容や範囲をあらかじめ知らせておき、予習を促すことも効果的である。予習することで、知識や文脈を使った「トップダウン」のききとりができるので、是非勧めたい。

FM（ワイヤレス）補聴システムが効果的な場合もある。聴覚障害児には一般に「FM補聴器」と呼ばれる利得のあるシステムを用いるが、聴力に異常がない子どもには利得のないシステムを用いる。欧米では「聴覚情報処理」の困難に対する聴覚援助機器として用いられている。これは、授業を行っている教師だけでなく、グループに分かれての話し合いのときに発言者にマイクを回して話してもらうなど、聴覚障害児と同様の使い方が効果的である。注意に問題を示すケースでは、耳につけたイヤフォン等に注意を向けることによって困難さが軽減される。聴覚過敏があるケースでは、受信機に付いているボリュームを操作し、声が大きい話者のときにはボリュームを下げてききやすい大きさで聴取するといった使い方をしている。システムの使用を判断する際は、騒音負荷条件下での語音了解度の測定により効果を見極めた上で使用を決定することが重要である。さらに、利得がないとはいえ、機器を通して聴取するのであるから、定期的に聴力測定を行い聴力の継続的な観察を行うことも大切である。

受験においては、医師や言語聴覚士による「聴覚情報処理の困難」とする意見書により別室受験等が認められたケースもある。聴覚情報処理や発達障害に伴う聴覚問題に詳しい専門家に相談することが重要である。

〈引用文献〉

1）American Psychiatric Association（2013）Diagnostic statistical manual of mental disorders 5th. 高橋三郎・大野裕監（2014）DSM-5 精神疾患の診断・統計マニュアル．医学書院．
2）谷口清・千住淳・東條吉邦（2003）自閉症児の言語音識別と注意．国立特殊教育総合研究所分室　平成14年度一般研究報告書 自閉性障害のある児童生徒の教育に関する研究　6，27-34．
3）谷口清・千住淳・東條吉邦（2005）自閉症児の社会性障害に関する生理心理学的研究　―語音識別反応と事象関連電位―．国立特殊教育総合研究所分室一般報告書 平成16年3月，57-64．
4）斉藤佐和子（2008）広汎性発達障害．石田宏代・大石敬子（編著），言語聴覚士のための言語発達障害学．医歯薬出版，167-182．
5）海津亜希子（2002）LD児の学力におけるつまずきの特徴．国立特殊教育総合研究所研究紀要，29，11-32．
6）細川美由紀・室谷直子・二上哲志・前川久男（2004）ひらがな読みに困難を示す生徒における音韻処理および聴覚情報処理に関する検討．LD研究，13(2)，151-162．
7）臼井智子・鶴岡弘美・石川和代・町野友美・増田佐和子（2010）心因性難聴から注意欠如・多動性障害

（ADHD）が判明した同胞例．小児耳鼻咽喉科，31(3)，324-329．
8 ）Gathercole, S. E., & Alloway, T. P. (2008) Working memory and Learning. 湯澤正通・湯澤美紀（2009）ワーキングメモリと学習指導―教師のための実践ガイド―．北大路書房．
9 ）Norbury, C. F., Tomblin, J. B., & Bishop, D. V. M., (2008) Understanding Developmental Language Disorders From Theory to Practice. 田中裕美子（2011）ここまで分かった言語発達障害．医歯薬出版．
10）文部科学省（2012）通常の学級に在籍する発達障害の可能性のある特別な教育的支援を必要とする児童生徒に関する調査結果について．2012年12月10日，http://www.mext.go.jp/a_menu/shotou/tokubetu/material/__icsFiles/afieldfile/2012/12/10/1328729_01.pdf（2015年11月1日閲覧）
11）小川征利・原島恒夫・堅田明義（2013）きこえの困難さ検出用チェックリストの作成．特殊教育学研究，51(1)，21-29．
12）安岡正人（1997）C.5 学校．日本建築学会（編），日本建築学会建築物の遮音性能基準と設計指針（第 2 版）．技報堂出版，287-320．
13）小林和夫・元山正・国崎弘・加納克巳・田島静子（1978）教室騒音に関する一考察．学校保健研究，20(9)，438-444．

第11節 特別支援学校・重複障害

1 重複障害児や特別支援学校を対象とした研究

　重複障害児を対象とした研究では、医療分野での研究が多く報告されている。聴覚以外の特別支援学校（以下、特別支援学校とする）に在籍する児童生徒の聴力評価に関して、田中（1994）[1]は、東京都立養護学校に在籍する152例の肢体不自由児のうち聴力測定のできなかったものは知能の低下によるもので、88例（約58％）に及ぶと報告している。さらに田中ら（1998）[2]は、重複障害児の聴覚障害の診断においては、聴性行動反応（BOA）、条件詮索反応聴力検査（COR）、聴性脳幹反応検査（ABR）に加え、聴覚発達検査や聴性反射検査など可能な限りの検査を組み合わせて聴力の状態を追跡して行っていくことが重要であると指摘している。鷲尾（1997）[3]は、ダウン症児や脳性運動障害児の聴力評価・聴覚障害の実態・聴覚補償について検討を行い、その必要性や重要性について指摘している。さらに近年では、AABR（自動聴性脳幹反応聴力検査）やOAE（耳音響放射）を用いた新生児聴覚スクリーニングが行われ、重複障害児の聴力評価にも応用されている（北川ら、2001[4]；鶴岡ら、2001[5]；森田ら、2009[6]）。また聴性定常反応聴力検査（ASSR）の臨床応用により周波数ごとの聴力閾値の推定が可能になり、早期からの聴覚補償も可能になっている。これまでの聴力評価や聴覚補償の研究を概観すると、医療分野の研究が多く、教育分野の研究は聴覚特別支援学校の重複学級に在籍している児の事例報告であった。

　特別支援学校を対象とした研究では、中川（2011）[7]が特別支援学校在籍児を対象とした聴覚過敏の実態調査を行い、聴力閾値上昇以外の聴覚の問題を明らかにし、聴覚過敏への対応の必要性を指摘している。

　これまでの重複障害・特別支援学校の研究では、聴力閾値の把握や閾値の上昇に伴う補聴を中心に進められてきたが、聴覚過敏の問題は教育オーディオロジー分野での対応が必要不可欠な内容であり研究を進めなければならない。

2 特別支援学校在籍児の聴覚障害

　近年、わが国の学校教育は、2007年に特殊教育から特別支援教育の移行に伴って盲・聾・養護学校が特別支援学校となり、さらに2014年の障害者の権利に関する条約（障害

者権利条約）批准に伴うインクルーシブ教育システムへの移行により、就学制度等が改正された。また医療分野においては、日本耳鼻咽喉科学会の小児への人工内耳適応基準が改正され、重複障害児にも人工内耳（以下、CIとする）が適応されている。こうした変化に伴い、聴覚障害児の就学先は、聴覚特別支援学校や小学校はもとより他障害種に対応する特別支援学校にも就学している。

特別支援学校在籍児の聴覚障害の実態について、加藤（2012）[8]は、全国の分校を含む国公立特別支援学校970校の養護教諭を対象に調査を行った。調査に用いた聴力障害の基準は、学校保健安全法に基づく学校健康診断の聴力検査の結果とした。学校健康診断で行われる聴力検査は、純音標準聴力検査を簡略化した方法で実施されており、被検査者自らが検査音に対してボタンを押すなどの応答をしなければならない。特別支援学校に学ぶ児童生徒の障害の程度から考えると、検査音に対して自ら応答することが困難な場合が多いといえる。質問紙の内容は、当該校が教育対象としている障害種別、学校健康診断の聴力検査の実施の有無、学年ごとの児童生徒数、聴覚障害確定診断ありの児童生徒数と聴覚障害が両側か片側か、補聴器・CI装用児数等であった。

結果は、970校のうち664校から回答があり、回収率は68.5％であった。664校の対象障害種別の内訳（複数回答可）は、視覚障害が61校、聴覚障害が80校、知的障害が431校、肢体不自由が197校、病弱が78校、その他14校であった。聴力検査は533校（80.3％）ですべての児童生徒を対象に実施されていた。実施していない場合の理由の主な記述内容は、「重複障害である」「法定の検査法では検査が困難」「反応が得られない」等であった。障害種別では、聴覚障害を対象とする80校では76校（95％）で実施されていたが、それ以外の584校では457校（78.3％）で実施されるのみであった（表Ⅲ-11-1）。単一障害種を教育対象とする学校のみの集計では、聴覚障害は66校（100％）、視覚障害は49校のうち44校（89.8％）、知的障害は304校のうち258校（84.9％）、肢体不自由は70校のうち42校（60％）、病弱は35校のうち23校（65.7％）で実施されていた（表Ⅲ-11-2）。664

表Ⅲ-11-1　特別支援学校における教育対象とする障害種と聴力検査の実施状況　（単位：校）

特別支援学校の主障害種	その他の障害種						実施		実施率(%)
	視覚	聴覚	知的	肢体	病弱	その他	あり	なし	
視覚	61	7	10	10	8	1	52	9	85.2
聴覚	7	80	14	10	7	0	76	4	95.0
知的	10	14	431	117	31	8	347	84	80.5
肢体	10	10	117	197	38	4	132	65	67.0
病弱	8	7	31	38	78	5	52	26	66.7

表Ⅲ－11－2　障害種単一校での聴力検査実施状況

（単位：校）

特別支援学校の障害種	学校数	実施あり	実施なし	実施率（％）
視　覚	49	44	5	89.8
聴　覚	66	66	0	100.0
知　的	304	258	46	84.9
肢　体	70	42	28	60.0
病　弱	35	23	12	65.7

表Ⅲ－11－3　在籍児童生徒の聴覚障害の状況

（単位：人）

特別支援学校の障害種	在籍児	重複児	検査不能	未実施	聴覚障害あり	両側	片側	補聴器	CI
全　体	70,461	18,586	15,986	7,261	4,799	4,451	581	3,698	589
聴覚以外	65,873	17,795	15,754	7,019	1,755	940	565	593	17

校の在籍児童生徒数は70,461名で、うち重複障害児は18,586名（26.4％）であった。在籍児童生徒のうち、検査不能となった児が15,986名（22.7％）、未実施が7,261名（10.3％）、聴覚障害ありが4,799名（6.8％）であった（**表Ⅲ－11－3**）。聴覚障害児4,799名の内訳は、両側が聴覚障害が4,451名（92.7％）、片側聴覚障害が581名（12.1％）であった。そのうち、補聴器装用児は3,698名（77.1％）、CI装用児は589名（12.3％）であった。聴覚障害以外の障害種を教育対象とする学校では、在籍児童生徒数が65,873名で、うち重複障害児は17,795名（27％）、検査不能となった児が15,754名（23.9％）、未実施が7,019名（10.7％）、聴覚障害ありが1,755名（2.7％）であった。聴覚障害児1,755名の内訳は、両側が聴覚障害940名（53.6％）、片側のみ聴覚障害565名（32.2％）、補聴器装用児は593名（33.8％）、CI装用児が17名（1％）であった。

　特別支援学校における学校健康診断の聴力検査は、すべての学校では実施されていないことが明らかになった。学校保健安全法に示された検査方法での実施の困難さが指摘されたが、児童生徒の聴力の状況を把握することは教育上重要であると考えられる。また、特別支援学校に多くの聴覚障害児が在籍しているにもかかわらず補聴器装用が行われていない両側聴覚障害児も認められた。これらの聴覚障害児への補聴器装用など聴覚補償の充実が、必要不可欠である。

3 特別支援学校在籍児の聴力評価

特別支援学校在籍児の聴力評価は、田中（1994）[1]、鷲尾（1997）[3]、田中ら（1998）[2]、北川ら（2001）[4]、鶴岡ら（2001）[5]、伊藤ら（2014）[9] など、自覚的ではなく他覚的な検査によって可能である。しかし検査機材が高額なことなどがあり、教育現場では聴覚スクリーニングによりピックアップし、精密検査は医療機関に委ねることが適当であろう。

特別支援学校在籍児に対する学校健康診断の自覚的な検査での選別は、実施されていないことが明らかになっている。そこで、加藤（2014）[10] は、乳幼児健康診断に使用されている検査法の使用を検討した。検査の方法は、指こすり音聴取検査（中山ら，1994）[11] の検査方法を応用する形で実施した（図Ⅲ-11-1）。特別支援学校在籍の児童生徒に対して、図Ⅲ-11-1の①に示した教示内容の理解困難が予想されたので、被検児の挙手による反応を求めるのではなく、検査音への聴性行動反応を観察者により把握することにした。具体的には、検査者が被検児に対して片耳ずつ検査音を提示し、検査音に対する聴性行動反応を児童生徒と日常的に接している担任教員などに確認してもらった。

検査の方法

①子どもの目の前で、親指と人さし指を、少し強めにこすって見せます。そして、カサカサという音が聞こえたら、すぐに手をあげるよう教えます。

②次に、右図のように、親は子どもの後ろに立ちます。そして、子どもの耳の、ま横5cmくらいの所で、指を軽く5〜6回こすります（親の耳には、音が、ほとんど、とどかない程度の大きさで。）

③最初は右、次に左というように、検査を数回行い、左右別々に、聞こえるかどうかを判断し、結果を記録用紙に記入します。

★ 指こすりの際、指が見えたり、髪にふれたりしないようにしてください。

図Ⅲ-11-1　指こすり音聴取検査の実施方法（中山ら，1994）[11]

表Ⅲ-11-4　両検査とも施行できた55耳の内訳

（単位：耳）

検査	結果		AABR		
				Pass	要再検査
				33	22
指こすり音聴取検査	反応あり		34	30	4
	反応曖昧		9	2	7
	反応なし		12	1	11

　複数回の検査音に対して反応があり、その反応を担任教員などが確認できた場合に、指こすり音聴取検査の検査結果として「反応あり」とした。他覚的聴力検査に用いた機材は、MAICO社製のAABRスクリーナ MB11 BERAphone® であった。佐藤ら（2012）[12]、M. Soaresら（2014）[13] などの最近の研究結果によって、新生児聴覚スクリーニングのみならず、就学前児や成人の聴覚スクリーニングにも応用が可能であるとされている。指こすり音聴取検査による聴力検査の対象は、特別支援学校（肢体不自由）に在籍する本研究への研究協力に同意を得られた児童生徒50名、100耳とした。

　指こすり音聴取検査は、50名100耳に実施が可能であった。一方、AABRを施行できたのは55耳であった。両検査を施行できた55耳の結果は、指こすり音聴取検査で、反応ありが34耳、反応曖昧が9耳、反応なしが12耳であった。AABRの結果は、PASSが33耳、要再検査が22耳であった。指こすり反応ありでAABRがPASSとなった耳が30耳、指こすり反応なしでAABRが要再検査となった耳が11耳であった。指こすり反応ありでAABRが要再検査となった耳が4耳、指こすり反応なしでAABRがPASSとなった耳が1耳であった。指こすり反応曖昧であった9耳のAABRの結果は、PASSが2耳、要再検査が7耳であった（表Ⅲ-11-4）。

　指こすり音聴取検査とAABRの結果を比較したところ、指こすり音聴取検査で反応が確認された場合には、AABRの結果もPASSとなる可能性が高いことが考えられた。一方、反応が曖昧であったり認められなかったりした場合には、AABRの結果も要再検査となる可能性が高いと考えられた。

　学校保健安全法に基づく学校健康診断の聴力検査の目的は、あくまでも確定診断のための検査ではなく選別的な検査である。よって、特別支援学校に在籍する児童生徒の学校健康診断の聴力検査の受検状況から考えれば、学校保健安全法で示されている純音聴力検査による検査実施が困難な児童生徒の聴覚スクリーニング検査として、十分使用できると考えられた。

4 まとめ

　特別支援学校に在籍する児童生徒の聴力評価について、特別支援学校の聴覚スクリーニング検査を中心に概観した。肢体不自由者や病弱者を対象とする特別支援学校では、学校健康診断の聴力検査が十分に行われていないこと、特に自覚反応が困難な重度重複児に対しては指こすり音聴取検査を応用することで聴覚スクリーニング検査の実施が可能であることが明らかになった。さらに、聴覚過敏に関する検討も含めて、特別支援学校における教育オーディオロジーに携わる教員の活躍が求められるといえよう。

〈引用文献〉
1）田中美郷（1994）東京都立養護学校児童生徒の聴力の継年的観察とコミュニケーションの実態について．厚生省精神・神経疾患研究5年度研究報告書 重症心身障害児の病態・長期予後と機能改善に関する研究：284-293．
2）田中美郷ら（1998）聴覚障害を有する重度脳障害児の難聴診断と対策．音声言語医学，39，428-441．
3）鷲尾純一（1997）重複障害児の聴力評価と聴覚補償に関する研究．風間書房．
4）北川可恵ら（2001）乳幼児期の重複障害児における聴覚スクリーニング．Audiology Japan, 44, 267-268．
5）鶴岡弘美ら（2001）重症心身障害児（者）に対する難聴スクリーニングにおけるAutomated-OAEの使用経験．Audiology Japan, 44, 269-270．
6）森田訓子ら（2009）自動ABR（MB11 BERAphone®）の乳幼児聴覚検診への応用の可能性について．Audiology Japan, 52, 533-534．
7）中川辰雄（2011）保護者に対する質問紙調査による特別支援学校在籍児の聴覚過敏の実態．Audiology Japan, 54, 301-302．
8）加藤哲則（2012）特別支援学校における学校健康診断の聴力検査の実施と難聴児の在籍状況に関する調査．Audiology Japan, 55, 345-346．
9）伊藤美幸ら（2014）特別支援学校における聴力検査の検討．Audiology Japan, 57, 625-626．
10）加藤哲則（2014）重度重複障害児を対象とした指こすり音による聴覚スクリーニング検査の試行．Audiology Japan, 57, 623-624．
11）中山博之ら（1994）指こすり音聴取検査についての検討．Audiology Japan, 37, 322-329．
12）佐藤輝幸ら（2012）就学前後の小児の自動ABR（MB11 BERAphone®）による聴覚スクリーニングの可能性について．Audiology Japan, 55, 357-358．
13）M. Soares et al.（2014）Hearing screening for Japanese children and young adults using the automated auditory brainstem response. Auris Nasus Larynx, 41, 17-21.

第12節 障がい理解授業

1 障がい理解授業の目的

　わが国では、2014年に「障害者の権利に関する条約」に批准し、2016年には「障害を理由とする差別の解消の推進に関する法律」が施行された。これらを受けて、共生社会の実現やインクルーシブ教育システムへの移行に向けて、聴覚障がいにかかわる理解を深める授業（以下、障がい理解授業）の必要性が高まってきている。
　障がい理解授業の目的としては、以下の3点が挙げられる。

①聴覚障がいへの理解や障がいに対する手立ての必要性を広げる
　単に、聴覚障がいやきこえにくさへの手立てを指導するのではなく、学年や発達段階に応じて、子どもたち自身が気づき、考え、学び合う主体的な学習の場になるよう、内容や教材、指導法などを準備・工夫する。

②聴覚に障がいがある子どもの「障がいの認識」（自己理解）を支援する
　クラスの一員として学ぶことで、自身の聴覚障がいへの理解を深めるとともに、まわりの友達や教師に「知ってもらえた」「わかってもらえた」という安心感や、その後の学習や生活において「支援された」「支援できた」という信頼関係を培い、自身にとっての合理的配慮をまわりに求める力を育てる。

③授業の進め方や話し方などのモデルを示す
　視覚支援の方法だけでなく、話し方や話す位置、補聴援助システムの活用やめりはりのある授業展開など、聴覚支援の具体的なモデルを示すことで、その後の支援に生かす。

2 障がい理解授業をすすめる上で大切にしたい3つの視点

　障がい理解授業をすすめる上で、以下の点を十分に考慮して取り組みたい。

(1)『障がい』という視点

- 障がいを単なる「心身機能・身体構造」の違いによる本人の問題とするのではなく、「障がいは人や社会との関係によっても変化する」といった捉え方を踏まえること
- 「できない」「通じない」「わからない」こと（マイナス面）よりも「できる」「通じる」「わかる」こと（プラス面）を重視すること

・障がいがある人の悩みや苦しみといった心理面への理解を深め、共感関係を築くこと

(2)『障がい認識の筋道（発達）』という視点

京都府立聾学校舞鶴分校では、小学部段階からの聴覚に障がいのない子どもとの交流を通して、それぞれの障がい認識の筋道を次のようにまとめている。

〈障がいのある子ども〉

① おなじ → ちがう

・補聴器・人工内耳の有無やコミュニケーション手段、就学先などの違いに気づき、疑問に感じる段階
・「おなじ」と感じられる経験や「ちがう」と感じたときに受容的、共感的に接することが大切な時期

② おなじ ⇄ ちがう → 同じだけれど障がいがある

・学習や生活を通して、自らの障がいに対する不安や「おなじ」「ちがう」という葛藤が生まれ、障がいについての学習や人とのかかわりの中で、「同じだけれど障がいがある」という認識へとすすんでいく段階
・障がいがあっても「通じ合えた」「理解してもらえた」「うまくいった」といったプラスの経験を通して、自己を肯定的に捉えられるようにすることが大切な時期

③ 障がいの認識（自己理解） → 主権者としての自覚

・障がいについて理解を深めるとともに、自身や同じ障がいがある友達などのおかれている現状を知る中で、まわりへの働きかけを通して自他の困りや問題を解決していこうとする段階
・同じ障がいがある友達やロールモデルとの出会い、困りや問題の解決に向けた他者とのかかわりや話し合いが大切な時期

こうした過程を経て、単に自分の問題の解決や願いの実現だけでなく、自分たちの身近な事柄から社会的な事象へと興味・関心を広げながら、解決に向けての思考や行動を通して、自己を形成していくものと考えられる。

〈障がいのない子ども〉

① ちがう → おなじ

・子どもたちは、初めての出会いの中で、補聴器や発音の不明瞭さ等から、自分とは「ちがう」という意識を持つことが多い。しかし、学校での生活や交流などを通して、あまり「ちがい」を意識しなくなる。幼児期や小学校低学年の段階では障がいによる「ちがい」にあまり視点を当てすぎると、子どもたちの疑問や本音を出しにくく

することにもなる。

② おなじ → ちがう

・毎日の生活や交流の積み重ねの中で、「おなじ」という意識の中にも、例えば「呼びかけてもわからないことがある」「うまく通じにくい」といった違いを感じるようになる。そして、「どこが違うのか？」「なぜ違うのか？」といった疑問を持つようになる。そういった疑問をまわりの大人がしっかり受け止めていくことが大切になる。

③ おなじ ⇆ ちがう → 同じだけれど障がいがある

・聴覚障がいについての学習や聴覚障がいがある子どもとのかかわりを通して、障がいに関する疑問から障がいを理解し、通じ合ったり一緒に活動したりするにはどうしたらよいのかを考える段階へとすすんでいく。そして、聴覚障がいがある人との接し方や態度を身に付けていく。

④ 障がいの認識（自己理解） → 共に学び認め合える関係

・障がいがある友達の困りや悩み等を知る中で、それらを単に障がい者だけのものとして捉えるのではなく、具体的な援助を通して、共に学び認め合える関係をつくっていく。

このような過程を経て、ボランティアや手話サークル等への参加や将来の職業選択など、共に歩む社会の一員としての自覚を持ちながら自己を形成していくものと考えられる。

(3) 『生活』という視点

・学校での学習や生活だけでなく、家庭や地域での生活における個々の子どもや保護者・家族のニーズや困りを十分に把握し、それを踏まえたねらいや内容で取り組むこと

例）放課後児童クラブ、スポーツクラブ（社会教育）、習い事、塾 など

3 舞鶴分校における障がい理解授業の実際

(1) 障がい理解授業の主な対象

障がい理解授業の取組は、舞鶴分校内にある京都府北部聴覚支援センターで支援を行っているすべての聴覚障がい児を対象とし、子どもの困りや保護者のニーズ、学校での課題等を踏まえて実施している。

また、舞鶴分校の交流園・校や在籍幼児児童の居住地園・校でも毎年継続的に取り組んでいる。

(2) 障がい理解授業の取り組み方

　体験による学習効果を高めることやクラスとしてのかかわりを重視すること、聴覚的、視覚的な手立てや授業のすすめ方への配慮等がその後の授業に生かせるよう、原則として学級単位で取り組んでいる。

　また、聴覚障がい児が在籍している学級や学年、隣接学年や全学年、兄弟姉妹が在籍する学級や学年など、取り組む学級については、保護者や学校と十分に連絡・連携をとり、計画的に実施できるように配慮している。

(3) 障がい理解授業の内容

　子どもの障がい認識の筋道を踏まえた各段階での大まかな学習内容と指導のポイントは、以下のとおりである。小学校は2年ずつ同じ内容で指導を行う。中学・高校では、本人のニーズや学校の課題に応じた内容で実施する。

〈幼稚園・保育所、小学校低学年〉

①聾学校との違いを知る
- クイズ形式にするなどして、子どもたち自らが小学校等との違いに気づけるようにする。
- 違いに気づくとともに、たくさんある同じところにも気づけるようにする。

②補聴器を体験する
- きこえにくさやきこえ方の違いよりも、「○○くんと同じように補聴器をつけてみた」という経験を重視する。
- 補聴器の音量や体験時の清潔には十分に注意する。

③手話や指文字に親しむ
- 例えば、果物や挨拶、教科名や名前など、子どもの学年や興味・関心に応じた内容で取り組む。
- 手話単語を表現するだけでなく、簡単なやりとりを取り入れる。
    例）Q：好きな○○は何ですか？　　A：好きな○○は△△です。

④きこえにくさへの手立てを考える
- 「後方から呼んでもきこえない」「教室が騒がしい」「放送で連絡があった」など、聴覚に障がいがある友達が学校生活においてきこえにくさを感じる場面を想定し、手立てや配慮を考えるようにする。
- 言葉や絵による説明だけでなく、子どもたちが考えた手立てを動作化することで、実際に行動できるようにする。

> 　ろうがっこうは〇〇しょうがっこうとは、ちがっているところもあるし、おなじところもあるんだなあとおもいました。わたしができることは、まえにいって、めをみて、はっきりいおうとおもいました。これからは、6ねんせいとかになっても、ずっとそうしようとおもいました。
> 　　　　　　　　　　　　　　　　　　　　　　　　　　　　　（児童の感想より）

〈小学校中学年〉

①聴力について知る

・聴覚障がいがある人とない人とのきこえの違いや、聴覚障がいがある人が補聴器や人工内耳を装用しても、聴覚障がいがない人と同等にはきこえないことがわかるようにする。

②きこえの仕組みやきこえ方の特徴を知る

・きこえの仕組みの説明や歪ませた音をきくなどのききとり体験を通して、子どもたちがかかわりの中で感じている「きこえにくさ」や「発音」等の違いの原因が少しなりともわかるようにする。

③補聴器を体験する

・特に静かな環境と騒がしい環境でのききとり方の違いがわかるようにする。
・補聴器の種類や補聴器と人工内耳の違い、補聴援助機器の有用性についてもある程度理解できるようにする。

④きこえにくさや聴覚障がいがある友達の気持ちを知る

・学校や家庭での生活において、きこえにくさから不自由さや不便さを感じる場面や状況を知り、手立ての方法を考えるようにする。
・聴覚障がい児・者の作文や体験談を通して、不自由さや不便さとともに、気持ちにふれるようにする。

> 　芦田先生に教えてもらいました。ほとんど知っていることだったけど、1ねんせいが2人だったり、6年生は0人だったりして、びっくりしました。
> 　さいごに4年生の作文を見ました。とてもかんどうでした。自分の気もちが書いてありました。私は、しょうがいの人はかわいそうだとおもっていたけど、今はちがいます。なぜかというと、だれでもいいところがあるからです。
> 　　　　　　　　　　　　　　　　　　　　　　　　　　　　　（児童の感想より）

〈小学校高学年〉

①難聴の疑似体験を通して学ぶ
- イヤーマフによる難聴の疑似体験や声なし伝言ゲーム、音声なしテレビ番組などを通して、きこえ方、見え方、わかり方、感じ方の違いに気づけるようにする。
- お互いに感じたことを出し合い、グループ等での話し合いを通して、手立てを考えたり気持ちに共感したりできるようにする。

②聴覚障がい児・者の進路や社会での生活について知る
- 聴覚に障がいがある友達の作文や成人障がい者等の講話を通して、障がいのある人が暮らしやすい地域社会について考えるようにする。
- 障がいのあるなしという違いはあるが、同じように夢や願いをもって努力している友達として認め合える関係を大切にする。

> 京都本校へ行くと、家ぞくとはなれてき宿しゃに入ります。家ぞくとはなれるのはさびしいから、本当は〇〇中学校へ行きたいです。でも、〇〇中学校は声だけで勉強したり、話したりするから私にはわかりません。ほちょう器をつけているから声は聞こえるけれど、言ばがわかりません。だから、〇〇中学校へ行くのはむりです。
>
> 私は、京都の本校でがんばります。みなさんも、中学校へ行ったら、勉強やクラブをがんばってください。私もがんばります。　　　　　　　　　　　　（児童の感想より）

〈中学校〉

中学生になると、思春期の課題ともあいまって、障がい理解授業を望まなくなる生徒が少なくない。本人からの希望を踏まえ、中学校との連携をもってまわりの生徒の状況なども把握しながら、小学生中学年と高学年の内容をもとに、ニーズや課題に応じた内容で取り組むようにする。

〈高　校〉

高校生になると、自らの進路と向き合っての自覚や人格の高まりによって、聴覚に障がいがある生徒自身が障がい理解授業を求める場合がある。その場合、小学校中学年と高学年の内容に障がい者問題などに加え、本人が主体となって障がい理解授業に取り組めるようにする。

4 障がい理解授業に取り組む上での留意点として

(1) 本人の願いを十分に踏まえること
・本人との事前の話し合いや内容の確認を行い、理解と納得のうえで取り組むことで主体的に授業に参加できる。

(2) 事前・事後の指導に取り組むこと
・事前指導（指文字・手話や作文の配布、学校紹介の写真や映像など）と事後指導（作文など）に取り組むことで、子どもたちの意欲や学習効果が高まる。
・本人への事前学習を行うことで、自信を持って説明や発表ができるようになる。子どもが説明したり答えたりできる場面をできるだけ多く作りたい。

(3) 担任や保護者・家族も視野に入れて取り組むこと
・担任や保護者・家族が取り組んで良かったと思えることが継続の力になる。
・障がい理解授業が目的にならず、その後の理解や支援の具体化につながる手立てや工夫をする（使用した教材や啓発ポスターの掲示、定期的な訪問等）。

第13節 他機関との連携

1 連携の意味と意義

　教育オーディオロジストが聴覚障害児とかかわり、支援できるのは、子どものライフステージのほんの一部でしかない。専門家としてのわれわれの有する能力を、どう子どもに還元していけばよいのかを考えたとき、各種専門機関の力とそれぞれが持つネットワークを利用することで、専門機関が個別で行う何倍もの支援が可能になっていくはずである。このためには、専門的な資質を磨き、聴覚障害児に有益な情報やスキルを外部に発信し、聴覚の専門家として地域から信頼され協働できる関係性を築いていくことが必須である。

　この節では、子どもの発達や将来像や家族のあり方を軸に、複数の専門家が情報や意思を共有し合い、見通しを持った支援を行っている事例として、徳島県の医療機関等との連携と、京都府舞鶴市の地域連携、島根県松江市の学校間連携を紹介する。

2 徳島県の聴覚障害児を支える医療と教育の連携

（1）聴覚障害児を支える体制づくりの構築[1]

　徳島県では2000年に大学病院耳鼻咽喉科に小児難聴外来が立ち上げられた。そして、県の聴覚障害児を長期にわたり支援していくことを目的に、小児難聴外来と徳島県立徳島聴覚支援学校（以下、本校）、本校耳鼻科校医の3者で連携して聴覚障害児を支える体制がつくられた。徳島県には医学部を有する大学病院は一施設だけであり、聴覚障害教育機関も県内には本校のみであるため、集約した聴覚障害児を長期にフォローアップしやすいという特徴がある。

　精査機関の役割を持つ小児難聴外来は、新生児聴覚スクリーニングで要精査となった児だけでなく、1歳6か月児健康診査や3歳児健康診査で要再検査になり1次精査機関で両側聴覚障害が疑われた児も対象としている。これにより県内の聴覚障害児が小児難聴外来に集約されるようになっている。また、その後に見つかった聴覚障害児も小児難聴外来を受診するよう、県内の耳鼻咽喉科医に周知されている（図Ⅲ-13-1）。

　小児難聴外来で聴覚障害の診断を受け本校へ紹介された児は、補聴器の装用と教育が開始される。診断後も定期的に小児難聴外来を受診し、診察や諸検査、カウンセリン

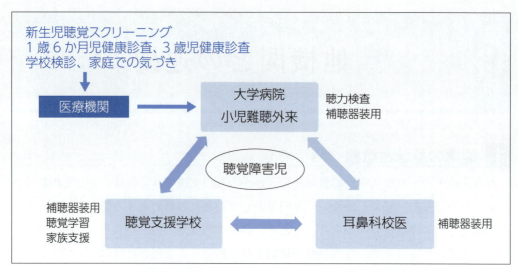

島田亜希（2014）「徳島大学病院小児難聴外来と徳島県の難聴児を支える連携」より

図Ⅲ-13-1　徳島県の聴覚障害児を支える医療と教育の連携

グ、聴覚管理や評価が継続される。受診時には本校で測定した聴力データや日常の聴覚活用の状況、生活の様子、今後の指導の見通し等を記した書面を持参する。本校での教育と校医による聴覚管理を受け、小児難聴外来との3者で連絡をとりながら聴覚障害児の情報を共有している。

　現在、小児難聴外来には徳島県の補聴器装用児のデータベースが作成されており、補聴器の装用状況、聴覚管理状況等が把握されている。大学病院に小児難聴外来が開設され、県内医療機関での聴覚障害の診断に一つの流れができ、その中に本校が位置づけされたことで、徳島県の聴覚障害児の診断から教育開始までが円滑になっている。

(2) 聴覚障害の診断から教育開始までの流れ

　小児難聴外来から本校への聴覚障害児の相談依頼の連絡は、保護者からの電話連絡もあるが、たいていの場合、「ホットライン」により行われる。耳鼻科医が「ホットライン」と呼ぶ電話連絡は、聴覚障害の診断時に保護者の同意が得られた場合、診察室から直接乳幼児教育相談担当者にかかってくる電話連絡のことで、保護者の目の前で本校に来校する日が決められる。この「ホットライン」によって『早期の聴覚障害の診断に加えて早期教育が重要な位置づけになっていること』『医療と教育に強い連携があること』を保護者は実感でき、安心して本校へ向かうことができる。「ホットライン」は、保護者の気持ちや居所が宙ぶらりんにならないようにする方策の一つであるが、診療と教育が

医療機関と学校とのつながりの中で行われることを保護者が実感できるものでもある。

　電話の向こうの『一時でも早く補聴器の装用開始を』と願う医師の気持ちはわれわれにも伝わり、「ホットライン」から１週間以内に来校できるようスケジュール調整をする。相談初日は乳幼児教育相談の全担当者であたり、聴力測定のあと、今後の教育についてのガイダンスを行い、補聴器装用の準備に取りかかる。本校近郊にイヤモールド作成を専業とするラボがあるため、最速２日でイヤモールドが完成し、補聴器の装用を開始することができる。このようにして、ほとんどの児に聴覚障害の診断から２週間以内に補聴器の装用が行われている。

3 徳島県の連携事例

（1）耳鼻科健康相談（医療との連携）

　医師は診察中には説明の時間がゆっくり取れず、保護者が診療内容や説明をどこまで理解できているかの確認が難しい。保護者は、診察室では立ち入った話や質問をしづらいこともあり、理解したつもりの診療内容や説明を家族に説明できないことも多い。このような理由から、耳鼻科校医（大学病院の小児難聴外来も担当する耳鼻科診療所院長）が本校に来校し、本人と保護者（家族・親族）を交えて個別相談を行う「耳鼻科健康相談」が2000年より始まった。

　これは学校医の『健康相談に従事する業務』として位置づけられており、養護教諭や聴能担当者などによりコーディネートされている。学期に１回（年間３回）程度、診療所休診日に校医が来校し、１ケースにつき20〜30分の相談が行われる。相談時は保護者了承のもと、聴能担当者が立ち会い、医師の説明を保護者が正しく理解しているか、保護者が自分の気持ちを医師に伝えられているかなどを確認している。乳幼児教育相談に来校している児は全員、時期を見計らい相談を行うことで、日頃の聴力の継続的な観察や突発的な聴力低下などの際に校医に対応してもらえるようにしている。

　保護者から出る相談内容は、聴力に関することのみならず、鼻血や耳垢、中耳炎の治療に対する質問、症候群性難聴や聴覚障害の遺伝子診断、日常生活を送る上での配慮点など、耳鼻咽喉科疾患全般に関する幅広い事柄となっている。人工内耳の装用を希望する児の家族に対しての相談や、人工内耳手術に対する意思確認、大学病院への受診時期や手術時期の相談にも対応している。

（2）人工内耳術前検討会（医療との連携）

　人工内耳術前検討会（以下、検討会とする）は、人工内耳手術を希望する聴覚障害児が大学病院を受診し、人工内耳手術が確定した後に行われる。人工内耳の手術実施に対

する医療と教育関係者の検討・合意・情報交換のための会で、大学病院で小児の人工内耳手術が始まった2004年より続いている。

　検討会の企画調整は、小児難聴外来担当医師または言語聴覚士が担当し、耳鼻科医局で人工内耳手術の2週間前までの夜間に行われる。医療からは、大学病院耳鼻科教授、小児難聴外来担当医師、校医、言語聴覚士が、教育からは、聴能担当者、担任、学部主事及び管理職（年度当初）が出席する。

　検討会で教育からは、手術対象児の生育歴、家庭環境や人工内耳手術の決意までの経緯、聴力の経過データや聴取状況、コミュニケーションの様態、術後の指導計画、病院でのハビリテーションに対する要望等を説明する。医療からは、診察時の家族の様子や児の状態、耳科的様態を中心に話が進み、両耳とも医科的に問題のない場合は、保護者の事前の希望と教員の意見を参考に、その場での画像確認（CT、MRI）により、最終的な術側の決定が行われる。

　検討会以降にハビリテーションを担当する病院の言語聴覚士が来校し、対象児の学校での活動や指導の様子、聴力測定等を参観する。さらに、保護者や家族と話し合う時間も取り、実際の機器を見せながら人工内耳についての詳しい説明と入院時の諸注意をする。

　術後の音入れには必ず本校の聴能担当者が立ち合う。学校での聴力測定時に使用している音の条件づけの強化子を使用して、学校での聴力測定と同様の方法で、言語聴覚士による音入れの補助を行っている。

(3) 定期判定・補聴器装用相談事業（医療－福祉との連携）

　補聴器装用相談事業は、『補聴器の装用について専門的な立場から相談等を行うことにより、補聴器給付事業の効果を高め、もって聴覚障害者の福祉の向上を図る』ことを目的として実施されている県の補聴器の交付判定の事業である。本校元教頭安川宏の提案により始まり、1991年より事業化された。

　毎月1回程度、県の障がい者相談支援センターで開かれる補聴器装用に関する相談で、専門職として補聴器装用相談嘱託医師と補聴器相談員（本校教員）が入っている。成人（18歳以上）を対象としたものではあるが、市町村了解のもと、児童（18歳未満）も利用でき、児と養育者を囲み、医療・教育・福祉の3者が協働して進めている。

　補聴器の調整を行っている聴覚障害児が本事業を活用するときには、本校で行った聴力データや交付希望器種の装用時の聴取状態等が示された書面を持参する。判定に必要な聴力データは普段の慣れた聾学校の防音室内での結果を参考とすることができ、なおかつ待ち時間の少ない予約制になっているため、乳幼児や配慮の必要な児も必要最低限

の時間内でスムーズに判定が行われる。本事業の利用のメリットは、交付判定の場に学校の教員がおり、補聴器の使用状況や日常の聴覚活用の状況なども担当医師に説明しながら交付判定に臨むことができることにある。また、毎月の事業終了後に持つ情報交換は、耳鼻科医との情報交換の場ともなっている。

　さらに、年度末には補聴器装用相談嘱託医師と補聴器相談員（教員）、本校管理職とセンター職員、県の障がい福祉課も交えての検討会が開かれる。ここでの主な議案は本事業での相談件数や相談内容についてのまとめ、法律や制度・事業等の改訂等の周知であるが、過去には地域の学校に在籍する児童に対する補聴システム貸与に関する共通理解や、軽度・中等度難聴児への補聴器助成事業実施に向けての意見交換なども行われた。年に1度ではあるが、医療と教育と行政が膝をつき合わせて話ができる貴重な機会である。

（4）徳島補聴研究会（多様な連携）

　1994年4月に安川宏氏の呼びかけにより発足した、徳島県の補聴器に携わる医療・教育・補聴器業者・福祉の有志による自己研鑽を目的とした研究会である。年間に10回、夜間2時間程度の定例会と大学病院を借りて開催される年度末講演会を主な活動としている。開催200回を超えた定例会は「医療→教育→業者→福祉」の輪番で発表をしており、その時々のトピックスや各職種で周知したい内容を共有し合うことができる機会となっている（図Ⅲ-13-2、表Ⅲ-13-1）。

　ここ数年、会長は本校耳鼻科校医が務め、事務局を小児難聴外来担当医や本校教員、認定補聴器技能者などが担当している。なお、精査機関4施設のうち3施設の耳鼻科医が会員となっている。

　定例会終了後には、普段、電話やメールではうまく伝えづらいやりとりも行われる。前出の耳鼻科健康相談も、この会で筆者が校医に話を持ちかけたことで始まった。月に1度、耳鼻科医、言語聴覚士、聴覚支援学校教員、難聴学級教員、認定補聴器技能者という聴覚障害児の支援に関したメンバーが集まり、顔を見ながら話ができるこの会は、徳島県の聴覚障害児を支える連携の基盤となっているといっても過言ではない。

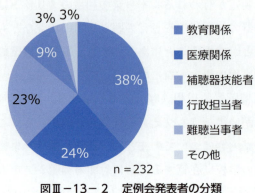

図Ⅲ-13-2　定例会発表者の分類

表Ⅲ-13-1　定例会発表内容（抜粋）

1996年	イヤモールドの音響コントロール	2004年	ASSR、特別支援教育について
1997年	フルデジタル補聴器紹介	2007年	電波法改正による新しいFM補聴システム
1998年	言語聴覚士制度、人工内耳装用児の指導、耳音響放射と乳幼児聴覚スクリーニング	2009年	器種によるデータログ機能の比較
2000年	新生児聴覚スクリーニング、フィッティングフォーラム報告	2013年	障害者総合支援法、当事者の立場から
2002年	小児難聴外来の現状と遺伝性難聴	2015年	難聴の遺伝子診断、幼児の聴取評価

4 地域の特性を生かした連携

(1) 地域との連携

　舞鶴分校は、地域の聴覚障害者自らが中心となって進められた学校づくり運動によって1952年に開校した。このような、地域と密接な関係を持つ舞鶴分校の『連携する地域』とは「子どもの居住地としての地域」「聾学校の所在地としての地域」「府北部の聴覚障害児・者に関わる方々とつながる地域」を指す。そして、この3者のつながりの中で、様々な取組が事業化されてきた[2]。

　「放課後等デイサービス」は、舞鶴分校と舞鶴市聴覚言語障害者支援センター及び地域ボランティアサークルを母体とする「舞鶴市聴覚障害児支援ネットワーク」により2010年に立ち上がった。現在は、舞鶴分校と支援センターを交替で会場として使用し、児童福祉法に基づく障害児通所支援事業「指定放課後等デイサービス」（児童生徒）および「指定児童発達支援事業」（幼児）の多機能型事業所として長期休業中も含めた週

4日実施されている。

　2006年に始まった「通学支援」は、保護者によるNPO送迎サービスを経て、現在は福知山市が費用を負担する「福知山市障害児通学支援事業」として運営されている。送迎担当の支援員は手話の堪能な聴言センター職員と手話サークルのメンバーである。定期的に学校と支援員との連絡会を持ち、支援利用時の状況確認や指導の意思統一等を行うなど、教育と福祉の連携と棲み分けを具体化している。

　その他、通級指導終了後の支援継続のために、京都府北部に在住する聴覚障害がある高校生を対象とした学習支援に取り組んでいる。学習支援には舞鶴分校等の退職教員などが運営するボランティアサークルがあたっている。

(2) 松江市「五輪ネット」(障害種の異なる学校間の連携)

　「視・聴・知・肢・病」の障害種の異なる県立の支援学校5校が連絡会を持ち、連携してセンター的機能を果たすための取組に島根県松江市の「五輪ネット」[3]がある。2007年に立ち上がったこの組織の主な活動は、「情報交換」と「理解・啓発」である。「情報交換」の場となる、月1度の相談担当者の会では、必要に応じて乳児院、保健師、発達・教育相談支援センターや高等学校等の関係者を招き、現在のニーズや課題等を話し合っている。「理解・啓発」活動としては、松江圏内の病院や療育・教育機関、教育委員会等にリーフレットを配布する理解・啓発活動を行っている。

　また、障害の重度重複化と多様化に対応するためのチーム支援も行っており、併せ有する障害がみられる子どもへの支援などでは、複数校の担当者がそれぞれの専門家の視点から支援内容を考えていくことができる。各校が連携し、深く広い視野で障害のある子どもたちを理解し、支援の場を増やすことが可能となっている。このような様々な障害の児に対する教育的支援を考えたとき、子どもの発達状況と、きこえやききとりの状態を加味させた全体発達を促すためのアプローチや、生活場面での音環境や音刺激を教育オーディオロジーの視点から考え、整理し、支援することも、教育オーディオジストが有する能力の活用にもなろう。

〈引用文献〉
1) 島田亜紀 (2014) 徳島大学病院小児難聴外来と徳島県の難聴児を支える連携. 四国医学雑誌, 70(5・6), 109-112.
2) 芦田雅哉 (2014) 聴覚障害児の放課後デイサービスの取り組みを通して教育現場と地域ネットワークのあり方. 第23回ろう教育近畿フォーラム京都集会講演資料.
3) 福島朗博 (2012)「五輪ネット」の活動について. レッツ★特別支援, 54-57, ジアース教育新社.

第Ⅳ章
補聴機器

第1節 補聴器

1 補聴器の役割

　補聴器は、聴覚障害児にとって欠かすことのできない補装具で、先天性聴覚障害児の場合、新生児聴覚スクリーニング、聴覚障害の確定診断を経て、早ければ概ね生後6か月までに装用を開始するものである。

　基本機能としては、①音の増幅（きこえるレベルまで増幅する：利得調整機能）、②音質調整（聴力型に応じて、周波数ごとに増幅度を調整する：音質調整機能）、③出力制限（安全で快適に装用ができるように音を制限圧縮する：出力制限機能）があり、単なる拡声器ではなく、ダイナミックレンジの狭い聴覚障害者がきこえの改善とともに安全かつ快適に装用可能な機能を備えた補装具である。

2 補聴器の種類

　聴覚障害児に適合される補聴器の種類は、その形状から主に耳あな型、耳かけ型、ポケット型に分類される。

　耳あな型補聴器は、外耳道に完全に収まる小型のタイプから耳甲介部までを使用する大型のタイプまでいくつかのタイプがあるが、耳あなの形状やきこえの状態に応じてオーダーメイドで作成されることが多い。乳幼児や学齢期の子どもでは、からだの成長に応じて耳の大きさも変化するため、シェル（補聴器外装部分）を作り直す必要がある。

　耳かけ型補聴器は、耳にかけて使用するもので、操作が簡単で扱いやすい。一般的に補聴器のハウリングや耳からの脱落を防止するためにイヤモールドを作成し、補聴器と接合して使用する。近年、小型化、高出力化が進み、聴覚障害児に適用されることが最も多い補聴器である。

　ポケット型補聴器は、本体を胸ポケットなどに入れ、イヤホンとコードをつないで使用するもので操作が簡単である。器種によっては高出力が得られるが、コードが邪魔になったり衣ずれ音が入ったりすることがある。耳かけ型補聴器の高出力化がなされる以前は、重度聴覚障害児に適合されることが多かった。

　この他に、先天性の外耳奇形があるケース等で気導補聴器を適合することが困難なケースでは骨導補聴器が用いられる。現在は、カチューシャ型骨導補聴器が多く用いられ

ている。これは、ヘッドバンド等で乳突部に圧定した骨導端子を介して頭蓋骨を振動させるものであるため、装用者は圧迫感や痛みを感じることがあったり頭蓋骨に変形を生じたりする恐れがあるため、装用に際しては十分に留意する必要がある。また、埋め込み型骨導補聴器が適応されるケースもある。

3 デジタル補聴器の機能

デジタル補聴器の機能は多岐にわたるが、現在使用されることの多いデジタル補聴器には、①ノンリニア増幅機能、②騒音抑制機能、③指向性機能、④ハウリング抑制機能が標準的に付加されている。

(1) ノンリニア増幅機能

アナログ補聴器ではリニア増幅しかできなかったため、大きな音が大きく増幅され「ききたい音」のみに焦点化して増幅することができなかった。

それに対し、ノンリニア増幅は小さな音を大きく、大きな音を小さくすることができる。多くの感音性難聴者には補充現象がみられることがよく知られており、補聴器装用による「うるささ」を訴えるケースが多く、補聴器装用を阻害する大きな要因となっている。これを防ぐため、ノンリニア増幅により、小さな音はより大きく増幅するが、入力される音が大きくなるにつれ増幅度合いを低減し、十分な大きさの音は増幅しない調整を行い、「ききたい音」をよりききやすくしている。

(2) 騒音抑制機能

エアコンや換気扇の音のように常に出ている騒音のある周波数帯の増幅を低減する機能（定常雑音低減機能）や街の交通雑音などの変化している音の中で音声の特徴がない騒音の周波数帯の増幅を低減する機能（変動雑音低減機能）、食器の音や泣き声など不快に感じる衝撃音を低減する機能（衝撃音低減機能）、必要な音のききとりに妨げとなったり不快に感じたりする風雑音を低減する機能（風雑音低減機能）などがあり、会話音域以外の音を低減させることで、よりよいきこえの補償に寄与している。

近年、こうした騒音を検知する機能も進歩しており、騒音を瞬時に補聴器が検知し、抑制できるようになっている。

(3) 指向性機能

前方の音を集音するマイクと、広く全周性に集音するマイクを補聴器に内蔵し、一番ききたい前方の音を優先的に増幅させ、前方以外の音を減衰させる機能である。非正面

方向の複数音を減衰させることで、前方からの会話音を中心にきく場合に有効である。
　補聴器の器種によっては、環境音を自動的に検知し、最適な状態で会話音を聴取できるようにポーラパターンを変化させる機能を有したものもある（自動指向性機能）。

(4) ハウリング抑制機能

　補聴器を外すときや補聴器に手を近づけたとき、食事で顎を動かしたときなどに起こりやすいハウリングを抑制する機能である。ハウリングは、補聴器によって増幅された音が再びマイクに入り、それをまた増幅することで発生する。
　ハウリング抑制の方法としては、ハウリングが起こりそうな周波数帯の増幅を大きく下げてハウリングを抑える方法（ノッチフィルタ方式）やハウリング音の逆位相の音でハウリングを打ち消す方法（逆位相方式）、補聴器からの出力信号が再増幅され再び信号経路に入るといったハウリングループが繰り返されることを防ぐため、入力周波数をシフトさせる方法（周波数シフト方式）がある。
　ハウリング抑制機能も充実しつつあるが、大切なことはハウリングが起こらないように音漏れを防ぐことであり、耳かけ型補聴器の場合には適切なイヤモールドであるかどうか、チューブ等の音道に問題がないかどうかを必ず確認しなければならない。

4 教育機関における補聴器フィッティング

　教育機関において補聴器フィッティングを行う上で、最も大切な目的は聴覚障害児の効果的な聴覚学習を促すことである。そのため、以下のことについて留意する必要がある。
　①医療機関・福祉機関との連携を密にし、聴力変動等の情報を共有・対応できる体制を整備・構築しておく。
　②聴力の把握に努め、個に応じた補聴器フィッティングを行う。
　③対象児を取り巻く環境や教育歴、補聴器装用状態を把握しておく。
　④補聴器の器種ごとの特徴等を適切に把握するため情報収集に努める。
　⑤聴能の発達を考慮し、心身の発達状態に応じた適合を行う。
　⑥検査室での語音測定等だけで評価するのではなく、日常の生活場面や学習場面での補聴器装用時の様子を適切に評価する。
　⑦きこえの状態だけでなく、補聴器装用児の声量や声質にも注意を払う。

5 最近の補聴器

　昨今、補聴器をめぐる技術革新は飛躍的に品質性能の向上に寄与しており、聴覚障害児の補聴環境の改善が大きく見られる。とくに、最近の補聴器では、①高性能な防水防塵性能、②周波数分割数の増加、③増幅可能周波数帯域の広帯域化、④周波数圧縮変換機能の充実が話題になることが多い。この項では、これらの4点について概観する。

(1) 高性能な防水防塵性能

　補聴器は、空気電池を用いるため、電池が空気に触れないと放電しない特徴があり、そのため防水機能は長年にわたり大きな課題となっていた。ところが、近年、電池ホルダ部やマイク部分等の補聴器構造の改良が重ねられ、高い防水防塵性能を有する補聴器が普及してきた。

　防水防塵性能を比較する指標として、保護等級IPが用いられる。保護等級IPとは、機器の防塵、防水に関する保護を規格化しているもので、IEC（国際電気規準会議）規格で規定されている機器の保護等級を記号で示したものだが、IPコードは、「人体及び固形異物（粉塵等）に対する保護」である第1記号と「水の浸入に対する保護」である第2記号から構成されており、多くの補聴器はIP68等級の基準を満たしつつある。このIP68等級とは、0.075mmの細かい粉塵が内部に侵入せず、水深1.5mに30分間水没した状態でも機器が正常に動作するといわれるものである。

　教育現場では、プール指導などでとくに防水性能については話題となることが多い。現在、プール指導の際の補聴器使用については、プールは真水ではないことや水泳中の補聴器への水圧によるリスク等から各補聴器メーカは推奨していない。しかし、近い将来に水泳中の補聴器装用についても可能となるように改善が望まれるところである。

(2) 周波数分割数の増加

　従来のアナログ補聴器は、マイクで拾われた音が増幅器を介してイヤホン・レシーバに届けられるため電気信号を調整できるところが少なかった。一方、今日、主に使用されているデジタル補聴器では、マイクから入った音をデジタル信号に変換して処理するため、様々な音声処理をすることが可能となった。

　そうしたデジタル補聴器の性質を大きく利用したものが周波数ごとの音質調整機能である。以前のデジタル補聴器では、会話音域の周波数帯域を2〜4に分割したものが主流であったが、近年、技術の進歩にともない周波数分割数の増加が見受けられ、現在、48分割のものも流通している。こうした技術的な進歩を利用し、言語獲得に向け、より

個に応じた聴覚補償を進める必要がある。

(3) 増幅可能周波数帯域の広帯域化

　従来、会話音域の増幅に焦点化した補聴器開発が進められてきたが、近年では、より自然な聴覚補償を目指すべく増幅可能周波数帯域の広帯域化が進められている。従来型の補聴器では概ね4～6kHzまでの高音域の増幅が限界であったが、技術の進歩にともない12kHzまでの増幅が可能な補聴器が普及しつつある。これにより、補聴器装用下での聴取が従来型ではAMラジオの音質であったものがFMラジオのような高音質へと変化し、より自然な聴取が可能となった。

(4) 周波数圧縮変換機能の充実

　感音性難聴では、聴力型として高音漸傾型や高音急墜型など高音域の聴力低下を呈することが多く見られ、その結果、無声子音の語音聴取や発音発語に困難をきたすケースが多く見られる。そのため、高音域の聴覚補償により子音成分の語音聴取改善、発話明瞭度の改善は大きな課題となっている。

　そうした中で、現在、ノンリニア周波数圧縮変換型補聴器の普及が進んできた。現在では、障害者総合支援法対応型補聴器にもこうした機能が備わった補聴器が加わり、経済的に大きな負担を負うことなく装用することが可能となっている。

　ただし、周波数圧縮変換機能を用いた場合、補聴器装用者が得ることのできる「音」そのものは歪むため「自然な音質」とは異なる。このため、補聴器装用に違和感を持つケースや、補聴器装用閾値は改善されることが多いものの、語音聴取の改善にはすぐに結びつかないこともある。周波数圧縮変換型補聴器の適用には、従前の試聴以上に慎重に対応する必要がある。

6 補聴器購入のための助成制度

　障害者総合支援法では、身体障害者の認定を受けている聴覚障害者が補聴器の交付を申請することができる。身体障害者手帳の等級が2級、3級の場合「重度難聴用補聴器」、4級、6級の場合「高度難聴用補聴器」が目安とされている。さらに、交付から5年が経過すれば補聴器の更新を申請することが可能である。修理費用についても、障害者総合支援法によりその費用の交付を受けることができる。

　実際の教育現場では、聴覚障害のある乳幼児児童生徒や学生など教育上両耳装用が望ましいケースでは、補装具交付に係る医師の意見書によりその旨記載があり、認定されると両耳分の補聴器の交付を受けることが可能である。

また、身体障害者の認定が受けられない軽度・中等度の聴覚障害児の場合、以前は補聴器購入の際には補助等を受けることができなかったが、近年、地方自治体の独自制度として「軽度中等度難聴児補聴器購入費助成事業」等が導入されることが多くなった。これにより、軽度・中等度の聴覚障害児の補聴器装用が促進され、教育環境の整備に大きく寄与することとなった。今後は、均一なサービスを享受できるように国の制度として整備されることが望まれる。

| 第2節 | 人工内耳 |

1 はじめに

　日本の最重度の聴覚障害児は、1990年代の30年前までは、音のない世界の中で、あるいはリズムを中心としたほんのかすかな音の世界の中で暮らさざるを得なかった。当時は、最重度難聴でも早期教育により聴覚の活用の可能性を求めてきた時代であった。しかし、1990年代になって、日本にも人工内耳が導入されてから、聴覚の活用の可能性は大きく広がってきた。そして、現在では、多くの最重度難聴児が人工内耳を選ぶ時代になってきた。この間には、聴覚の活用を行わず、視覚言語である手話言語への道も模索されてきた。現在では、日本手話を中心とした明晴学園（バイリンガル教育校）の開校（2008年）により手話の道も広がり、子どもたちがどういうコミュニケーションモードを選ぶかは、その子や家族の意思による選択が可能な時代になってきた。

2 教育現場における人工内耳の現状

　人工内耳の装用者数は、全世界では30万人を超えており、日本でも7,000人以上になる。なかでも2000年以降、小児の手術数は年間300人前後となり、聾学校に在籍する人工内耳装用者も増加してきている(表Ⅳ－2－1)。そのため、手話に対する教育が主流となっている聾学校では、もう一方で聴覚の活用が求められることになる。また、通常の小学校で学んでいる子どもたちも多くいる。人工内耳装用児の学校生活では、きこえの補償が必ずしも十分でないことが表Ⅳ－2－2からも明らかである。こうした状況下では、

表Ⅳ－2－1　聾学校に在籍する人工内耳装用者数

	装用者数（人）	全児童数（人）	割合（%）	2014.4 文部科学省
幼稚部	133	307	43	397 (33%)
小学部	163	503	32	575 (29%)
中学部	73	315	23	272 (22%)
高等部	49	498	10	228 (14%)

聾学校内での割合は、集計済の34校でのデータである。
（高橋，2012のアンケート調査より）

表Ⅳ-2-2　学校生活で困っていること

授業中		音楽	
・周囲がうるさいと先生の声がききにくい	52%	・メロディがわかりにくい	44%
・周囲がうるさいとき	47%	・歌詞がわかりにくい	24%
・数人の会話がきこえにくい	43%	・伴奏があるとわかりにくい	20%
・周囲の声が時々ひびく	45%		
		英語	
休み時間		・相手の話がわかりにくい	62%
・校内放送がきこえない	37%	・自分の発音がわからない	22%
・周りがうるさい	27%		
・友達との会話に困る	26%	朝礼	
		・先生の声がきこえにくい	83%
体育の時間			
・人工内耳が邪魔になる	36%		
・指示がきこえない	32%		

聴覚活用の基本的道具だてである人工内耳についての基本的理解が求められる。

3　人工内耳のしくみ

　人工内耳の全体像を図Ⅳ-2-1に示した。補聴器は、聴覚障害がある耳に、音を大きくして送り込むための機器である。一方、人工内耳は、外耳-中耳を経て内耳に伝達された音刺激を電気刺激に変換する内耳の機能を代替する機器である。補聴器のような体外装置（プロセッサ（A））のマイクで拾った音を処理し、送信コイル（B）を介して、頭蓋骨の上に置かれたインプラント（埋め込み機器）の受信コイル（C）に信号を送り込み、内耳（通常は鼓室階）に挿入された電極に電気刺激を送ることで内耳の基底膜上の感覚器（コルチ器）に沿って分布している聴神経（正確には蝸牛神経節）に音情報を

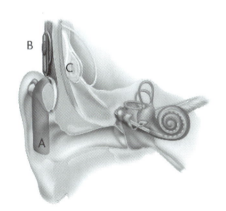

A：プロセッサ
B：送信コイル
C：受信コイル

図Ⅳ-2-1　人工内耳の全体像
（コクレア社提供）

伝達する。こうすることにより、私たちの聴覚が持っている音の分析機能、すなわち音の高さ（ピッチ）・大きさ（強さ）・音色（スペクトル）の3属性の情報を12〜22本の電極からの電気刺激で直接聴神経に伝えることができる。

　これを実現するためには、電極を挿入するスペースがあることと、人工内耳の電極からの電気信号を脳に伝えていく聴神経系が内耳から脳まで存在し、機能しうる可能性があることが欠かせない。電極の挿入スペースの確認は、術前のMRIやCT検査によって画像診断が行われる。また、神経系の確認は、補聴器による保有聴力の確認やMRIによる聴神経の存在の確認などによっても可能である。近年では、電極の改良により、低侵襲性が実現し、感覚器を損傷することが少なくなり、聴力の保存の可能性が高くなってきた。

　人工内耳は、日本では、コクレア社、メドエル社、バイオニクス社の3社が厚生労働省の認可を受けている。世界でもこの3社が市場を独占している。

　人工内耳の適応については、日本耳鼻咽喉科学会が3度にわたるガイドラインを出している。2014年の小児のガイドライン（参考資料：幼児人工内耳適応基準、p. 230）によれば、人工内耳の適応聴力は90dB以上であるが、6か月以上の最適な補聴による聴覚の発達の評価を併せて行い、聴覚発達が十分でないことをことを確認し、最終的に12か月以上で体重8kg以上の小児が適応となる。このようにして、人工内耳の適応が可能か否かを判断し、手術へと進む。

　人工内耳（インプラント）を埋め込んだ後、通常は術後2週間目以降に音入れを行う。音入れは、頭部のインプラントから内耳に挿入された電極に流す電流値や流し方を制御するプログラムを組むことによってなされる。これらの一連の作業をマッピングと呼ぶ。なお、この作業は、医師の指示の下、言語聴覚士によってなされる。

4　人工内耳マッピング時の設定パラメータ

　内耳に挿入された多数の電極それぞれから入力音の情報に対応して、各電極から電気刺激がなされ、これにより聴神経が刺激され、その信号が脳へと伝えられていく。これらの一連の作業に際し、各種のパラメータを設定する必要がある（設定は、メーカごとに異なる）。

(1) TC（M）レベル

　T（Threshold）レベルは音がきこえ始めるかすかなレベルとして定義されるが、メーカごとにT値の意味合いが異なる。コクレア社の場合は100％閾値であり、メドエル社ではT値以下であり、バイオニクス社では50％閾値として設定される。一方、C

（Comfortable）レベルは大きいがはっきりしているレベルである。M（Most comfortable）レベルは、ちょうど良いレベルとして定義される。これらT及びCないしはMレベルの値を各電極で設定する必要があるが、数電極程度の測定結果から補完をすることもできる。また、聴神経応答のレベル（NRT）やアブミ骨筋反射（ESRT）をCやMレベルの設定時の目安として利用することもできる。各電極のTレベルとCレベルの間で、割り当て周波数帯域の音の音響エネルギーが対応電極に伝えられ、音の大きさの情報が伝達される。コクレア社の場合、通常、対応入力音のレベルは、Tレベルは25dB、Cレベルは65dBに設定され、65dB以上の音は65dBに圧縮される。その結果、C（M）レベル以上の電流は流れないようになっている。

(2) 音声コード化法

2000年以降、メーカごとに独自の特徴がある音声コード化法が提起されている。最新の音声コード化法は以下のようである。

ACE（Advance Combination Encoder：エース法）：コクレア社。入力音を22chの帯域フィルタで分析し、各瞬時に帯域ごとの音エネルギーの多い順にマキシマの数だけ（通常は8本）選択し、その帯域の電極だけに音エネルギーに対応した電流を流す。

FSP（Fine Structuer Processing：微細構造処理法）：メドエル社。12chの帯域フィルタで入力音を分析し、対応している12電極全てに帯域エネルギー量に応じた電流を流す。そのうち、1kHz以下の低い周波数成分は、包絡線情報だけでは、本来のピッチの変化を伝達できないので、先端の電極複数本（通常4本）について微細構造である極性の変化（ピッチ）に相当する時間間隔で刺激する。

HiRes（High Resolution：ハイレゾ法）：バイオニクス社。16chの帯域フィルタで入力音を分析し、対応している16電極全てに各々の帯域エネルギー量に応じた電流を流す。サンプリング周波数90kHzで音情報を取り込み、非常に早い刺激頻度で16本の電極から電流を流す。HiRes120は、隣り合う電極間の周波数の情報も両方のチャンネルを同時刺激することで、バーチャルで120チャンネル相当になると予測される刺激法。

その他、メーカごとに違いはあるが、以下のパラメータが設定できる。
- 入力ダイナミック（音の強さの取り込みの幅）
- ゲイン（入力音のイコライザ：補聴器の周波数特性に相当）
- 処理周波数範囲と電極への割りふり
- 音量と感度
- マイクの指向性や雑音の処理

以上のマッピングにより、音情報に対応した電気刺激がなされることで、音の世界を形成するとともに、音声言語の習得を目指す。ここから先は、聴覚や言語の学習の問題とを考えあわせる必要があり、聴覚（リ）ハビリテーションの課題になる。音入れ後は、その子に最も適切なきこえを達成するために、子どもの発達を見据えながら調整を繰り返していく。なお、どのメーカであっても、通常は25dB位からきこえ始める。

5 人工内耳の（リ）ハビリテーション

　人工内耳を埋め込んだからといってすぐに音がわかるわけではではなく、相応の時間と体験が必要となる。人工内耳は図Ⅳ-2-2のように音情報の取り込み口の内耳の機能を補償するための機器にすぎないので、音情報を脳に伝えたとしても、それが実生活の中で処理し、活かさなければ意味がない。子どもたちの音の世界（環境音、話しことば、音楽の音）を広げ、音の持つ意味の構築や話しことばの習得を目指すことになる。その意味では、埋め込み後の聴覚（リ）ハビリテーションが非常に大切になってくる。

　人工内耳の（リ）ハビリテーションは、聴覚の活用が前提であるので、病院等では聴覚法（AVT：Auditory Verbal Therapy）が主流であるが、聴覚口話法による方法（SPICE）や手指との併用のプログラムもある。一方、聾学校では手話でのコミュニケーションも行われている。音やことばの概念や、不明な音の確認には手指法は有用であると考えられるが、人工内耳装用児に対しては、聴覚の活用を意識的に取り組んでいく必要がある。すなわち、その子の処理能力に対応した聴覚学習プログラムが個別の教育支援計画の一環として設定されることが望ましい。幼児の場合、基本的には、日本語の音声言語の習得が目標となるであろうが、近年では聴覚障害以外に他の障害を併せ持つ重複障害の子どもも多いので、それぞれの子どもの発達に沿った目標が設定されることが望ましい。

図Ⅳ-2-2　人工内耳は音情報の取り込み口の補償機器
（Boothroyd, 2012を基に作成）

（1）乳幼児期

　乳幼児の場合には、聴児と同様に音の有無からの学習プロセスをそのままたどり、音の意味づけの過程を経て、話しことばの習得とより効果的なコミュニケーションと思考の道具としてのことばの使用へと進んでいく（図Ⅳ-2-3）。その進度は、個々の子どもの聴覚活用の程度により異なり、じっくり時間をかけながら歩む子どももいる。

　このリハビリが目指すところは、補聴器ときこえ方が全く異なる電気刺激による新しい音を話しことばや身の回りの音として学習し、認識する力を培うことである。そのためには、体系だった長期的な学習とその取り組みが必要になる。この長期的な体系だった取り組みが（リ）ハビリテーションとして組まれる。その手法には、聴覚だけを利用する聴覚法から、手話の併用を前提としてトータルコミュニケーション法まで幅広くあり、また日常生活の自然な場面や遊びを介して行う場合や、訓練的に場面を設定して行うなど、その子の状況によって異なる。いずれにせよ、外界の音の世界（環境音や話しことばや音楽の音）との接点を作り、より豊かな音の世界へと誘うことができる。しかしながら、これらの取り組みは、個々人の年齢や状況によって一人一人異なり、たとえ、話しことばのきき分けや習得ができなくて手話を併用している子でも、音の世界を広げることはできる。本人の世界の中に音とのかかわりを無理なくつくり上げていけば、その子の世界はもっと広がることになる。

　聴覚（リ）ハビリテーションに際して、きこえやことばだけに目を奪われるのではなく、すべての活動の統合化とその意味づけを、意識的に行い、親子の主体的な取り組みへの支援をしたいものである。子どもたちのコミュニケーションを介した周囲とかかわる力は、その子の生きる力へとつながっていく。日々の生活の豊かさと活動の充実・満

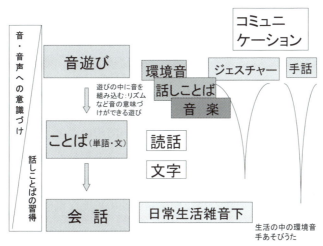

図Ⅳ-2-3　小児の指導の流れ

足さを重視し、子どもの心の育ちと全人的発達に視点をおいた取り組みを心がけたいものである。

(2) 学齢期

　子どもたちが学齢期になってくると、現在の人工内耳では、情報の入力が一定程度補償されるので、言語情報への橋渡しへと力点を移しながら、聴覚言語情報の処理能力の向上へと質的転換をしていくことが求められる。すなわち、きこえを通して、ことばで考えていき、物事を統合化する力の育成を目指す必要がある。いわゆる、学習の言語への移行とその基礎的能力となる推論の力の育成が必要となる。

　その他、自己の障がいの認識や会話訓練（Comunication Strategy Training：きき落としたりわからなかったところの情報を的確に得るための取り組み）なども取り組むことが望まれる。聾学校から通常の学校へ進む子どもも多く、地方では、聴児の中に聴覚障害のある子どもがただ一人だけいることも珍しくないので、同じ障害のある仲間との出会いの場が必要となる。

　また、これらの一連の取り組みは保護者支援と一体となってなされる。愛媛では、人工内耳装用児の会「うさぎのわ」という保護者の会があり、教室のスタッフと親が一緒になって毎月活動している。この会の活動は、同じ障害のある仲間や親同士との出会いの場であると同時に、親の情報交換を図る上で大切な場になっている。また、毎年夏休みには、1泊のキャンプで相互の交流を図る「四国人工内耳装用児と家族の会」を4県の持ち回りで行っている。このような取り組みは、地域の情報の交換や相互の輪を広げていく活動にもつながっていっている。

6　人工内耳の効果の評価

(1) 装用効果に影響を及ぼす要因

　人工内耳の装用効果は、本人にかかわる問題や環境的問題、機器の問題等の3つの要因によって影響を受ける（図Ⅳ−2−4）。

　本人にかかわる問題には、聴覚器官の生理学的な側面だけでなく、本人の聴覚活用経験や言語力などの学習の側面や聴覚以外の併せ持つ障害の有無などがある。また、環境的な問題としては、使用するコミュニケーションモードや学校・幼稚園・家庭などの生活の場での支援体制や音環境の整備があげられる。その他、日進月歩の機器自体の問題もある。例えば、プロセッサの新たな技術開発や使用可能な電極数や音声コード化法などである。

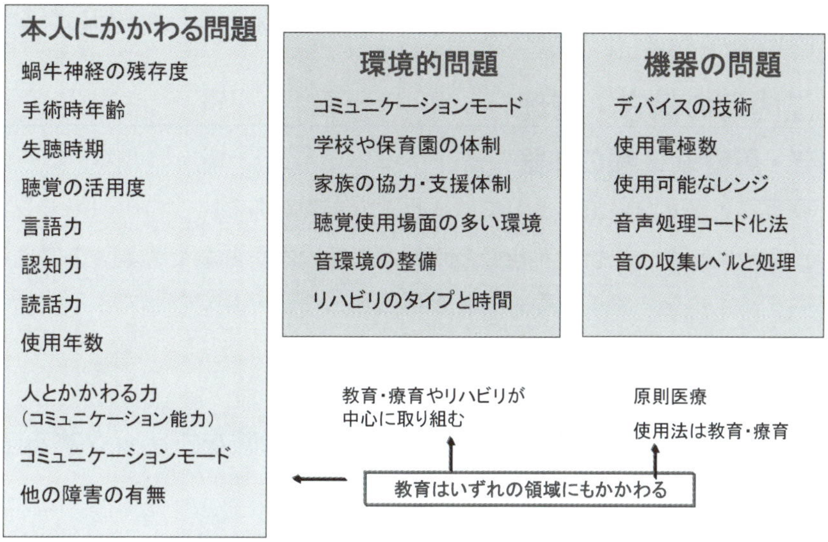

第2節　人工内耳

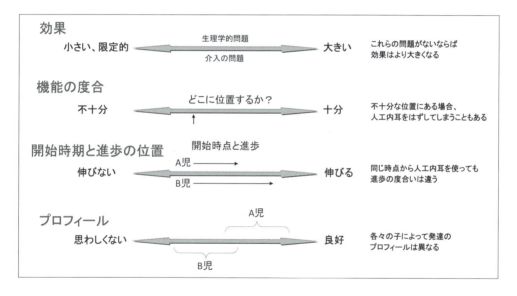

図Ⅳ-2-4　人工内耳の効果に影響する要因

図Ⅳ-2-5　人工内耳の総合的評価

（Chute, 2006を基に作成）

（2）効果の評価

聴取能力の評価は、①CI-2004、②補聴適合検査（TY89）、③単音節の検査　67S、57S、④聴覚発達のアンケートやチェックリストによる評価などがある。その他、言語能力の評価が必要となるが、これらは感覚器障害戦略研究のALADJINの検査項目での評価や言語指導の領域での評価を参照にするとよい。

また、人工内耳の効果は、装用児一人一人皆違うので、図Ⅳ-2-5に示したような総

合的な評価も欠かせないし、個々人を発達的な視点から見ることも大切になる。

7 人工内耳の保守・管理

(1) 保守・管理の3種の神器
保守・管理に欠かせない道具としては、以下のものがある。
- コイルチェッカ：送信コイルから信号が出ているか否かをチェックできる
- モニタイヤホン：マイク等入力音を前処理した音を耳で確認できる
- 乾燥器：汗や水分を乾燥する

(2) 動作状況のチェック：日常的に機器の動作状態をチェックする手法
① 装用閾値：25〜35dB（メーカによって異なる）
② リング（Ling）5音検査、6音検査：/a/,/i/,/u/,/s/,/f/,/m/の5音ないしは6音を使って肉声できききとれるかどうかを見極める。

(3) 補聴援助機器の利用
　音の世界をさらに拡張するためには、補聴援助機器の活用が欠かせない。代表例としては、磁気誘導システム、FM等の無線式送受信システム、CDやTV等との外部接続、2.4GHz帯を利用したワイヤレスの機器（プロセッサそのものに受信機能がある）の利用など、本人のニーズに応じて対応することが必要であろう。特に、通常の学校の通常学級で学ぶ場合には、有用な手立てとなる。

8 関係機関間の連携

　人工内耳装用児は最重度の聴覚障害を有するため、そのほとんどは、新生児期から聴覚を専門とする療育ないしは教育機関で指導を受けている。そこに体系的、長期的なかかわりが必要な病院の取り組みが加わり、関係機関の指導がばらばらでは、本人や保護者は混乱を引き起こす。特に最近では、対象児の幅が広がり、聴覚以外の発達全般の遅れや他の障害を併せ持った子どもが多くなり、筆者がかかわっている「でんでんむし教室」に通う約半数の子どもたちが何らかの他の障害を併せ持っている。こうした子どもたちのなかには、5か所以上の施設や機関にかかわっている子どもも珍しくない。このような状況下にあってはなおさら、関係機関相互の連携が求められる。図Ⅳ-2-6に、理想的な機関連携のあり方を示した。
　大切なことは、その子のライフステージでどこがどのように支援を担うかである。その際、一つの機関だけですべてを担えないことを肝に銘じなければならない。そこで、

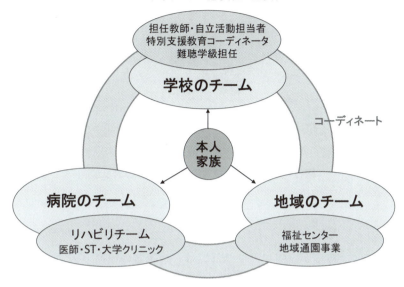

図Ⅳ-2-6　関係機関間の協働支援の理念図

　ネットワーク会議等を等して、各機関の得意な点、不得手な点を確認し、また、保護者がそれぞれに期待することなども明らかにした上で、それぞれの機関が、得意な支援を発揮し、不得手な支援は、それを得意とする機関に積極的に依存するようにしたい。こうして作り上げた一例である愛媛県人工内耳装用児支援機関協働チームの方針は、以下のとおりである。

①協働とチームアプローチ
②情報の共有
③仕事内容の明確化・専門性の重視
④共通の目標・平等性・責任の共有
⑤積極的相互依存

　関係機関の連携では、協働（corraboration）こそが基本中の基本であること、そのためには、お互いが一人の子どものために支え合う姿勢と努力が大切になる。

9　今後の課題

人工内耳の最近の傾向

　人工内耳を製造している主な会社は、世界中でコクレア社、メドエル社、バイオニクス社の3社に限定される。人工内耳の最近の傾向は、ハードを中心とした機器等の開発

| コイル一体型 | 水中使用可能 | 残存聴力活用型 |
| (RONDO) | (Neptune) | (Duet 2) |

図Ⅳ-2-7　特殊な対応ができるプロセッサ

とソフト面での人工内耳手術の低年齢化と両耳装用及び適用範囲の拡張が特徴といえる。

　まず、ハード面であるが、プロセッサ部では、補聴器の技術（入力モニタ、指向性マイク、場面に応じた自動音声処理、外部入力の多様化への対応など）を基盤とした著しい進歩がなされてきている。インプラント部でも、径が細くてしなやかな低侵襲性のインプラント電極の開発により、従来の蝸牛に穴を開けて電極を挿入する方式から、蝸牛窓から電極を挿入する低侵襲性の術式により、内耳の感覚器を傷つけることが少なくなり、保有聴力を保存できることが多くなってきた。

　また、プロセッサの小型化や一体化（円形の頭部装着型の「RONDO」）や、水中やお風呂での使用ができる防水カバー（アクア＋）や水中用のマイクとプロセッサ（ネプチューン）など利用範囲の拡張を目指したプロセッサが発売されている。また、最近のプロセッサには、場面に応じて使い分けられる複数のプログラムをメモリできるので、プログラムの切り替えや音量や音の取り込みレベル（感度）の調整をするためのコントローラがつくようになった。なかには、コントローラを介して、電極の電気刺激レベルの調整や聴神経の応答レベルの計測も可能になものもあり、いつでもどこででも簡便にマッピングを行うことができるようになってきた。この他、全埋め込み型の人工内耳（KIKI）も、一部の人たちに試用され、実用化へ向けて動いている。さらに、補聴器と人工内耳を組み合わせたハイブリッド型の「残存聴力活用型人工内耳（メドエル社のDuet2、Sonnet、コクレア社のN6）なども適用可能な時代に入り、500Hz以下の聴力が65dB程度残っていて、2000Hz以上が80dB以上の高音急墜型の聴力の人でも、高域を人工内耳で補い、低域はプロセッサに組み込まれた補聴器で補うことができる時代になった（図Ⅳ-2-7）。

　この他、聴神経腫瘍等で聴覚神経が損傷を受けている人の場合には、脳幹部分に電極

を貼り付けて脳幹部の聴覚神経を直接刺激する聴性脳幹インプラント（ABI）や、骨導が残っている場合に適用できる人工中耳も種々開発されてきている。

　このように、補聴器や人工内耳を代表とする聴覚補償機器が、それぞれの障害部位に応じて種々の機器が開発される時代になってきた。したがって、それぞれの機器の特徴を十分には把握した上で上手に使っていくことが重要になる。

　さらに、より良いきこえを求めて種々の音声処理方式が開発され、選べるようになってきた。しかし、雑音下でのききとりや音楽ではまだまだで、これからに期待したい。

　さて、最近の傾向の一つに、手術時期の低年齢化があげられる。音声による話しことばの習得を考えるならば、母子コミュニケーション段階からの人工内耳が望ましいし、早期の音声インプットはその後の言語発達に大きく影響してくるといわれている。現在では、新生児聴覚スクリーニングでリファーになった子どもたちが6か月の補聴器装用の効果を待って、生後12か月になってから人工内耳の埋め込み手術を受けるようになっている。その間に母子コミュニケーションの基礎である愛着関係を確立し、親を支援していくことは、その後の発達全般にとって非常に大切になる。

　もう一つの傾向は、人工内耳の両側装用である。人は2つの耳を持っている。補聴器もかつては一側であったが、現在では両耳補聴が当たり前になっている。一側の手術からあまり時間をおかず、3か月以内に反対側の人工内耳を埋め込む同時期手術や両耳の埋め込み手術を同時にしてしまうようになってきている。両方の耳を同時に開くとともに、確実に良聴耳に人工内耳を入れることができ、片側が壊れても、音の世界から隔絶されることがなくなる。この両耳の効果は、方向定位や雑音下でのききとり能力の向上などに顕著に表れる。かなりの騒音下でもききとりができる子どももいる。こうした両耳の効果を活かすために、現在では両耳に人工内耳を装用している子どもが増えてきている。でんでんむし教室では、3歳未満児の3分の2の子どもたちが両耳に人工内耳をしている。

　さらに、もう一つの傾向は、種々の障害を併せ持った子どもの増加である。でんでんむし教室では、約半数の子どもが何らかの問題を併せ持っている。外界との接点となるきこえが利用できることによって、子どもたちの世界は無限の広がりを見せてくれている。

　教育は、未来の社会をつくる子どもたちだけでなく、育児期にあってはその親をも支えることが必要になる。教育にかかわるオーディオロジストが心得ておくべきこと（Chute, 2006）[1]として、以下のことを考えてみる必要があろう。

　　・子どもの人工内耳に対し無条件の受け入れをする
　　・補聴援助技術としての人工内耳の力を認識する
　　・人工内耳に対する両親の選択を尊重する

- 話しことばの学習における聴覚の役割を知る
- コミュニケーションの表現ツールとしての話しことばの価値
- 聴覚からの教示を積極的に増やす
- 年齢相応のチャレンジ的な教示をする
- 教科学習の際、必要に応じて、プロセッサの上手な使い方を支持するような働きかけをする
- 集会や部活や放課後のコミュニケーションのニーズに応える
- 人工内耳装用児指導の専門家としてのサポートをする

いずれにせよ、これからの先生たちには、説明力と説明責任（親はインターネット等で調べ上げている。正しい知識と公平中立的な立場）と両親がする決定や決断を側面から支え、適切な方向を一緒に探る姿勢が求められるであろう。

10 おわりに

　人工内耳は、私たちの聴覚の持っている機能をすべて補償しているかというと決してそうではなく、まだまだ不十分な聴覚の機能を部分的に働かせているにすぎない機器である。しかし、最重度の聴覚障害のある人たちに、音の世界との接点をつくることのできる唯一の補聴機器でもある。その意味では、重度の難聴児がきこえを使っていく場合のごく一般的な選択肢になりつつあるといえる。人工内耳は、現段階では、話しことばをきくための有益な道具であり、音楽や雑音下での聴取はまだ不十分で、今後に期待したいところである。人工内耳装用児は、話しことばを流ちょうに使い、あたかもきこえている子どものように行動しているが、彼らは聴児と同じきこえを取り戻したわけではない。人工内耳を外してしまえば、全くのきこえない世界になる。その意味では、『nomally, but not normal』といえる。子どもたちには、なお、軽度〜中等度の難聴は持続するので、そうしたことへの配慮も欠かせない。しかし、人工内耳の持つ力とその可能性には素晴らしいものがある。

　最後に、人工内耳から音が聞こえた日がその子の耳の誕生日である。私たちがきこえやことばの力を評価する際にも、耳の誕生日からの『聴覚年齢』で考えるようにしたいものである。

〈引用文献〉

1）P. Chute, M. E. Nevins（2006）School Professionals Working with Children with Cochlear implants. Plural Pablishing

〈参考文献〉

感覚器障害戦略研究（2012）聴覚障がい児の日本語言語発達のために

日本聴覚医学会編（2009）聴覚検査の実際．南山堂．

日本学校保健会（2004）難聴児童生徒へのきこえの支援．

藤田郁代監修（2015）聴覚障害学 第2版，医学書院．

ろう教育科学会編（2012）聴覚障害教育の歴史と展望．風間書房．

A. Boothroyd, J. Gatty（2012）The Deaf Child in a Hearing Family. Plural Pablishing

C. M. Richburg, D. F. Smiley（2012）Scool-based Audiology. Plural Pablishing

J. Wolfe, E. C. Shafer（2015）Programming Cochlear Implants（2nd ed). Plural Pablishing

＜参考資料＞
幼児人工内耳適応基準（2014）

Ⅰ．人工内耳適応条件
　小児の人工内耳では、手術前から術後の療育に至るまで、家族および医療施設内外の専門職種との一貫した協力体制がとれていることを前提条件とする。
1. 医療機関における必要事項
   A）乳幼児の聴覚障害について熟知し、その聴力検査、補聴器適合について熟練していること。
   B）地域における療育の状況、特にコミュニケーション指導法などについて把握していること。
   C）言語発達全般および難聴との鑑別に必要な他疾患に関する知識を有していること。
2. 療育機関に関する必要事項
   聴覚を主体として療育を行う機関との連携が確保されていること。
3. 家族からの支援
   幼児期からの人工内耳の装用には長期にわたる支援が必要であり、継続的な家族の協力が見込まれること。
4. 適応に関する見解
   Ⅱに示す医学的条件を満たし、人工内耳実施の判断について当事者（家族および本人）、医師、療育担当者の意見が一致していること。

Ⅱ．医学的条件
1. 手術年齢
   A）適応年齢は原則1歳以上（体重8kg以上）とする。上記適応条件を満たした上で、症例によって適切な手術時期を決定する
   B）言語習得期以後の失聴例では、補聴器の効果が十分でない高度難聴であることが確認された後には、獲得した言語を保持し失わないために早期に人工内耳を検討することが望ましい。
2. 聴力、補聴効果と療育
   A）各種の聴力検査の上、以下のいずれかに該当する場合。
   　ⅰ．裸耳での聴力検査で平均聴力レベルが90dB以上。
   　ⅱ．上記の条件が確認できない場合、6カ月以上の最適な補聴器装用を行った上で、装用下の平均聴力レベルが45dBよりも改善しない場合。
   　ⅲ．上記の条件が確認できない場合、6カ月以上の最適な補聴器装用を行った上で、装用下の最高語音明瞭度が50％未満の場合。
   B）音声を用いてさまざまな学習を行う小児に対する補聴の基本は両耳聴であり、両耳聴の実現のために人工内耳の両耳装用が有用な場合にはこれを否定しない。
3. 例外的適応条件
   A）手術年齢
   　ⅰ．髄膜炎後の蝸牛骨化の進行が想定される場合。
   B）聴力、補聴効果と療育
   　ⅰ．既知の、高度難聴を来しうる難聴遺伝子変異を有しており、かつABR等の聴性誘発反応および聴性行動反応検査にて音に対する反応が認められない場合。
   　ⅱ．低音部に残聴があるが1kHz～2kHz以上が聴取不能であるように子音の構音獲得に困難が予想される場合。
4. 禁忌
   中耳炎などの感染症の活動期
5. 慎重な適応判断が必要なもの
   A）画像診断で蝸牛に人工内耳が挿入できる部位が確認できない場合。
   B）反復性の急性中耳炎が存在する場合。
   C）制御困難な髄液の噴出が見込まれる場合など、高度な内耳奇形を伴う場合。
   D）重複障害および中枢性聴覚障害では慎重な判断が求められ、人工内耳による聴覚補償が有効であるとする予測がなければならない。

　　　　　　　　　　　　　　　　　　　日本耳鼻咽喉科学会ホームページ　幼児人工内耳適応基準（2014）より

第3節 補聴援助システム

1 補聴援助システムとは

　私たちは日常様々な音に囲まれて生活をしている。補聴器や人工内耳を装用した子どもたちが音声をきくとき、私たちが日頃あまり意識することのない騒音や反響音、音源からの距離に影響を受けやすい、ということは意外と知られていない。

(1) 騒音について

　学校の静かな教室でも一般的に60dB程度の騒音が存在する。補聴器や人工内耳を装用した子どもたちが授業中に教師の音声をききとるためには、周りの騒音との差（SN比）が10～20dB程度必要だといわれている。しかし、その状態を維持するためには、常時70～80dBで話をしなければならない。1時間の授業中、常時80dBで話し続けることは現実的には難しい。

(2) 反響音について

　ある空間で仕切られた狭い場所では反響が生じる。補聴器や人工内耳を装用した子どもたちにとっては反響も音となるため、空間の広さと壁の位置によって生じる反響が音声のききとりに際して妨げになる。特に音声が響きやすい体育館やホール等の中では、補聴器は本来増幅するべき音声とともに反響も大きくしてしまうため、大変ききにくい音声となるのである。

(3) 距離について

　一般に1対1で会話をする場合の距離は約1m、音の強さは60dB前後といわれているが、音源から距離が離れると確実に音の強さは低下する。教室で授業を行うときの教師と子どもの距離は、教師の立ち位置と座席の位置によって変化するが、例えば3m離れると20dB程度の音圧差が生じる。そのため、近くなら確実にききとれる音声でも、距離が離れることできくとることができない音声になってしまう。

　このような騒音、反響音、音源からの距離の影響があることを十分理解した上で、補聴器や人工内耳を装用した子どもたちの補聴環境を考えていく必要がある。そのような

補聴環境を改善するシステムとして、様々な補聴援助システムがある。この補聴援助システムの多くは音声を一度、磁波や電波に変えてから、耳に届けるものである。今回はその中から教育場面で活用されることの多い、磁気誘導ループシステムと赤外線補聴システム、FM補聴システムについて述べる。

2 磁気誘導ループシステム

　このシステムでは、FMマイクや有線マイク、FMチューナやオーディオ機器、ループアンプやループを使用する。また、補聴器や人工内耳については誘導コイル（TまたはMT）付きのものを使用する。仕組みはループに伝達したい音声信号を流し、磁気誘導を用いて補聴器や人工内耳に伝えるというものである。話をする人がマイクを使い、そのマイクからの音声を専用のアンプに入れる。アンプに入ってきた音を導線（ループ）から磁波で補聴器や人工内耳に届けるものである(図Ⅳ-3-1)。

　磁気誘導ループシステムの良い点は、TまたはMTのスイッチが付いていれば、現在使っている補聴器や人工内耳をそのまま活用できるということである。また、複数のマイクを使ったりテレビやCD等の音を一緒にきくことができ、その状態を教師がモニタすることができる。基本的にはループの張り方と調整次第で、ループが張ってある範囲であれば、どこでも同じように音をきくことができる。スイッチをTにすればループを通ってくる音声だけがきこえ、スイッチをMTにすればそれに加えて補聴器や人工内耳のマイクから入ってくる周囲の音も、同時にきくことができる。どの設定で使用するかは、子どもが置かれている環境と周囲の音がどれだけ必要かによって異なる。

　専用のアンプとループが別に必要なことと、その設置が少し大変なこと、低音域の出力がやや下がるということが難点として挙げられる。

図Ⅳ-3-1　磁気誘導ループシステム

3 赤外線補聴システム

　このシステムでは、FMマイクや有線マイク、FMチューナやオーディオ機器、赤外線アンプ、赤外線ラジエータ、赤外線レシーバを使用する。また、補聴器や人工内耳については誘導コイル（TまたはMT）、またはオーディオインプット付きのものを使用する。しくみは、FMマイクや有線マイクからの音声を、赤外線アンプから赤外線ラジエータを通して赤外線レシーバに届け、補聴器や人工内耳に伝えるというものである(図Ⅳ-3-2)。赤外線受信機と補聴器や人工内耳の間は、タイループで接続するものと、オーディオインプットから接続するものがある。

　赤外線補聴システムの良い点は、信号が安定していることである。また、ループシステム同様、複数のマイクを使ったり、テレビやCD等の音を一緒にきくことができ、その状態を教師がモニタすることができる。赤外線の届く範囲であればどこでも同じように音をきくことができる。タイループで接続する場合は、誘導コイルを使用しスイッチをTにすれば赤外線を通ってくる音声だけがきこえ、スイッチをMTにすればそれに加えて補聴器や人工内耳のマイクから入ってくる周囲の音も、同時にきくことができる。どの設定で使用するかは、磁気誘導ループシステムと同様に子どもが置かれている環境と周囲の音がどれだけ必要かによって異なる。

　難点としては、直射日光の下では使うことができず、赤外線ラジエータの数が十分にないと場所によって信号が途切れることが挙げられる。

図Ⅳ-3-2　赤外線補聴システム

4 FM補聴システム

　このシステムでは、FM送信機（FMマイク）とFM受信機を使用する。しくみはFMマイクから入ってきた音をFM電波（169MHz帯など）でFM受信機に伝え、補聴器や人工内耳に届けるものである(図Ⅳ-3-3)。FM補聴システムには分離型と一体型があり、分離型の中にはユニバーサルタイプとTコイル利用タイプがある。

(1) 分離型
　FM送信機（FMマイク）とFM受信機、補聴器または人工内耳を使用する。
- ユニバーサルタイプ受信機
- 磁気誘導コイル利用タイプ受信機

(2) 一体型
　FM送信機（FMマイク）とFM受信機内蔵補聴器または人工内耳を使用する。
- 一体型受信機

　FM補聴システムの良い点は、FMマイクとFM受信機、対応した補聴器や人工内耳があれば大がかりな機器の設置や調整等がいらないということである。また、もともと話す人ときく人が1対1でやりとりをするために考え出されたものだが、最近では複

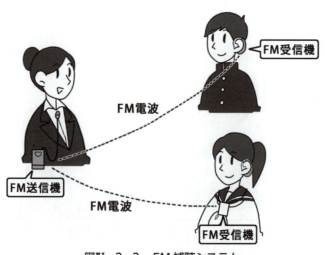

図Ⅳ-3-3　FM補聴システム

第3節 補聴援助システム

数のマイクを使用できるシステムも出てきた。一般的な教室内であれば距離に左右されずに明瞭な音を届けることができる。

FM補聴システムの音量調整は、FMマイクのボリュームや位置、入力する声の大きさ、補聴器のボリュームで行うことができる。従来のFM補聴システムと比べてFM受信機も比較的小さくなってきた。使用するモードには2つあり、周囲の環境に応じて使い分けることできる。

- 補聴器や人工内耳のマイクは使用せずFMマイクのみ使用するモード
- 補聴器や人工内耳のマイクとFMマイクの両方を使用するモード

注意点としては、補聴器や人工内耳のマイクとFMマイクでは音源からの距離が異なるため、入力される音声の大きさが異なるということがある。また、マイク入力とFMマイク入力の両方を使用するモードの場合、補聴器のマイクよりFMマイクからの音声が十分に届くようなバランスになっていることが理想的である。

FM補聴システムがFM電波（169MHz帯など）を用いたシステムであるのに対して、2.4GHz帯のデジタル無線方式を用いたシステムが出てきた。従来のFMシステムでは送信機と受信機は一組ごとに同じチャンネルに設定する必要があり、隣接するチャンネルは干渉しやすい特徴があった。それに対して2.4GHz帯のデジタル無線方式を用いたシステムでは、ボタンを押すことで受信機をネットワークに追加することができ、従来のFMシステムと同時に利用することができる。音質が良く混信も少ないことから、FMに代わるシステムとして利用者が増えてきている。

表Ⅳ-3-1　各システムの特徴と評価

	ループ	赤外線	FM
信号の安定性	△	○	○
屋外での使用	△	×	○
室内での使用	○	○	○
設置のしやすさ	△	△	○
調整のしやすさ	△	△	○
導入のしやすさ	△	△	○
移動のしやすさ	△	△	○
話者の操作性	△	△	○
補聴者の操作性	○	△	△
導入時の助成制度	×	×	△

5 教育現場での活用

　以前は、多くの聾学校で磁気誘導ループシステムを導入し、活用していた。その後、赤外線補聴システムとFM補聴システムの開発が進み、移行する学校が増えてきている。また、地域の小中学校の通常学級や難聴特別支援学級、通級指導教室（ことばの教室等）では、以前からFM補聴システムが利用されてきた。一体型のFM補聴器が発売された時期に福祉制度の中にもFM補聴器の基準枠ができたが、その後は申請時に片耳しか認められないとか、身体障害者手帳がないために自費購入せざるを得ないといったケースも見受けられる。自治体によって制度化されたところもあるが、その対応には差がみられる。

　購入したFM補聴システムをどこで誰に調整してもらうかという点についても地域による差がみられるのが実情である。そのような中、せっかく購入したFM補聴システムを使わなくなってしまったケースもみられ、ハード面とソフト面での十分なケアが課題となっている。

6 効果と留意点

　補聴援助システムを十分活用していくためには、まず個人補聴器が補聴器として子どもたちの耳に十分調整（フィッティング）されているということが必要になる。さらに、補聴援助システムを活用していこうという本人の意思、周囲の人々の配慮や工夫があってはじめて効果的に活用されるものである。子どもたちの補聴環境改善のためには、関係者が子どもたちに関する様々な情報を共有し、継続的なサポートを続けていくことが重要である。

〈参考文献〉
今井秀雄編著（1989）聴覚活用ハンドブック．財団法人心身障害児教育財団，54-75．
財団法人心身障害児教育財団：第13回補聴講習会テキスト，79-86．
文部省（1999）聴覚障害教育の手引―聴覚を活用する指導―．海文堂出版，283-294．
立入哉・中瀬浩一（1997）聴覚障害児の理解のために 第24集―補聴援助システム―．全国心身障害児福祉財団・難聴児を持つ親の会．
大沼直紀（1997）教師と親のための補聴器活用ガイド．コレール社，39-44．
徳島県立聾学校編，高橋信雄監修（1998）音遊びの聴覚学習，学苑社，77-92．
日本教育オーディオロジー研究会編：聞こえへの配慮　FM補聴システム．第2版．

おわりに

　1998年、横浜ラポールと、新大阪三和科学ホールの2会場で「補聴に関する国際フォーラム = International Forum '98」を開催した。この会には講師として、アメリカ、コロラド州の Educational Audiologist である Dr. Cheryl DeConde Johnson を招聘し、「教育オーディオロジスト ―その役割と責任―」という演題でご講演いただいた。
　当時の講演については下記の URL に記録がある（児玉良一先生の労作）。
■講演概要　　http://www.normanet.ne.jp/~mimi/mimi338.html#IF98
■講演資料　　http://www.normanet.ne.jp/~mimi/mimi339.html#IF98
　さて、上記の講演概要にある私が書いた前文を中略しつつ引用する。

　来日後、2つの聾学校を参観していただいたが、子どもの前に立つとガラッと明るい雰囲気で接しられ、第一線の現場人であることを見せつけてくれた。講演は、今後の日本での Educational Audiology 発展に役立つ貴重な内容であった。日本滞在最終日、Cheryl 博士、大沼直紀・高橋信雄の両先生と私の4人で、今後の日本における Educational Audiology の展開について短時間だが話し合いを持った。この話し合いも実は、彼女から提案されたものだった。
　残念だったのは、参加者が少なかったことだ。フィッティングなど実技中心の内容の講座には多くの参加者があるが、今回のような自分たちの領域に関する「柱」について、意思と指向をまとめる会に対し、参加者が少なかったことは、教育オーディオロジーを領域とするに、まだまだ全体が育っていないということを示している。

　この前文にあるように、当時は補聴器の調整法などテクニカルで細かい技術が学会等で議論される傾向があり、そうした技術の習得者がスペシャリストのように思われていた。そうした中、彼女の講演は、聴覚の活用を通して、「どう子どもを育てていくか」こそが、私たちの職務だと気付かせてくれた。
　来日の際、Cheryl は自身の著書『Educational Audiology Handbook』をメッセージを添えて私にくださった。私は、最後の行にあるお誘いから7年後（2005年）にコロラドへの留学の機会を得て、Christine Yoshinaga-Itano 先生の指導を仰ぐこともできた。その際、Cheryl は多くの学校の参観やカンファレンス参加の機会を私に提供してくだ

さった。

　本書はタイトルがそっくりだが、Cheryl著の翻訳本ではない。彼女の書は696ページの大書（第2版）であり、今でもEducational Audiologyの教科書として広く利用されている。彼女の書には追いついてはいないが、ようやく、この領域について、日本での著者が揃ったことを本書は語っている。

　彼女に本書の発行を喜びをもって伝えたいと思う。

愛媛大学教授　　立入　哉

EDUCATIONAL AUDIOLOGY HANDBOOK

Hajime Tachi-ni —
　Please accept this book as a gift in honor of my visit to Japan. I hope you will find it helpful with your efforts to develop a formal educational audiology profession in your country. I look forward to continued collaboration between us and hope that you have an opportunity to visit America and Colorado soon.

Cheryl DeConde Johnson
February 11, 1998

監修

大沼　直紀　元 筑波技術大学学長

編集

立入　哉　愛媛大学教授
中瀬　浩一　同志社大学准教授

執筆者一覧

大沼　直紀	元 筑波技術大学学長	
	（はじめに、第Ⅰ章第1節、第3節、第4節、第Ⅱ章第2節、第4節）	
立入　　哉	愛媛大学教授（第Ⅱ章第3節、おわりに）	
中瀬　浩一	同志社大学准教授（第Ⅰ章第2節、第Ⅱ章第4節）	
芦田　雅哉	京都府立聾学校舞鶴分校首席副校長（第Ⅲ章第12節）	
太田　富雄	福岡教育大学教授（第Ⅰ章第7節）	
大藪　敏昭	香川県立聾学校教諭（第Ⅲ章第6節）	
小川　征利	岐阜県立揖斐特別支援学校教諭（第Ⅲ章第10節）	
加藤　哲則	愛媛大学准教授（第Ⅲ章第11節）	
加藤　大典	学校法人日本聾話学校　児童発達支援センター（主に難聴）ライシャワ・
	クレーマ学園　オーディオロジー部主任（第Ⅰ章第5節1〜9、11）
木村　淳子	筑波大学附属聴覚特別支援学校教諭（第Ⅲ章第8節）
佐藤　正幸	筑波技術大学教授（第Ⅲ章第7節）
庄司　和史	信州大学教授（第Ⅲ章第3節）
髙橋　信雄	鷹の子病院愛媛人工内耳リハビリテーションセンター長
	（第Ⅰ章第6節、第Ⅳ章第2節）
富澤　晃文	目白大学専任講師（第Ⅰ章第5節10、第Ⅱ章第1節、資料1・2・3・4）
中井　弘征	愛知淑徳大学非常勤講師（第Ⅲ章第2節、第9節）
西尾竜次郎	京都府立聾学校教諭（第Ⅳ章第1節）
八田　徳高	福岡県立小倉聴覚特別支援学校教諭（第Ⅱ章第5節）
樋口　恵子	徳島県立徳島聴覚支援学校指導教諭（第Ⅲ章第1節、第13節）
平島ユイ子	国際医療福祉大学准教授（第Ⅲ章第4節）
三浦　直久	神奈川県立平塚ろう学校教諭（第Ⅳ章第3節）
山本カヨ子	筑波大学附属聴覚特別支援学校教諭（第Ⅲ章第5節）

（所属・役職は原稿執筆時）

監修・編著者　プロフィール

大沼　直紀（おおぬま　なおき）

1942年1月生まれ。宮城県出身。東北大学教育学部特殊教育学科卒業。ワシントン大学医学部附属中央聾研究所（Central Institute for the Deaf）でオーディオロジー（聴覚学）を学ぶ。昭和大学医学部耳鼻咽喉科難聴外来を担当し医学博士（聴覚障害学）。宮城県立聾学校教諭、国立特殊教育総合研究所難聴教育研究室長、筑波技術大学教授、国立大学法人筑波技術大学長、東京大学先端科学技術研究センター客員教授、つくば市教育委員会委員長などを経て。現在、日本教育オーディオロジー研究会会長。専門は聴覚障害児および高齢難聴者の聞こえの補償。

主な著書として『あなたの耳は大丈夫？』（1997、PHP研究所）、『教師と親のための補聴器活用ガイド』（2002、コレール社）、『バリアフリー・コンフリクト：ろう者の言語権と「音を聞く権利」を両立させる』（2012、東京大学出版会）、『新生児・幼小児の難聴―遺伝子診断から人工内耳手術・療育・教育まで―』（2014、診断と治療社）など。

立入　哉（たちいり　はじめ）

1963年2月、横浜市生まれ。愛媛大学教育学部聾学校教員養成課程卒業、徳島県立聾学校（現 徳島県立聴覚支援学校）教諭を経て、筑波大学教育学研究科修了。筑波大学心身障害学研究科博士課程中退。修士（教育学）。コロラド大学ボルダー校 Research Scholar。現在、愛媛大学教育学部教授。

専門は聴覚障害児教育学、教育聴能学（Educational Audiology）。保有聴覚の利用法、保有聴力を用いた言語指導法等の授業を担当。聾学校の教員養成にあたり、愛媛大学の卒業生を全国の聾学校に送り出している。

著書として、共著『音遊びの聴覚学習』（1992、学苑社）、共著『聴覚障害教育情報ガイド』（1996、コレール社）がある。

中瀬　浩一（なかせ　こういち）

1963年6月、愛知県生まれ。兵庫教育大学連合大学院学校教育学研究科修了。博士（学校教育学）。愛知県立千種聾学校教諭、大阪市立中学校教諭、大阪市立聾学校教諭、筑波技術短期大学講師、筑波技術大学助教授、大阪市立聴覚特別支援学校教諭などを経て、現在、同志社大学准教授。言語聴覚士。

専門は聴覚障がい教育、教育オーディオロジー。聾学校（聴覚特別支援学校）では、中学部教諭のあと、幼稚部・早期教育の自立活動（聴能）や地域支援などを担当してきた。

著書として、共著『福祉技術ハンドブック』（2013、朝倉書店）、共著『聴覚障害教育の歴史と展望』（2012、風間書房）などがある。

■イラスト　すわ　ななか

教育オーディオロジーハンドブック
聴覚障害のある子どもたちの「きこえ」の補償と学習指導

2017 年 4 月 5 日　　初版第 1 刷発行
2017 年 10 月 17 日　初版第 2 刷発行
2021 年 8 月 18 日　　初版第 3 刷発行

- ■監修・著　大沼　直紀
- ■編　著　　立入　哉・中瀬　浩一
- ■発行人　　加藤　勝博
- ■発行所　　株式会社ジアース教育新社
　　　　　　〒101-0054　東京都千代田区神田錦町 1-23 宗保第 2 ビル
　　　　　　TEL：03-5282-7183　FAX：03-5282-7892
　　　　　　E-mail：info@kyoikushinsha.co.jp
　　　　　　URL：http://www.kyoikushinsha.co.jp/

■印刷・製本　シナノ印刷株式会社
■表紙デザイン　株式会社彩流工房

Printed in Japan
ISBN978-4-86371-408-3
定価はカバーに表示してあります。
乱丁・落丁はお取り替えいたします。（禁無断転載）